LA MUJER Y LO FEMENINO

Un discurso disruptivo desde el psicoanálisis de Lacan

María Paula Castelli
Gabriela Mascheroni
María Inés Sarraillet
Rosella Villa Pusineri
Juliana Zaratiegui

LA MUJER Y LO FEMENINO

Un discurso disruptivo desde el psicoanálisis de Lacan

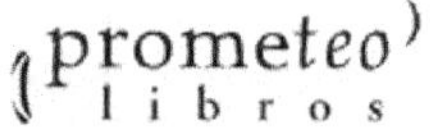

La mujer y lo femenino: un discurso disruptivo desde el psicoanálisis de Lacan / María Paula Castelli... [et al.]. - 1a ed.- Ciudad Autónoma de Buenos Aires: Prometeo Libros, 2020.
260 p.; 23 x 16 cm.

1. Psicoanálisis. 2. Mujer. I. Castelli, María Paula
CDD 150.195

Diagramación: Yanina Pérez
Corrección de galeras: Emilia Carabajal

A Débora Meschiany

ACERCA DEL LIBRO

Esta publicación surge de un trabajo en común realizado en el marco del Programa de Investigación Científica de APOLa (Apertura Para Otro Lacan) y sostenido en el propósito de indagar acerca del valor que adquieren para Lacan las referencias a la mujer y a lo femenino.

Si bien los artículos están escritos a nombre propio, han sido impulsados por la misma pregunta y elaborados en un contexto de interlocución y entrelazamiento de ideas, lo cual ha dado por resultado un solo escrito polifónico.

AGRADECIMIENTOS

Agradecemos especialmente la colaboración que ha hecho al libro Haydée Montesano con su artículo "Análisis sobre la argumentación de Lacan sobre la realidad sexual del inconsciente".

Agradecemos a Alfredo Eidelsztein por prologar el libro y por habernos alentado a realizar esta publicación.

ÍNDICE

PRÓLOGO

En psicoanálisis, a pesar de su tendencia por el retorno al pasado –retorno a Freud, retorno a Lacan, retorno al padre, etc.–, ya comienzan a abundar los materiales que tratan los temas del género y el sexo, de la mujer y el complejo de Edipo, de las fórmulas de la sexuación de Lacan; todo esto debido al empuje de los debates modernos sobre tales problemas. En términos generales responden, según mi interpretación, a dos objetivos implícitos: a) confundir a Lacan con Freud, o sea: dar a entender que Lacan en el fondo sostuvo lo mismo que Freud –y así que nada cambió esencialmente en el psicoanálisis– y b) que el psicoanálisis entiende lo que sucede en el campo de la sexualidad y sus profundas transformaciones actuales con las herramientas diseñadas por Freud hace 100 años.

Inexorablemente se fracasará en ambos tópicos. Por un lado, no se puede responder a las críticas sistemáticas (y muchas veces pertinentes) que vienen realizando los movimientos feministas y transgénero con los mismos términos que resultan el objeto de dicha crítica. Por otro, Freud y Lacan son autores que plantean tales temas de manera absolutamente contraria, fundamentalmente debido al biologicismo y al individualismo de Freud rechazado por Lacan.

Afortunadamente, ya comienzan a estar disponibles investigaciones serias sobre las enormes diferencias teóricas entre los modelos de Freud y de Lacan e, incluso, también ya se producen muy buenos materiales sobre las divergencias clínicas de tales posiciones conceptuales contrarias. Esto no modificará el pensamiento del conjunto de los psicoanalistas que sostienen el retorno pero habilitará a que los jóvenes interesados por el psicoanálisis no caigan necesariamente en el prejuicio freudeolacaniano, lo que permite esperar una nueva y próspera relación del psicoanálisis con las Luces y la ciencia.

En este libro, que tengo el gran honor de prologar, *La mujer y lo femenino: un discurso disruptivo desde el psicoanálisis de Lacan*, se da un paso más, uno tan significativo que auguro marcará un antes y un después tanto para el psicoanálisis como para los estudios y los investigadores de las temáticas en él tratadas.

La primera propiedad destacable de esta obra conjunta es que se inicia con un capítulo dedicado explícitamente a la posición epistemológica, algo absolutamente necesario pero ausente en general en los escritos psicoanalíticos, con las excepciones de la obra de Freud, la enseñanza de Lacan y la de algún otro psicoanalista. La segunda es la seriedad con la que son planteadas las argumentaciones, que las hace ejemplo de lo que es una investigación en psicoanálisis, además de interesantes para ser estudiadas, ya que además de una operación de lectura meticulosa de los textos psicoanalíticos incorporan pertinentes análisis de las condiciones históricas, culturales, estudios de género, obras filosóficas, lingüísticas e incluso estudios bíblicos relacionados al tema de las concepciones sobre la mujer. La tercera característica, a la que también hay que recibir con entusiasmo, es que se toma a Lacan como un verdadero autor, como un auténtico pensador, como el creador de un nuevo psicoanálisis, pero que excede con sus concepciones el campo restringido de este. En el mismo sentido, revisando los capítulos de esta obra se verifica que se ha impuesto una perspectiva "muy de Lacan" –evito "lacaniana" ya que hoy este adjetivo es utilizado como sinónimo de "freudolacaniana"–, o sea, una lectura estructural: las temáticas de los diversos capítulos responden al estudio de conceptos considerados en plena articulación de unos con otros. Finalmente, también es destacable el éxito logrado por las autoras en producir un potente volumen, pleno de lecturas novedosas e interesantes sobre la enseñanza de Lacan, con una amplia bibliografía consultada, con un capítulo dedicado a la clínica y compuesto por artículos firmados a nombre propio pero que constituyen una sola obra, un único escrito. Han logrado una articulación de lo uno y lo múltiple verdaderamente plausible.

Es evidente, como las mismas autoras declaran, que las guía el mismo programa de investigación científica, el de APOLa, Apertura Para Otro Lacan, el que yo mismo comparto, pero esto no quita méritos al logro polifónico aunque evidencia la potencia de sostener ideas claras y distintas.

Es mi anhelo que esta obra sea leída y difundida en la medida de sus grandes méritos y más aún deseo que investigaciones de este calibre se multipliquen en el futuro del psicoanálisis. Teniendo en cuenta que "nuestra ciencia", como lo llamaba Lacan al psicoanálisis, languidece como manantial de nuevas ideas, obras de este tipo lo revivirán como fuente surgente de investigaciones incluso para pensadores de otras disciplinas.

Alfredo Eidelsztein

Presentación de los problemas a abordar en este volumen

Gabriela Mascheroni

Uno de los impulsos para abordar la escritura y publicación de este libro estuvo dado por el estado de situación en que se encuentra el psicoanálisis respecto de los debates de época en relación a la temática de la diversidad sexual y el feminismo. Coincidimos en que el psicoanálisis tiene que revisar su teoría fundamentalmente cimentada en la letra freudiana, resistida de cuestionar, cuyo principio rector es naturalista. Si la crítica que se le hace al psicoanálisis desde el feminismo ha tenido lugar es porque en un gran sector del psicoanálisis y, por supuesto y más aún, en el sentido común de la gente, no ha tenido cabida aún en toda su dimensión la subversión que Lacan realiza a la teoría de Freud y al psicoanálisis en general. Creemos que en las fórmulas conocidas como "de la sexuación" –escritura que, aunque tiene muchos años, subsume una teoría novedosa en psicoanálisis– se resuelve el problema de la diversidad de género, contrariamente a lo que se le critica a Lacan desde cierto sector del feminismo, aduciendo que también él cae en el binarismo de la identidad sexual o que adhiere al machismo al centrar sus fórmulas en torno al falo. A partir de este malentendido es que intentaremos realizar nuestros desarrollos, bajo la idea de que no se ha entendido su propuesta; nuestro esfuerzo estará dirigido a despertar en el lector la apertura a una nueva y estimulante propuesta que bañe la lectura de toda la obra de Lacan. Quizá el cambio de discurso que está asomando actualmente en relación a las posiciones en la sexualidad sea una buena oportunidad para que esto sea posible, para rescatar una posición epistemológica que propone otra dirección para pensar y resolver aquellos malestares y padecimientos que pueden embarazar nuestra subjetividad de época. Los artículos que el libro recopila están enhebrados por ese hilo conductor cuya lectura esperemos esté facilitada por el breve desarrollo que a continuación realizamos.

Fundación de lo real y de la realidad en el sistema de Lacan

¿Cómo volver, si no es con un discurso especial, a una realidad pre-discursiva? Este es el sueño, el sueño fundador de toda idea de conocimiento. Pero es igualmente lo que ha de considerarse como mítico. No hay ninguna realidad pre-discursiva. Cada realidad se funda y se define con un discurso.[1]

Esta cita, entre muchísimas otras que podrían haberse elegido, señala con claridad que la causa, para Lacan, es simbólica, es el lenguaje el que causa existencia, lo que deja perfectamente establecido en el año 1967 cuando dice que su enseñanza trata solamente del lenguaje.[2] En tanto tal, también lo real que funde –pues será recortado por lo simbólico, ya que es primero lógicamente– cambiará de acuerdo a la historia discursiva imperante. Cada discurso y su real serán fundados por lo simbólico de manera sincrónica. Es decir que –para decirlo con todas las letras– lo que para nosotros tiene existencia no será causa de sí, no estará dado, en síntesis: no será natural. Lacan lo señala de este modo:

La **naturaleza**, diría para cortar por lo sano, se especifica por no ser una.

De donde el procedimiento lógico para abordarla –llamar **naturaleza** a lo que se excluye por el hecho mismo de llevar el interés sobre algo, distinguiéndose este algo por ser nombrado.

La **naturaleza**, por este procedimiento, no se arriesga a nada más que a afirmarse por ser un popurrí de fuera-de-la-**naturaleza** (**hors-nature**).[3]

---

[1] Lacan, J. (2007). *El Seminario. Libro 20*. Buenos Aires: Paidós, p. 43.
[2] Cf. Lacan, J. (2007). *Mi enseñanza*. Buenos Aires: Paidós, p. 40.
[3] Lacan, J. *Seminario 23*, clase 18/1171975. Traducción de Ricardo Rodríguez Ponte.

Si para Lacan no hay ninguna realidad pre-discursiva, el fundamento de lo que existió, existe o pueda existir –es decir, la instauración de lo posible, que aunque lo piense para el sujeto de la ciencia, en su teoría es posible pensarlo para todo sistema de saber–[4] estará dado por lo real: en el caso de su propuesta, siendo la causa simbólica, será el agujero, el imposible intrínseco al sistema simbólico que funda existencia.

Lacan se diferencia en el psicoanálisis por sostener la falta en ser; siendo el sujeto producto del significante –existencias de dos dimensiones–, su teoría no está sostenida en teorías biologicistas, sustancialistas o fisicalistas. La creación es ex-nihilo, y toda existencia surge de la lengua y del discurso. Desde esta perspectiva, analizaremos el discurso histórico para poder entrar en la cuestión, en tanto las existencias van a variar de acuerdo al discurso operante en cada época y sociedad. Si el sujeto del psicoanálisis es el sujeto de la ciencia moderna, habrá un modo de relación al ser particular de la época.

Cabe preguntarse aquí entonces: ¿Por qué Lacan "ilustra" la incompletud del sujeto del significante bajo el lema "no hay relación sexual"? ¿Por qué en clave de sexualidad? ¿Por qué la falta en ser es nombrada en estos términos? Lacan nos adelanta algo de la respuesta cuando enuncia que las posiciones subjetivas del ser de las que se trata en la dialéctica psicoanalítica son: del sujeto, del saber y del sexo, en su conjunción.[5] La relación de esos tres términos es lo que constituye el estatuto del sujeto.

Esta idea no es caprichosa, sino que indica que la sexualidad en su relación al saber es el eje estructurante del discurso de la cultura occidental, es decir, que este discurso es el que forja la existencia. Lacan alude a esta idea permanentemente a lo largo de su enseñanza. En tanto el modo de relación al ser es particular de cada época y lugar, el eje de lectura en Lacan –que en este libro se intentará analizar– se centrará en la cultura occidental y/o en su diferencia con otras culturas para poder dar cuenta de dicha estructuración, problematizándola luego y diagnosticando los problemas que suscita, ofreciendo otro tipo de salida para el sufrimiento que dicha posición al ser podría acarrear.

Si no hay un significante que represente al sujeto, la pregunta por la existencia recibida desde el Otro será el soporte que lo rescate de la división. En tanto recibida desde el Otro, lo hará articulada bajo las preguntas por el sexo y por la contingencia en ser en el texto del fantasma;

---

[4] Esta afirmación estará desarrollada en uno de los artículos y daría cuenta de su posición antifilosófica.

[5] Cf. Lacan, J. *Seminario 12*. Clase 18. Inédito.

las preguntas sobre el sexo y sobre la vida y la muerte son posibilitadas y condicionadas por la operatoria en nuestra cultura de los símbolos ligados al misterio, que devienen en Lacan el significante fálico y el significante del Nombre-del-Padre. Aunque estos son solo pequeños trazos de ideas —varias se desarrollarán— ya podemos advertir cómo los avatares de la existencia están determinados por causas simbólico-culturales. Haciendo un rastreo por autores que Lacan cita a lo largo de su obra, podemos concluir que este pivote —el de la sexualidad, que es el que vamos a desarrollar a lo largo de todo esta investigación— es histórico. El sujeto de Occidente moderno podría sostenerse en un ser particular, la *sexistencia* – al decir de Davidson en "La aparición de la sexualidad" –, es decir que la relación al ser es pensada en términos de sexualidad. Debido a un cambio en el sistema de saber que predominantemente organiza la realidad, se comienza a pensar en que somos seres sexuales, lo que no siempre fue así. Foucault señala que recién durante el siglo XIX se comienza a ver que la conducta sexual "es importante en la definición del individuo".[6] Se comenzó a pensar que el deseo sexual es capaz de revelar la identidad profunda. Antes del siglo XIX era difícil considerar que el comportamiento homosexual *"definiera al individuo"*. Es evidente que esta tendencia, inaugurada hace dos siglos, se plasma en la preocupación actual por la cuestión de la "identidad de género". A partir de que en función del sexo surge la sexualidad es que aparece que **somos** hombres y mujeres, normales y pervertidos, heterosexuales y homosexuales, etc.; es un remitirse al ser, que en otras épocas y/o culturas estaba remitido a otro tipo de categorías, como por ejemplo, de ocupación, de religión, de raza: burgueses y proletarios, amo y esclavo, blancos y negros. La naturalización sostenida en el sentido común aún hoy de que la biología determina los sexos y/o la sexualidad normal está a su vez probablemente alimentada en el psicoanálisis por la teorización de Freud de la envidia al pene y la angustia de castración que propone como universales; al estar naturalizado queda anulada la pregunta por las condiciones de surgimiento de ese discurso. Si el valor y el modo de existencia cambian en el tiempo y en las distintas culturas, no hay naturaleza para la sexuación.

> (…) hablemos de lo natural, que es todo lo que se recubre con las vestiduras del saber (…) el discurso universitario esta hecho únicamente para que el saber sea una vestidura. El ropaje del que se trata es la idea de la naturaleza. No va a desaparecer así nomas de la escena. No es que yo intente

---

[6] Foucault, M. (2009). *El yo Minimalista*. La Marca Editora, pp. 93 y siguientes.

sustituirla por otra. No se imaginen que soy de aquellos que oponen la cultura a la naturaleza, aunque más no sea porque la naturaleza es precisamente fruto de la cultura.[7]

Esta crítica a la idea de naturaleza también es trabajada, entre otros, por el antropólogo Phillipe Descola en "Diversidad de naturalezas, diversidad de culturas". A partir de su

> trabajo con los indígenas del Amazonas y de los estudios etnográficos en relación a otros pueblos, plantea que la dicotomía naturaleza/cultura no tiene sentido para muchas comunidades ya que la relación del grupo social y su entorno está dada por una multiplicidad de relaciones interpersonales entre humanos y no humanos, de complicidad, de antagonismo, de seducción, de depredación. Para estos grupos, los no humanos participan del contrato social (en términos occidentales) en igualdad de condiciones que los humanos, teniendo voz y voto. Para estos pueblos categorías como "animal", "naturaleza" son impensables, no hay una separación entre lo que los occidentales llamamos naturaleza y cultura, los humanos y no humanos no se distinguen por la capacidad reflexiva de los primeros, ya que todos la comparten.[8]

A su vez, en las distintas culturas no siempre tuvieron primacía simbólica las parejas heterosexuales hombre-mujer, como así tampoco el amor.[9] Es interesante rastrear en la historia los modos en que el saber escribía sexualidad para percatarse de que Lacan no podría hablar de universales en ningún caso si sostiene que la realidad es de discurso; por otro lado, lo señala de distintos modos a lo largo de toda su obra. Para tener un ejemplo respecto de esta dimensión es útil recurrir al libro de Leo Steinberg, quien sugiere que hay un "olvido moderno" que consiste en considerar la idea de ser hombre y mujer ligada al sexo biológico como si fuera algo natural, siendo que es producto de una idea que se forja en el Renacimiento: la verificación de la Encarnación de Dios a través de su hijo como hombre estaba ligada en la pintura a la representación de la confirmación y mostración de los genitales. Es decir que la dicotomía naturaleza/cultura

---

[7] Lacan, J. (2012). *Hablo a las paredes*, pp. 42 y 43. Buenos Aires: Paidós.

[8] Ver Zaratiegui, J. (2018). "El problema de la dicotomía naturaleza/cultura en psicoanálisis". *Acheronta* N° 30. En www. Acheronta. Org.ar

[9] Para ahondar en esta temática ver: Tin, L.G (2012). *La invención de la cultura heterosexual*. Buenos Aires: El cuenco de plata. De Rougemont, D. (2015). *El amor y occidente*. España: Publidisa. Davidson, A. *La aparición de la sexualidad*. Barcelona: Alpha Decay.

es otro prejuicio vigente en Occidente que incide de manera potente en las teorías que explican el sufrimiento humano a partir de la naturaleza.[10]

Lacan da cuenta de cómo funciona lo que se considera realidad en nuestro discurso y, desde allí, problematiza la cuestión para pensar la falta en ser. Si recurriera a otro término o concepto, probablemente quedaría perdido el factor histórico que opera fuertemente anclado al ser en Occidente moderno. Lacan insiste en nombrar aquello sobre lo que quiere teorizar mediante términos o conceptos que son los que están operando como realidad en cada momento histórico, aquello en lo que se monta el sistema de saber de cada época y de esta manera agujerear el texto en el que se sostiene. En nuestra época se escribiría en clave de sexualidad.

Bajo estas coordenadas solo nos cabe sostener que para Lacan habrá una relación necesaria entre saber y gozo (preferimos esta traducción de *jouissance* a la de "goce", que es como se ha traducido al español).[11] En lo que concierne a nuestro trabajo como psicoanalistas, aquello imposible que repite no será más que una "satisfacción" del lenguaje, de un saber que funciona solo, en el que se está apresado y el cual produce efectos. Es decir que en su enseñanza utiliza fórmulas o ideas que van a escribir lo que funciona como saber en el discurso occidental vigente –aquello que se considera que es– para descomponerlo en su interior y suspender nuestra comprensión favoreciendo la emergencia de la pregunta: nos referimos aquí específicamente al discurso sobre el amor y las mitades que hacen Uno, las posiciones masculina y femenina, lo fálico, el sujeto y el ser en lo que en estos desarrollos nos atañe. Y en tanto se trata de una relación al saber, aquello que funda como existente de ninguna manera podrá universalizarse, en tanto estará en relación a una historia y a una particularidad.

Queda claro a lo largo de la obra de Lacan que para él lógica y realidad están íntimamente relacionadas; también que el inconsciente, articulado como un lenguaje, está sostenido en una lógica o saber que será preciso leer y escribir para que la realidad sufriente pueda cambiar, tal como surge del estudio de la carta robada.

---

[10] Ver Eidelsztein, A. (2012): "El origen del sujeto en psicoanálisis. Del Big Bang del lenguaje y el discurso en la causación del sujeto". *El Rey está desnudo*. Año 4. N°5. Buenos Aires: Letra Viva y Seminario: Psicoanálisis y ciencia. Clase del 27 de mayo de 2017. Buenos Aires.

[11] Según Gárate y Marinas en *Lacan en Español*, (Biblioteca Nuvea, Madrid, 2003), el sentido más preciso del témino "gozo" (*jouissance* en francés) es el que recoge el *joy* del amor cortés, especialmente en el *Heptamerón* de Margarita de Navarra.

Sus conceptos son operadores lógico-histórico-discursivos, nunca remiten a esencias o sustancias sustentadas en posiciones biologicistas o naturalistas. Esta idea está sostenida en toda su obra en un encuadre epistemológico que subvierte lo natural y que se puede corroborar en las ideas que analiza de otros autores con los que dialoga, cuyas citas y ejemplos son casi siempre pasados de largo.

Conceptos como Nombre del Padre, falo, gozo, Gozo del Otro, Gozo de Dios, los lados Hombre y Mujer (fórmulas de la sexuación), sujeto, etc., están todos elegidos y problematizados en su interior para dar cuenta de que son los que operan como realidad bajo determinado discurso; poniéndolos en evidencia, se los discute, se los historiza, para introducir la falta en ser propia del sistema simbólico como creador de existencia. Son propuestos por Lacan a partir de un estudio minucioso de los contextos lingüísticos, históricos, filosóficos y epistémicos en los cuales se desarrollan ciertos sistemas de ideas que los incluyen como elementos. Estos conceptos están implicados en la formalización lógico-matemática de Lacan, y allí adquieren una dimensión subversiva con respecto a sus significaciones cristalizadas en el sentido común de la época. Así como el "sujeto lacaniano" se diferencia y opone al "sujeto antropológico" –el hombre en sentido general–, las nociones de falo, Nombre del Padre, etc., se inscriben en la teoría lacaniana con acepciones novedosas que revierten ciertos sentidos pre-establecidos.

Es decir que Lacan piensa la subjetividad ligada a aparatos discursivos que la hacen cambiar. "Yo soy un historicista más radical que muchos que se proclaman a sí mismos como tales, con la diferencia de que la Historia, la Gran Génesis pseudo-marxista que les sirve de guía y todas las tonterías de este género, me hacen reír."[12]

No hay relación proporción sexual

Probablemente esta "fórmula" de Lacan ingrese en su teoría como crítica y respuesta al eros unificante de la teoría freudiana, sosteniendo a su vez que el hecho de que no haya modo de escribir la relación sexual es el real del psicoanálisis, en tanto en ella falla la juntura, no hace uno. Según

---

[12] Lacan, J. (1969). En: Paolo Caruso, *Conversaciones con Lévi-Strauss, Foucault y Lacan*. Barcelona: Editorial Anagrama, p. 119

A. Eidelsztein en su artículo "¿Por qué no hay relación sexual?",[13] Lacan critica además la concepción del fin de análisis como logro ideal de una posición genital para garantizar un acoplamiento armónico. Cabe aclarar que cuando Lacan habla de proporción y de relación, lo hace en términos matemáticos; uno de los artículos de María Inés Sarraillet va a desarrollar esta idea.

Podría tratarse de otro modo de pensar la idea de castración freudiana –pensarla en términos significantes. Es decir que lo que para la clave de lectura biologicista-naturalista es castración en la clave simbólico-significante es "no hay relación proporción sexual". Lacan trabaja siempre en términos significantes, por lo cual aquí la biología o la anatomía no tendrán ninguna incumbencia; podemos advertir cómo vuelve a ubicar la no adecuación al Uno en términos de significantes que no dan ser de sexualidad.

> Creo, con todo, haberlos impactado en relación a esto, aun a los más sordos, con el enunciado que merece ser comentado, de que **no hay relación sexual**. Por supuesto, merece ser articulado. ¿Por qué se imagina el psicoanalista que lo que constituye el fondo de aquello a lo que se refiere, sería el sexo?
>
> Que el sexo sea real, no deja la menor duda. Y su estructura misma, es lo dual, el número "dos". Se piense lo que se piense, no hay más que dos: los hombres y las mujeres, dicen y se obstinan en agregarle los marchatrás! Es un error. A nivel de lo real, no los hay. **De lo que se trata cuando se trata de sexo es del otro, del otro sexo, inclusive cuando se prefiere al mismo.**[14]

Que los sexos sean dos cuestiona tanto el segundo sexo como que la Mujer se desvanece como tal, lo que será ampliado en el desarrollo de los textos que forman parte de este libro. Pero cabe hacernos las siguientes preguntas que orientarán las investigaciones que aquí se presentan, con el ánimo de que su potencia pueda aún trascenderlas: ¿A qué se refiere aquí, entonces, el otro sexo? ¿Está en juego lo fálico, es decir, refiere a otro goce no relativo a lo fálico? En tanto a nivel de lo real hay solo dos, y el otro es de lo que se trata cuando se trata de sexo, ¿será el otro para cada quien? Pero ¿por qué los llama masculino y femenino, aun sin importar que se prefiera como pareja el mismo sexo u otras variantes? ¿Será el otro sexo

---

[13] En: *Recorridos teóricos y clínicos*. Apertura Sociedad Psicoanalítica de La Plata. Buenos Aires: Letra Viva, 2006.

[14] Lacan, J. (2014). *El Seminario. Libro 18*, clase 6. Buenos Aires: Paidós.

respecto del discurso que es predominantemente androcéntrico? ¿Otro con respecto a la totalidad/universal que está en el discurso? ¿Por qué **el conjunto** de La Mujer no existe? ¿Estas fórmulas de Lacan están para mostrar lo que funciona en el discurso, teniendo en cuenta que para él no hay más que realidad discursiva? Esperamos que estas preguntas puedan despejarse al finalizar la lectura del libro, así como ser un camino para abrir otras nuevas.

En nuestra cultura y discurso, se ha asociado a la mujer con aquello que no se puede decir, con lo inaccesible o incomprensible, incluso con lo misterioso. Y esta consideración, a su vez, ha sufrido variantes dependiendo del sistema de saber que imperaba en cada época, por ejemplo, la lógica no sería la misma en la época del paganismo que en la época del cristianismo. Pero ¿es esto suficiente para ligar a la mujer como **siendo** lo infinito o misterioso?

La hipótesis que atraviesa nuestro recorrido es que el "No hay relación sexual" y **las fórmulas de la sexuación implicarían por parte de Lacan la producción de un vaciamiento de la sexualidad y del objeto que el psicoanálisis de Freud establece y que quedó funcionando como incuestionable.** En este sentido el objeto *a*, según él su único invento,[15] podría ponerse en relación a este problema, es decir, vaciar el objeto que Freud establece en y de la sexualidad. Recordemos que la teorización del objeto *a* tiene su antecedente en Winicott, tal como el mismo Lacan lo dice, quien sostenía que el objeto al que se queda fijado el niño es transicional, quizá percatándose de que en ese objeto había restos del Otro, que no era totalmente pulsional en el sentido freudiano. Es un resto fijado del Otro en esa satisfacción, es decir que hay una forma de articular lo Otro al objeto *a*.

> (…) **no hay relación sexual.** Entonces decir **todo se logra** no impide decir **no-todo se logra,** porque es de la misma manera: eso falla. No se trata de analizar cómo se logra, sino de repetir hasta la saciedad por qué falla.
>
> Falla. Es algo objetivo (…). Tan salta a la vista que es objetivo que hay que centrar en torno a eso, en el discurso analítico, lo que atañe al objeto. El fallar es el objeto.
>
> (…) El objeto es una falla. La esencia del objeto es fallar…[16]

---

[15] Ver Lacan, J. *Seminario 21*, tercera parte, clase del 9 de abril de 1974. Inédito.
[16] Lacan, J. (2007). *El seminario. Libro 20*, clase 5. Buenos Aires: Paidós.

Lo necesario lógicamente para que el orden simbólico que crea realidad opere es ese resto que queda de la cuenta, el *a*, lo real, lo imposible lógico-matemático ineludible para que el sistema simbólico funcione, el agujero simbólico que crea existencias.[17] La constitución misma del sujeto es sincrónica a la constitución del objeto, de ahí la incompletud y la existencia.

> (…) no se sustenta sino en lo escrito dado que la relación sexual no puede escribirse. Todo lo que está escrito parte del hecho de que será siempre imposible escribir como tal la relación sexual. A eso se debe que haya cierto efecto de discurso que se llama escritura.[18]

> (…) todos sabemos porque todos inventamos un truco para llenar el agujero [*trou*] en lo Real. Allí donde **no hay relación sexual**, eso produce "traumatismo" [*troumatisme*]. Uno inventa. Uno inventa lo que puede, por supuesto.[19]

En la actualidad la verdad se corrió al Uno, a lo individual, a lo inefable. Al ser "auto" es lo que no se puede decir o trasmitir.

Lacan sostiene en *Mi enseñanza*[20] que la sexualidad agujerea la verdad (es no-toda) en tanto la pregunta del neurótico moderno que aparece respecto del acto sexual es **si se es verdaderamente un hombre o se es verdaderamente una mujer**. Si bien en el texto sitúa que hoy la sexualidad es lo más expuesto y ya no lo reprimido o la revelación de lo oculto, sin embargo conserva la función de verdad. Como ya dijimos, el ser ha quedado asociado a la sexualidad; aun así entre los psicoanalistas no se tiene en cuenta su papel preponderante. Este tema también se abordará en el libro. Sostiene que la sexualidad ahora es "todo tipo de cosas, los periódicos, la ropa, el modo en que uno se conduce….". Juega con la homofonía entre *sa vie sexuelle* (su vida sexual) y *ca visse exuelle* (eso ajuste o encaje).[21]

---

[17] Este tema está ampliado en uno de los artículos de este libro: **Mascheroni, G: "Lo imposible invariante fundador de lo que existe".**

[18] Lacan, J. *El seminario. Libro 20*, clase 3. Buenos Aires: Paidós.

[19] Lacan, J. *El Seminario. Libro 21*. Clase del 11/6/74. Inédito.

[20] Lacan, J. (2007). "Lugar, origen y fin de mi enseñanza." En *Mi enseñanza*. Buenos Aires: Paidós.
Sobre la función de lo escrito este volumen contiene el artículo de Rosella Villa Pusineri que desarrolla el tema.

[21] *Ibid.*, p. 31/32.

Acerca de los valores que tomaron lo masculino y lo femenino en la historia discursiva

Realizaremos un brevísimo recorrido sobre la connotación que estas posiciones han tenido en nuestra cultura y cómo se han estabilizado como funciones discursivas, lo que nos permitirá adentrarnos mejor en los desarrollos de Lacan de los que trataremos en este libro.

* En su libro *Vocabulario de las instituciones indoeuropeas*,[22] Benveniste señala que la estructura familiar de las culturas indoeuropeas que se esboza a través del vocabulario es la de una sociedad patriarcal que se apoya en la filiación paterna, y que realiza el tipo de la gran familia, con un antepasado en torno al cual se agrupan todos descendientes machos y sus familias restringidas. De allí proviene nuestra cultura: familias patriarcales cuya estructura es la descendencia patrilineal y que constituyen como modalidad de convivencia la gran familia: un macho antepasado cuyos descendientes varones conviven todos juntos en sus familias restringidas. Que el vocabulario indoeuropeo sea tan pobre para el parentesco de la mujer no se explica –como podría suponerse– por el predominio de las funciones masculinas en las familias debido a la fuerza del hombre para sostener con alimento y protección a la estructura familiar, ya que la preponderancia del hombre ha podido mantenerse en otros dominios por fuera de la institución familiar. La explicación de por qué en el lenguaje el parentesco es masculino debe ser más bien que la mujer abandona su clan para entrar en el del marido y que a partir de ese momento se instituyan entre ella y la familia de su marido relaciones que exigen una expresión; siendo esta familia "una gran familia", la mujer es retirada de su clan y pasa a vivir en el clan armado en función del hijo del macho; es por eso que las designaciones de los familiares se armaron en torno al macho, al varón.[23]

* Las distintas investigaciones arqueológicas de la Vieja Europa pre-histórica y de comienzos de la Historia han dado como resultado el hallazgo de numerosísimas piezas arqueológicas donde predominan en gran medida diosas femeninas, resultado y estudio que ha permitido revisar la idea de que todas las culturas provenientes de Europa eran patriarcales. Aún sin poder tener esta certeza científica, lo que a nosotros nos interesa es que estas diosas portaban la simbología que se le asigna generalmente a

---

[22] Benveniste, E. (1983). *Vocabulario de las instituciones indoeuropeas*. Madrid. Taurus.
[23] Cf. *Ibid.* Benveniste: *Vocabulario de las instituciones indoeuropeas*.

las figuras divinas: estaban asociadas al misterio de dar vida, a la fertilidad, a la veneración de las leyes de la naturaleza, a la brujería, a lo que brota, a la madre creadora o la fuerza creadora universal.[24] Esta misma consideración simbólica dada a la mujer-diosa puede encontrarse en otras civilizaciones.

Cabe señalar que si este predominio matriarcal pudo haber tenido lugar, se estima que luego, como consecuencia de las guerras –las distintas invasiones de pueblos vecinos–, fue desplazado por el discurso y la simbología patriarcales, que se impusieron como hegemónicos. Robert Graves plantea que en esta sustitución se conservaron importantes aspectos de la antigua Diosa devenida ahora en masculino, pero con las propiedades de aquella.[25]

* En el libro *El cáliz y la espada,*[26] Riane Eisler, también luego de una ardua investigación, analiza cómo en la cultura se asoció desde casi siempre lo femenino a períodos alcistas gilánicos[27] y lo masculino a la regresión androcrática;[28] a su vez desarrolla cómo han surgido las figuras de lo femenino y lo masculino asociadas a la vida y muerte respectivamente, a lo que da vida y a lo que la quita; es decir que han sido construcciones socio-culturales.

* El *El amor y Occidente,* Rougemont [29] da cuenta de lo hegemónico de la idea de Uno ligado al amor, hacer de dos uno. A su vez, una exaltación de la Dama –por amor imposible o desgraciado como ideal– en lugar de la figura de Dios, cuyo desarrollo encontrarán en el trabajo de María Inés Sarraillet en este volumen. Del discurso de los cátaros y maniqueos deviene el amor insatisfecho y la exaltación de la mujer asociada al Dios Uno. El goce mortífero y la pulsión de muerte vienen discursivamente de allí.

* El pecado femenino asociado a la falta y a la responsabilidad. Para los semitas y para el cristianismo la falta es femenina, superando la criminalidad masculina de los dioses griegos (crimen titánico y prometeico): curiosidad, concupiscencia, inconsistencia. Pecados femeninos como

---

[24] Ver Gimbutas, M. (1996). *El lenguaje de la Diosa.* Madrid: Grupo Editorial Asturiano.
[25] Graves, R. (2014). *La Diosa blanca.* Madrid: Alianza.
[26] Eisler, R. (1990). *El cáliz y la espada.* Chile: Cuatro Vientos.
[27] Riane Eisler propone el término *gilania* (*gylany*). *Gy* deriva de la raíz griega *gien,* o "mujer".
[28] *Ibid.* p. 97 y siguientes.
[29] *Op. cit.*

origen del mal. Acerca de esto se puede leer a Gilles Deleuze en *Nietzsche y la filosofía*.[30]

Asimismo, la falta en relación a la sexualidad que Eva inscribe con el pecado original podría leerse como una segunda versión de un pecado anterior al original que tiene como protagonista a Lilith, la primera mujer, reprimida en el relato bíblico por su carácter demoníaco vinculado a su ejercicio de la sexualidad y a su negativa a condescender a los requerimientos del hombre (Adán). Esta figuración de la mujer –Lilith– parece remitir al repudio que en el Canaán tenían las mujeres con una sexualidad más abierta.

Este pequeñísimo pantallazo nos permite anticipar por qué para Lacan Hombre y Mujer son significantes que adquieren su valor según con qué elementos discursivos se ponen en relación.

El valor que les da Lacan a las Sagradas Escrituras

Para poder dar cuenta de qué motiva a Lacan a tomar términos de la religión para fundar conceptos operadores de su teoría, tomemos como ejemplo uno de los que utiliza, quizá uno de los más importantes: el *Nombre-del-Padre*, en el que es preciso detenernos más en tanto de la inscripción de este significante depende para Lacan la posibilidad de las existencias. Que la idea de Padre se incluya y se sostenga en el psicoanálisis está relacionada con que designa o explica algún fenómeno que funciona en la sociedad. Lacan elige una designación religiosa –Nombre-del-Padre– para nombrar aquella autoridad que tiene por función limitar la omnipotencia del poder de quien encarna el lugar del Otro del lenguaje y esto no es sin duda caprichoso. Como tampoco lo será que sea una instancia paterna. El Dios judeocristiano occidental –omnipotente y Creador, dador de existencia– es pensado como masculino y si esto no se pone muy en duda es porque es Padre, es el "Padre Nuestro" –oración icónica del cristianismo que expresa con claridad este pensamiento que nos atraviesa. También en casi todas las lenguas derivadas del indoeuropeo *Pater* es una designación que ha conservado su vigencia aludiendo a su empleo mitológico, siendo "la clasificación permanente del Dios

---

[30] Deleuze, G. (1962). *Nietzsche y la filosofía*. España: Anagrama. Capítulo 1: Lo trágico, punto 9: El problema de la existencia.

supremo de los indoeuropeos";[31] una designación eminentemente religiosa. Es decir que funciona en la sociedad esta idea de omnipotencia y creación puestas en la figura masculina del padre. Lacan designa con el nombre de un Dios omnipotente a la función que debería escribir la no omnipotencia de la figura que encarna al Otro del lenguaje –Madre–, sea quien sea que ocupe ese lugar. Como señala Alfredo Eidelsztein, esta aparente contradicción se salva entendiendo que es propio de la potencia del lenguaje realizar dicha transferencia en esa figura, solo porque lo llamamos Padre, es una cuestión del orden simbólico. La función de lo que llamamos metáfora paterna es separar al Otro materno del Otro del lenguaje, el Otro del A mayúscula –a la madre de la lengua materna–, siendo A mayúscula el orden simbólico; es decir, la instauración de la ley del no-todo. Si opera la metáfora habrá existencias, en tanto quien represente a la Madre le asignará autoridad a quien represente la instancia paterna, designada por Lacan con el Nombre de Dios, es decir asignándole de esta manera la potencia del lenguaje al orden simbólico, a una existencia –el orden simbólico existe, no hay ninguna prueba ni real ni imaginaria de esa existencia.[32]

Para Lacan, Padre es el representante original (puede haber otros luego) de la autoridad de la ley,[33] es decir que no es representante de la Ley misma ni tampoco es el que se autoriza en ella, sino que representa la autoridad de lo que se dice. Lacan sostiene: "Lo dicho primero decreta, legisla, aforiza, es oráculo, confiere al otro real su oscura autoridad".[34] Nuevamente estamos frente a lo que se dice, al dicho primero que es entonces origen, y cuya autoridad es oscura porque no está reglamentada, no está codificada, es solamente por haberse dicho.

¿Se podrá desprender de aquí la ubicación de quien tiene la autoridad del lado Hombre por parte de Lacan en las fórmulas de la sexuación?, ¿la autoridad de la ley?, ¿el *dichohombre* que presenta en El atolondradicho?

La autoridad da la posición subjetiva respecto del dicho primero, en tanto sin autoridad el dicho primero no significa nada; es necesario que entre en escena cómo se posicionaron los Otros que encarnaron la función del Otro para determinado sujeto respecto de ese dicho primero. El

---

[31] *Op. cit.* Benveniste, *El vocabulario de las instituciones indoeuropeas.*

[32] Cf. Eidelsztein. Seminario de posgrado sobre *El complejo de Edipo y la metáfora paterna,* dictado en la UBA en 1998.

[33] Lacan, J. (1985). *Escritos* 2. Buenos Aires: Siglo Veintiuno. "Subversión del sujeto…", p. 793.

[34] *Ibid.*

primero va a legislar si quien encarna la función de Otro le asigna autoridad y se somete a ella.[35]

Etimológicamente, *autoridad* alude a aquel que impone obediencia, que tiene el derecho de dirigir, el que inspira confianza y respeto, y también el estado de una persona o cosa que hace creer. En francés como en castellano, viene del latín *auctor*, que significa: aumentador, productor, creador, autor, padre, abuelo, antepasado, padre de las cosechas, el que tiene facultad para hacer autorizar, aprobar, rectificar algo, y particularmente autor de obras históricas; *auctor* tiene un parentesco con términos tales como *augur* y *auctoritas*. Además de volver a encontrar en estas definiciones el lugar del Padre sosteniendo la autoridad, no hay que olvidar que augur es el sacerdote y *augeo* "todavía es "conservado en el vocabulario religioso". El adjetivo derivado es *augustus*, "consagrado por los augures" y que se emparenta a "augurios". El augur entonces es la persona encargada, el sacerdote, de decir cosas que sean buenos presagios, que diga cosas que modifiquen el futuro. "El augur es el sacerdote magistrado, participando en un grupo colegiado y donde la acción es sometida a las reglas".[36] Es visible entonces cómo se anuda el padre de la ley vía la autoridad al discurso religioso. El padre como función de lo dicho no se trata de ninguna persona; el padre originario, de quien se toma el rasgo es una función de lo dicho, no es necesariamente alguien que tiene que haber dicho.

Autoridad de la ley quiere decir entonces la potencia determinante del símbolo –siendo el Padre su representante original– sin la cual es imposible que haya ley. Es la potencia del símbolo que incide en la realidad humana.[37]

El significante del padre une el deseo a la ley.

La función principal de la metáfora paterna es fundar la existencia, el lenguaje tendrá el valor de una existencia. Tal como surge de lo desarrollado, el nombre más regular que recibe esa existencia normal por el poder del lenguaje es Dios. Dios es por un lado la omnipotencia pero por otro lado es el nombre fundamental de la existencia.

Françoise Regnault[38] propone que para todo sujeto moderno hay dos dimensiones de Dios: el Dios omnipotente –el Dios todo– y el Dios no

---

[35] Cf. Eidelsztein. *Ibid.*

[36] Todas las referencias corresponden a *op. cit.* Benveniste, *El vocabulario de las Instituciones indoeuropeas*.

[37] Cf. Eidelsztein. Seminario sobre El complejo de Edipo y la metáfora paterna, dictado en la UBA, en 1998 (ver cita anterior).

[38] Regnault, F. (1986). *Dios es inconsciente*. Buenos Aires: Manantial.

todo. El Dios todo es el Dios de la psicosis y el Dios no todo es el Dios que François Regnault articula a la fórmula de la sexualidad femenina, es el Dios de las existencias, lo que permite justificar por qué Lacan en alguna oportunidad dice que Dios está del lado femenino.[39]

Para que la función de la sorpresa, lo indecible, lo numinoso –relativo a los poderes divinos– opere, debe haberse inscripto el Nombre del Padre. Si lo divino y lo santo en la religión se registra del lado del sujeto como sorpresa, en el psicoanálisis hoy se asocia al inconsciente, que se manifiesta solamente mediante la sorpresa, cuestión que tiene mucha proximidad con la afirmación de Lacan de que Dios es inconsciente –¿es porque opera un saber no sabido al igual que el que se le supone a Dios?–. Si hay hiancia en el sujeto es porque hay lo numinoso –la otredad–, es porque ha operado el Nombre del Padre.

> Lo que se nos impone es otro modo de ese saber, un saber que en manera alguna es atribuible a un sujeto que allí presidiría el orden, que allí presidiría la armonía: y por eso, muy al principio, en mis primeros enunciados, para caracterizar al inconsciente de Freud había una formula –a la que volví varias veces– que propuse en Santa Ana: "Dios no cree en Dios". Decir "Dios no cree en Dios" es exactamente lo mismo que decir: hay inconsciente.[40]

Hacer este análisis sobre la inclusión en la teoría de Lacan del Nombre-del-Padre nos permite ver la importancia que tendría hacerlo con cada uno de los términos que trae Lacan como operadores en su teoría. Se trata de la potencia del orden simbólico creando existencia y no de una esencia. En tanto tal puede advenir una verdad particular que desarma aquello que opera como *lo que es*. Es la autoridad que se le da al dicho lo que hace que operen las existencias, pero lo cual, al no ser en sí, pueden cambiar.

Ya podemos advertir el porqué de la relevancia de la figura de Dios en psicoanálisis y por qué queda asociada al inconsciente. El porqué esta figura va a quedar ligada a la mujer cuando Lacan sostiene que Dios y La Mujer no existen es parte de lo que intentaremos desarrollar.

---

[39] **Esta idea se ampliará un poco más en el artículo de este volumen: "Lo femenino es lo Otro", de G. Mascheroni.**
[40] Lacan, J. El Seminario. Libro 21. Clase del 21/5/1974. Inédito.

Acerca de las fórmulas de la sexuación

Hemos venido dando cuenta de aquellos tópicos que resultaron ser estructurantes de la sexualidad en Occidente. Tal como señala Françoise Collin, los dos sexos, así como su relación, son "construidos" histórica y socialmente, por lo tanto ellos pueden ser "deconstruidos". Pero si bien esta interesante herramienta de análisis permite formular la crítica de la relación de los sexos tal como está construida, conlleva el peligro de que pueda parecer denunciar "la construcción" como tal en vez de la deriva desigualitaria —es el caso en el que caen algunos sectores de lucha del feminismo. Todas las relaciones humanas, al ser culturales, son y serán siempre "construidas", formalizadas; la cuestión, si se tratara de trabajar con este problema, estará en ver cómo queremos construirlas, repensar las formas seculares jerárquicas que han tomado dichas construcciones a nivel social y a qué cultura sexual aspiramos. Lo que sí puede criticarse es la idea de que las relaciones sociales de los sexos respondan a un naturalismo consumado, o a una esencia. A su vez, la idea que podría deslizarse en algunos reclamos feministas es la propuesta de que "hay un solo sexo", lo que significaría que "no hay sexo" o incluso que "no hay cuerpo"; en tanto lo que existe responde a un sistema diferencial todo lo que pretenda llevarse a lo Uno —tal como se desarrollará en el libro— quedará vacío, inexistente, por fuera del interjuego significante. Desde esta perspectiva podemos decir que muchas veces se confunde el discutir la desigualdad con discutir la diferencia —por ejemplo: que ser igual implique ser idéntico y ser diferente ser desigual. La igualdad reposa sobre la pluralidad y no sobre la identidad.[41]

Desde el psicoanálisis no se puede estar ajeno al análisis de todos estos temas si decimos que el modo de padecer moderno arma su existencia en torno a la sexualidad; será de nuestra incumbencia —en tanto no sostenemos el Uno, el naturalismo o esencialismo de la sexualidad ni de las relaciones entre los sexos— repensar cómo está construida la idea de masculino y femenino, confrontarla con Lo Otro y lo plural, para luego estar en mejores condiciones de abordar la dirección de la cura.

Es así que intentaremos abordar en el libro cuestiones relativas a las preguntas que ya presentamos y también a las que agregaremos a

---

[41] Cf. Collin, F. Conversaciones entre Françoise Collin e Irène Kaufer. Presentación de María Marta Herrera, en https://www.researchgate.net/publication/262743855_Algo_de_teoria_Conversaciones_entre_Francoise_Collin_e_Irene_Kaufer

continuación, aunque algunas de ellas puedan quedar en suspenso para que podamos seguir pensando:

1. ¿Qué problema lleva entonces a Lacan a particularizar una lógica que inscriba el no-todo del lado femenino (con la derivación matemática del "una-por-una" y sus oscuras articulaciones con el problema del infinito [inaccesibilidad del 2 y del aleph] y de la serie numérica [intuición de la multiunidad-Brouwer])? ¿Por qué Lacan busca incorporar estas formalizaciones más allá de la propuesta estructural –contemplando 2, 3, y 4 elementos– que implica de-sustancializar y des-biologizar el problema de la diferencia sexual que en Freud se plantea desde la base anatómica? ¿Por qué no alcanza con plantear la sexualidad en el campo del significante?[42]

2. ¿Podría estar la clave para despejar esta cuestión en ciertas coyunturas históricas, en ciertos cortes que pueden establecerse respecto de las condiciones de aparición del "sujeto/tema mujer" en nuestra cultura y su relación con el psicoanálisis?

Hay ciertas pistas en Lacan para pensar la aparición del tema de "la mujer" articulado al surgimiento de la pregunta por el deseo, en el contexto victoriano de fines del siglo XIX en el cual se comienza a desarrollar el psicoanálisis:

En el Seminario 7, primera clase, aclara que la pregunta "¿Qué quiere la mujer, qué es lo que ella desea?", que Jones le atribuye a Freud, ha sido en realidad una pregunta que en el siglo XIX se articulaba con insistencia. Lacan caracteriza este momento como un contexto ibseniano, teniendo en cuenta el fuerte cuestionamiento que Ibsen promueve respecto del modelo de familia dominante en la sociedad en ese entonces. Ibsen releva la queja femenina por el sojuzgamiento que implica su rol sacrificial en el seno del hogar, su encasillamiento en la maternidad y el sometimiento a la dominación masculina.[43]

3. Las ideas que asocian lo masculino a lo fálico, a lo uno, a la totalización y a la instrumentalización y lo femenino, a lo infinito, lo abierto, lo no uno, lo ilimitado, ¿no son otro modo de potenciar el binarismo sexual?

---

[42] La sexualidad solo concierne al psicoanálisis en la medida en que se manifiesta, en forma de pulsión, en el desfiladero del significante (*El Seminario. Libro 11*. Última clase)

[43] Años más tarde, S. de Beauvoir observa que esta pregunta dominaba ciertas polémicas en la opinión pública y era relevada frecuentemente en publicaciones periodísticas de la primera mitad del siglo XX.

¿Para qué necesitó Lacan presentar este cuadro que en principio parecería categorizar las posiciones sexuales en el discurso?

4.   ¿Por qué Lacan sostiene que la realidad del inconsciente es sexual?

Para concluir

En resumidas cuentas, luego de este preámbulo, creemos que la presentación del cuadro de las fórmulas de la sexuación de Lacan, tal como anticipamos, subsume su posición teórica y, nos atrevemos a decir, propone una dirección de la cura. Se trataría de otro modo de plantear la sexuación.

Retomamos nuestra apuesta de que pueda entreverse en esta presentación que hay otra teoría distinta de la que mayormente estamos acostumbrados a escuchar en psicoanálisis y que respondería no solo a los reclamos del discurso feminista sino a aquellos malestares o padecimientos de otra índole que tengan que ver con el sufrimiento en demasía forjados en Occidente moderno y que continúan operando en nuestros días. Padecimiento, posiciones que se ordenarán alrededor de la relación que se hace existir entre el saber –supuesto a un sujeto– y el ser. La respuesta a esos padecimientos se ordenarán sobre la idea de que el saber está en el lugar del A –no es de nadie– y de que el ser es no-todo.

Condiciones histórico-culturales de la sexualidad y el amor en Occidente

Que se diga "Lo imposible de la relación sexual", en la enseñanza de Lacan, exige una investigación histórica

María Inés Sarraillet y Débora Meschiany

Introducción

Al poco tiempo de la aparición de *La voluntad de saber*, Michel Foucault y distintos intelectuales y discípulos de Lacan mantuvieron un encuentro[1] en el que se le cuestionó –entre otras cosas– la posibilidad de que la sexualidad sea histórica y, en *Dichos y escritos*, tras una larga discusión con los historiadores, les responde a quienes negaban que se pudiera hacer una historia de la verdad:

> Que la historia de Occidente no es disociable de la manera como se produce la verdad y de cómo se inscriben sus efectos, no tardarán en entenderlo.[2]

La intelectualidad francesa le reprochaba a Foucault que presentara una historia de la sexualidad, de la locura o de la verdad del mismo modo en que puede haber historia de cualquier asunto, por ejemplo del "pan".[3]

En la actualidad, luego de más de 30 años, encontramos esta misma posición respecto del problema en autores relevantes de la órbita lacaniana. Mencionaremos solo dos a modo de ejemplo. Eric Laurent plantea el impacto de los cambios sociales contemporáneos como la aceptación de las diversidades sexuales y su incidencia en los nuevos modelos familiares y reconoce los virajes que se producen en la función paterna, el lugar del Otro materno, etc.; sin embargo, sostiene que las transformaciones posibles tienen un límite al que conceptualiza como **realismo del goce.**[4] Jorge Aleman encuentra en Lacan una ontología tachada y realista, la del

---

[1] Cf. Foucault, M. (1985). "El juego de Michel Foucault", en *El Discurso del Poder.* Folio Ediciones. Buenos Aires.
[2] Cf. Veyne, P. (2014). *Foucault. Pensamiento y Vida.* Buenos Aires: Paidós, p. 32.
[3] Foucault, M. (1985). *Op. cit.*
[4] Cf. Miller, J. (2013). *Piezas sueltas.* Buenos Aires: Paidós.

real de la imposibilidad de la relación sexual como transhistórico. Para este autor, los vínculos sociales, las estructuras de parentesco, los géneros, los dispositivos jurídicos, etc., consistirían en diversas modalidades históricas de suplencia.[5] Encontramos que esta lectura de Lacan coincide notablemente con la de muchos de sus críticos.

Diversos pensadores pertenecientes a las ciencias sociales y a los "estudios de género" ponen en cuestión al psicoanálisis de Lacan por sus referencias enunciadas de manera a-histórica. Enumeraremos algunos pocos. E. Badinter considera que Lacan es totalmente indiferente a la historia, la realidad social y la lucha de sexos y que se apoya en una teoría del Patriarcado Eterno y necesario para justificar el primado del Falo.[6] J. Butler le asigna una descripción de la sexualidad en términos de estatismo cultural. La ley Paterna como fija y universal en Lacan convertiría la identidad en un asunto fijo y fantasmático.[7] G. Fraisse denuncia el falocentrismo del pensamiento freudiano y lacaniano y la presunta "neutralidad" del orden simbólico.[8] Y Bourdieu califica a la teoría lacaniana de *falonarcisista,* debido a lo que entiende como acentuación de los aspectos viriles en detrimento de lo femenino. Establece que el vínculo entre el falo y el logos no va más allá de un mito docto que es expresión de fantasmas sociales. [9]

Si bien estos autores hacen hincapié principalmente en la crítica al supuesto androcentrismo del psicoanálisis lacaniano, articulado desde una perspectiva presuntamente "estática" y desde un punto de vista supuestamente atemporal, sus observaciones no dejan de concordar en un punto con los postulados "realistas" del psicoanálisis lacaniano actual. Se trata en un caso de la eternidad de la **primacía fálica** y en el otro de la del **goce pulsional.**

Nuestra propuesta es que Lacan da cuenta –produciendo la particularidad del psicoanálisis– de la idea de que la "sexualidad" hay que pensarla como un concepto enmarcado en una perspectiva relativista histórica, epistemológica y cultural acorde a su oposición a la concepción de las esencias eternas propia de la filosofía clásica.

---

[5] Cf. Aleman Lavigne. *J. Lacan, Foucault: el debate sobre el "construccionismo".* http://virtualia.eol.org.ar/

[6] Cf. Badinter, E. (1992). *XY De l'identité masculine.* París: Ed. Odile Jacob.

[7] Cf. Butler, Judith (2007). *El género en disputa.* Barcelona: Paidós. .

[8] Cf. Fraisse. (1996). *La diferencia de los sexos.* Buenos Aires: Manantial.

[9] Cf. Bourdieu, P. *La Dominación masculina.* http://es.slideshare.net/montenaf/bourdieu-pierre-la-dominacin-masculina-filosofa-ensayo

Marco referencial-epistémico

Arnold Davidson participa de una lectura sobre la sexualidad introducida en el campo intelectual fundamentalmente por Foucault, y también por Koyré, Bachelard, Veyne y Hacking entre otros. Lleva el nombre de **epistemología histórica** e intenta mostrar cómo la noción sexualidad "está vinculada a la aparición de nuevas estructuras de conocimiento y, en especial, a un nuevo estilo de razonar y a los conceptos empleados en él."[10] Esta posición anula el pensamiento filosófico tradicional que toma a la sexualidad como una invariable transhistórica, inmodificable, anterior a cualquier empleo que se haga de ese concepto, por fuera del análisis de sus reglas particulares de formación y combinación. Estos autores consideran que los conceptos son históricamente contingentes, ya que su aparición y su valor dependen del contexto teórico y práctico al que están asociados. Veyne sostiene que los hechos históricos no están organizados por períodos o personas sino por nociones, y en esa línea Davidson –en un artículo específicamente dedicado al psicoanálisis– afirma que los nombres (Freud, Lacan en nuestro caso particular) deben ser tratados como "depositarios de cierto conjuntos de conceptos y el modo en que esos conceptos encajan y constituyen un espacio conceptual".[11] Foucault consideraba que una teoría epistemológica útil de la verdad no podía estar por fuera de las condiciones históricas variables bajo las cuales los enunciados se convierten en candidatos a la categoría de verdad.

¿Lacan participaba de este modo de pensar? Efectivamente participó del problema de su época: la verdad. La discusión en la corriente intelectual francesa de la época basculaba entre preguntas como: ¿La verdad es o no de adecuación a su objeto? ¿Se trata de una categoría histórica o transhistórica? Lacan las tomó y participó del debate alineándose fuera de las perspectivas filosófica, histórica y psicoanalítica tradicionales. Mostró cómo la ciencia creó su concepto de verdad positiva –la exactitud– y en el psicoanálisis toma una materialidad discursiva y queda articulada a la sexualidad, dándole entonces un estatuto histórico y cambiante.[12]

Dos afirmaciones de Davidson que nos permitirán avanzar en la pregunta:

---

[10] Davidson, A. (2004). *La aparición de la sexualidad*. Barcelona: Ed Alpha Decay.
[11] *Ibid*.
[12] Cf. Lacan, J. (2005) *El triunfo de la religión*. Paidós: Buenos Aires, pp. 96/97. "No se entiende por qué lo real no admitiría una ley que se mueve".

1.   Fue la aparición de una ciencia de la sexualidad la que hizo posible, incluso inevitable, que nos preocupáramos por nuestra verdadera sexualidad.

2.   Nuestra división de las conductas sexuales en homosexuales y heterosexuales no es aplicable a los griegos, los romanos y los primeros cristianos porque no tenían ese concepto y por ende no tenían esa experiencia.

Posición de Lacan

En oposición a la Historia entendida desde una causalidad finalista que cierra los sentidos, que Lacan critica conjuntamente con la noción de *revolución* desde las primeras clases de *El Seminario 20*, la noción de historia en la que podemos agrupar a Foucault, Veyne, Davidson y Lacan es aquella que plantea la pregunta por las posibilidades de elección formal que tiene a su disposición la época y que permite vislumbrar otras posibilidades en tanto se trata de una conexión lógico-conceptual. Por ejemplo, la centralidad que a fines del siglo XIX toma el asunto de la *sexualidad* a partir del concepto de **instinto sexual** y la **nosología de las perversiones** dentro del campo científico es la condición de posibilidad, de habilitación del psicoanálisis, de igual modo que la aparición de la lingüística estructural lo es para la noción de **significante**. Estas puntuaciones históricas han sido permanentes en la enseñanza de Lacan.

En la clase 8 de *El Seminario 20*, Lacan necesita presentar una secuencia lógica –y por ende histórica, en los términos que acabamos de plantear– para situar el surgimiento del psicoanálisis en relación a la ciencia y la pertinencia de su campo en cuanto a lo sexual, el amor y el goce como hechos discursivos. La consignaremos brevemente, incorporando referencias de otros seminarios y conferencias.

En primer lugar: Lacan ubica en la Antigüedad griega, en la sociedad feudal y en el Renacimiento una "etapa del pensamiento caracterizada por cierto uso del lenguaje que hace a un tipo de relación del 'hombre' con la realidad y con el otro en la que predomina el vínculo de lo semejante con lo semejante. El sujeto o el alma como microcosmos serían el espejo del mundo o macrocosmos".[13] Esta soldadura entre el hombre, la realidad

---

[13]   Cf. Meschiany, D. y Sarraillet, María Inés. *El problema del realismo y lo sexual en psicoanálisis.* Presentación en las Cuartas Jornadas de Apertura 2013.

natural y el orden social conlleva un modelo de amor que Louis-G. Tin llamó "homosocial"[14], que en la Edad Media toma la forma de amor entre los caballeros al servicio del amo o en la filosofía de Aristóteles se revela en la figura de la *phylia*, lazo de amor entre dos seres en la búsqueda del Bien Supremo. Estas, entre otras, serían modalidades del amor *hommosexuelle,* neologismo lacaniano que anuda "hombre", "mismo", "semejante" y "sexual", aludiendo al predominio del vínculo imaginario que conlleva, además, la posibilidad de una relación de conocimiento entre un alma y la otra, dentro de un paradigma que sostiene la posibilidad del conocimiento del objeto por parte del sujeto. Estos presupuestos, para Lacan, constituyen a la psicología y perduran en nuestra época. Lacan lo escribe en su álgebra como coalescencia entre a y S (Å).

Desde *El Seminario 2,* Lacan reconoce el carácter inicialmente androcéntrico del orden simbólico,[15] así como sus "correcciones" e inflexiones.

Esta primera etapa histórica coincide en gran medida con el predominio de lo que Laqueur llama el "**modelo unisexual**", en función del cual la mujer se veía como semejante anatómicamente e inferior jerárquicamente al hombre –era un hombre disminuido–, en oposición al modelo moderno que sostiene "**dos sexos opuestos e inconmensurables**". Por eso, cuando el modelo unisexual se impuso durante el Renacimiento, eran comunes los relatos de mujeres que devenían hombres "por exceso de calor" o de hombres que amamantaban.[16] Se trataba de un régimen de relaciones entre lo posible y lo imposible distinto del de la modernidad. Como Freud no contemplaba estas diferencias históricas, diagnosticó la bisexualidad en Leonardo a partir de las representaciones de los órganos genitales en sus dibujos, desconociendo que los biólogos renacentistas siempre veían un cuerpo masculino.

Ubica una segunda etapa en el siglo XII, cuando surge un hecho que involucra un corte en las categorías de pensamiento y en la vida social, corte que para Lacan implica un cambio en la perspectiva de los lazos amorosos y sexuales: la mujer comienza a ser jerarquizada en el sistema poético del amor cortés en oposición a su lugar de objeto de intercambio entre linajes, como signo obligado de poder y prestigio. La Dama idealizada, a la que el caballero debía consagrarse según rituales reglamentados, se

---

[14] Tin, L. (2012). *La invención de la cultura heterosexual.* Buenos Aires: El Cuenco de Plata.

[15] Lacan, J.(1984). *El Seminario. Libro 2.* Clase del 8/6/55 Buenos Aires: Paidós. P. 390.

[16] Cf. Laqueur, T. (1994). *La construcción del sexo. Cuerpo y género desde los griegos hasta Freud.* Madrid: Cátedra.

sostenía en esta estructura poética como un objeto abstracto e imposible, que cumplía una función distinta del semejante en el plano imaginario. El supuesto era el de una elección "libre", por puro amor.[17] Para Lacan, esta expresión artística ponía en juego otra función de lo imaginario: "organizar la inaccesibilidad del objeto".[18] Dicho episodio histórico inaugura lo que luego se consolida como el modelo heterosexual de la relación amorosa a partir de la valorización de la figura femenina, que culmina luego en los movimientos de liberación de la mujer iniciados a fines del siglo XVIII.[19]

Este corte en la historia marca el comienzo de la sustitución del partenaire en el lugar de la imagen invertida del semejante por el objeto *a* correlativo del deseo como deseo del Otro, con la declinación del pensamiento cosmológico-psicológico, o sea, el quiebre de la soldadura macrocosmos-microcosmos.[20] En álgebra lacaniana: disociación entre *a* y S (Ⱥ). Este sistema de ideas pierde su exclusividad con el surgimiento de la ciencia moderna que en el siglo XVII constituye el corte histórico decisivo que marcaría la fundación del sujeto con el que luego va a operar el psicoanálisis, dándole su estatuto clínico y terapéutico.[21] La tesis de Koyré, a la que Lacan adscribe, es: la matematización como requisito fundamental del saber científico (Galileo) y el establecimiento de la certidumbre a partir del *cogito* implican la ruptura del pacto "entre el significante y las cosas". Se trata del momento de la "puesta en evidencia" de la función del significante, en tanto representa al sujeto para otro significante.[22]

La lectura de Koyré le permite a Lacan plantear el abordaje de lo real por parte de la ciencia en términos de la delimitación de lo imposible matemático y lógico, que como tal está sujeto a los cambios en las leyes científicas que se constatan en la historia del pensamiento.[23] Por ejemplo, la imposibilidad de mutación de un tiempo y espacio absolutos en el sistema de Newton, la imposibilidad de sobrepasar la velocidad de la luz en la teoría de la relatividad o el principio de incertidumbre en la física cuántica.

---

[17] Cf. Tin Louis- Georges (2012). *Op. cit.*

[18] Lacan, J. (1988) *El Seminario. Libro 7.* Clase del 10/2/1960. Buenos Aires: Paidós. Pp. 182 y sigs.

[19] Lacan, J. *El Seminario. Libro 13.* Clase 12/1/1966. Inédito.

[20] Lacan, J. *El Seminario. Libro 13.* Clase 16/6/1965. Inédito.

[21] Lacan, J. *El Seminario. Libro 13.* Clase 12/1/1966. Inédito.

[22] Lacan, J. *El Seminario. Libro 12.* Clase 16/12/1964. Inédito.

[23] *Ibid.* Meschiany, Débora y Sarraillet, María Inés.

Una de las consecuencias del desarrollo científico que opera en estas coordenadas es la producción de cierto tipo de instrumentos que desde "el microscopio a la TV"[24] –según Lacan– han propiciado una nueva forma de lazo social, cuestión que no profundizaremos pero que referimos solo para subrayar la dificultad de concebir ciertos términos del psicoanálisis que Lacan propone por fuera de las transformaciones histórico-culturales.

Desde esta perspectiva el psicoanálisis surge, para la teoría lacaniana, como un discurso científico que vincula la verdad subjetiva con la vida sexual,[25] pero es preciso no desconocer que con el correr de los tiempos este supuesto ha cambiado. Lacan en 1967 ya reconoce que la sexualidad ha dejado de ser la "revelación de lo oculto", pero expresa –en coincidencia con ciertas tesis foucaultianas– que *debe haber habido una razón para que la sexualidad haya asumido una vez la función de verdad" y "además, si la asumió una vez, la conserva"*. Respecto de este hecho discursivo, fechado en cierto contexto histórico, la posición de Lacan es clara: el psicoanalista tiene a su alcance que "la sexualidad agujerea la verdad", en tanto la pregunta del neurótico moderno que aparece respecto del acto sexual es **si se es verdaderamente un hombre o se es verdaderamente una mujer.** En este sentido lo sexual mostraría "su incapacidad para revelarse", "hombre" y "mujer" no son otra cosa que significantes y nada puede garantizar para ellos un ser verdadero que cierre en sí mismo. Lacan es contundente al ubicar al psicoanálisis a contrapelo de un supuesto actual: la idea de que la sexualidad es expresión de la forma individual de la personalidad. En el mismo sentido Foucault establece que recién en el siglo XIX aparece la pregunta ¿quién eres en lo sexual? Anteriormente nadie se concebía sustancialmente homo u heterosexual. Laqueur sitúa la aparición de los dos sexos biológicos, opuestos e inconmensurables, recién a partir del siglo XVIII, cuando el orgasmo se convierte en un indicador biológico de la vida sexual. Con este nuevo modelo biologista, producto del cambio de discursos dominantes respecto de la interpretación de los cuerpos femeninos y masculinos, "ya no dan de mamar los hombres y a las mujeres no se les cambia caprichosamente el sexo". La ciencia actual –la biología en este caso– delimita de este modo lo posible y lo imposible.

Laqueur diagnostica un problema en Freud porque sostiene que, por un lado, Freud es heredero del modelo de diferencia sexual de la

---

[24] Lacan, J. *El Seminario. Libro 20,* clase 8. Versión crítica de Ricardo Rodríguez Ponte. Clase 8. Trad. Rodríguez Ponte.

[25] Lacan, J. (2007). "Lugar, origen y fin de mi enseñanza". En *Mi enseñanza.* Buenos Aires: Paidós.

Ilustración que se lee en la fórmula económica **la anatomía es el destino** e implica que la vagina es lo opuesto del pene y la heterosexualidad es el estado natural de la relación entre dos sexos opuestos inconmensurables. Pero a su vez, fue Freud quien más cuestionó este modelo al aseverar que la libido no conoce sexo, que el clítoris es una versión del órgano masculino y que en la histeria la cultura adopta un papel causal de los órganos. Esta sería, según este autor, "la versión central de la historia moderna de la batalla del sexo único frente a los dos sexos". La ciencia parece haber descubierto, en la diferencia entre el pene y la vagina, el fundamento de la diferencia de roles sociales de las mujeres y de los hombres, diferencia que obsesionaba a la época, y en esa línea Freud sugiere que la represión de la sexualidad femenina clitorideana exalta el deseo masculino y refuerza, así, la elección heterosexual sobre la que descansaría la reproducción, la familia y la misma civilización. Otra tesis problemática de Freud: la presión social toma un niño perverso polimorfo y lo conmina a integrarse como hombre o como mujer heterosexual apoyándose en el correlato orgánico del cuerpo en la oposición de los sexos y sus órganos.

En este punto Lacan plantea una "renovación del sentido de lo que Freud ha llamado sexualidad".[26] Entendemos que en esta propuesta la sexualidad no consiste en algo "oculto" que el psicoanálisis ayuda a revelar y que atañe a lo más propio de "cada uno". En la teoría de Lacan la sexualidad se localiza como un agujero en el campo de la verdad y en el neurótico moderno la pregunta por lo sexual implica este agujero, que se tematiza con la fórmula "no hay relación sexual" o "no hay inscripción de la relación/proporción sexual en la estructura". No nos adentraremos en el desarrollo de las complejas derivaciones que implica la escritura lógica y matemática de esta fórmula. Solo destacaremos que para Lacan el psicoanálisis demuestra que esta fórmula no puede escribirse científicamente, lo que marca el punto de imposible que lo constituye como ciencia.

Si el lenguaje "transporta" la idea de *todo* imponiendo aristotélicamente un ser y una esencia: *"Todo hombre es x"*, no se puede establecer en psicoanálisis que todo hombre sea apto para satisfacer a toda mujer. Parafraseando a Lacan en *El seminario 20*, será imposible escribir como tal la relación sexual porque, entre otras razones, "hombre" y "mujer" como significantes están ligados al *usocorcorriente (discorcorriente*

---

[26] *Ibid.*

[*disquourcourant*])[27] del lenguaje, lo que impide pensarlos desde una perspectiva a-histórica.

Para concluir: El psicoanálisis de Lacan se inscribe en el campo de la ciencia en oposición a cualquier otro programa epistémico que conciba la sexualidad y el goce como reales transhistóricos y que, por lo tanto, recurra implícita o explícitamente a la biología para sostener su posición.

Bibliografía

Aleman Lavigne, J. *Lacan, Foucault: el debate sobre el "construccionismo"*. http://virtualia.eol.org.ar/

Badinter, E. (1992). *XY De l'identité masculine*. París: Ed. Odile Jacob

Bourdieu, P. *La Dominación masculina.*

http://es.slideshare.net/montenaf/bourdieu-pierre-la-dominacin-masculina-filosofa-ensayo

Butler, Judith (2007). *El género en disputa*. Barcelona: Paidós.

Davidson, A. (2004). *La aparición de la sexualidad*. Barcelona. Ed Alpha Decay.

Foucault, M. (1985). "El juego de Michel Foucault", en *El Discurso del Poder*. Buenos Aires: Folio Ediciones.

Fraisse. G. (1996). *La diferencia de los sexos*. Buenos Aires: Manantial.

---

[27] *El Seminario, Libro 20*, clase 4. Versión crítica de Ricardo Rodríguez Ponte. Aclaración de la traducción: JAM/S: [Es también lo que se expresa en lo que recién he llamado el discurso corriente {*discours courant*}. Escríbanlo *disco-rsocorriente* {*disque-ourcourant*}] — Llamo la atención del lector sobre otras resonancias homofónicas de este párrafo, imposible señalar todas, por lo que cualquier "traducción" solo puede proponerse como tentativa: *discours* (discurso), *disque* (disco), *dis que* (di que), *disque tout court* (disco simplemente), *disc ours* (ours = oso), *disque... hors* (disco... fuera). Tal vez por esta razón, la pretendida traducción JAM/P juzgó pertinente ampliar el párrafo traducido: "Es también lo que se expresa en lo que llamé hace poco el discurso corriente. Escríbase *disco ursocorriente, disco-fuera-de-corrien-te...*" (p. 44).

Lacan, J. (1984). *El Seminario. Libro 2*. Buenos Aires: Paidós.

Lacan, J. (1988). *El Seminario. Libro 7*. Buenos Aires: Paidós

Lacan, J. (2005). *El triunfo de la religión*. Buenos Aires: Paidós.

Lacan, J. El Seminario. Libro 13. Inédito.

Lacan, J. El Seminario. Libro 12. Inédito.

Lacan, J. El Seminario. Libro 20, clase 8. Versión crítica de Ricardo Rodríguez Ponte.

Lacan, J. (2007). *Mi enseñanza*. Buenos Aires: Paidós.

Laqueur, T. (1994). *La construcción del sexo. Cuerpo y género desde los griegos hasta Freud*: Ed. Cátedra. Madrid.

Miller, J-A (2008). *Piezas sueltas*. Buenos Aires: Paidós.

Veyne, P. (2014). *Foucault. Pensamiento y Vida*. Buenos Aires: Paidós

Lacan y un paradigma del amor en Occidente

María Inés Sarraillet

Existe una abundante producción teórico-bibliográfica en el psicoanálisis lacaniano acerca del tratamiento del amor, del deseo y del goce (*gozo*) en la enseñanza de Lacan. Dicha producción está motivada en la ambigüedad, la multivocidad y los deslizamientos en el sentido que estos términos detentan en sus Escritos y en la trama discursiva de sus Seminarios. Algunas lecturas no desconocen la complejidad y aun las contradicciones que surgen en sus articulaciones conceptuales, pero otras reducen estos problemas y generan en la transmisión versiones simplificadas, sustanciales y atemporales sobre estos asuntos. Tomemos como ejemplo al deseo –en su condición de insatisfacción– caracterizado como "extravagante", como aquello que "despista",[28] al amor como fundamentalmente "narcisista", o al *"goce"* considerado como "pulsión de muerte más libido" o como "radicalmente *autoerótico*": el Uno-solo, en su goce fuera de la semántica.[29] Esta noción de "goce" adjetivado como "mortífero" se articula a la idea de un Uno solo como real corporal (conjunción del Uno pensado como significante y el cuerpo en el sentido banal). Se caracteriza como "Uno de goce",[30] "Uno sin Otro", o goce "maligno e inextirpable".[31] Estas versiones generan puntos de vista que determinan nuestra posición como analistas en la dirección de las curas, a menudo ciertamente pesimistas.

En oposición a estas vertientes teóricas, es posible establecer cierta articulación entre las instancias del amor, el deseo y el goce o gozo y la temática del Uno en el campo de la filosofía y la religión. Denis de Rougemont, autor referido por Lacan, nos aporta una serie de coordenadas que permiten pensar estos términos en su dimensión histórica y cultural, y el lugar novedoso que ocupan en la propuesta lacaniana para el psicoanálisis.

---

[28] Cf. Miller, J-A. (2014). Contratapa de *El Seminario.* Libro 6. Buenos Aires: Paidós.
[29] Cf. Miller, J-A (2012). Contratapa del *El Seminario.* Libro 19.Buenos Aires: Paidós.
[30] Cf. AMP (2014). *Un real para el siglo XXI.* p.366. Scilicet. Buenos Aires: Gramma
[31] *Op. cit.* p. 294.

Eros: Uno con dos

La crítica de Lacan a la noción del Eros freudiano, producto de la re-edición de una mitología tomada del filósofo presocrático Empédocles, es bien conocida. Esta idea supone la posibilidad de unión en el amor, que hace de dos uno. Tal vez no es tan conocido el esfuerzo de Lacan por desmontarla, ubicando las repercusiones de la idea del UNO a través de los siglos en la filosofía y en las distintas formas que ha tomado el amor a Dios. Partiendo de la discusión sobre el Ser como Uno en Parménides que se establece en el diálogo *Parménides* de Platón –de donde surge la afirmación *"Hay Uno"* o *"Il y a de l'Un"* devenida en una especie de estribillo en el psicoanálisis lacaniano–, podemos derivar dos posiciones: la del neoplatonismo y la de Lacan.

a) Los neoplatónicos plantean una reflexión sobre lo Uno como principio del cual todo procede,[32] lo Uno como carente de oposición. De allí surge una tendencia especulativo-filosófica, pero también una vertiente místico-religiosa que postula la unión mística con Dios como Uno. De esta posición se desprende la idea de un amor fusional en función de un Uno absoluto (sin oposición) o "un uno absolutamente solo."[33] Lacan advierte la importancia de este sistema de ideas, dado que incide en la clínica a partir de nuestros presupuestos sobre el amor, teniendo en cuenta que pueden operar en el concepto de amor de transferencia freudiano al que opone su noción de sujeto supuesto saber.

Esta concepción subyace en múltiple versiones del amor divino y del amor terrenal en la cultura occidental y se imbrica en la polaridad amor-odio presente en la noción de pulsión de muerte freudiana con su contrapartida el Eros como pulsión de vida que busca la reunión de la sustancia viva dispersa. Pensadas en términos biológicos, para Freud ambas pulsiones tienden a la conservación, al restablecimiento de un estado anterior perturbado por la génesis de la vida.[34]

b) El punto de vista de Lacan se apoya en la dialéctica del referido *Parménides* de Platón, en una dirección opuesta a los neoplatónicos. En el análisis lacaniano el "**Hay Uno**" es postulado como **un decir: "El Uno**

---

[32] Cf. D'Amico Claudia (2007). *Todo y Nada de Todo. Selección de textos del neoplatonismo latino medieval.* Buenos Aires: Ed. Winograd.

[33] Cf. Lacan, J. *El Seminario, Libro 20, "Otra vez" (Encore).* Clase del 20/2/1973. p. 7. Versión Crítica de R. Rodríguez Ponte.

[34] Cf. Freud, S. (1996). *Obras. Completas.* Tomo XIX. El yo y el Ello. Apartado IV "Las dos clases de pulsiones". Buenos Aires: Amorrortu.

es" o "**El Uno no es**" son hipótesis dichas y discutidas en sus consecuencias. Sin entrar en la profundidad dialéctica de este desarrollo, se puede afirmar que al extraer las contradicciones y los equívocos de ese decir, en el diálogo platónico el Uno se desvanece como Ser. Estos dilemas filosóficos no son ajenos al campo de las matemáticas. Lacan sostiene que en ese campo reina la mayor ambigüedad respecto del Uno como número, considerando por ejemplo los números irracionales, el infinito de Cantor o el conjunto vacío.

R. Guitart, en su libro *Evidencia y extrañeza,* aborda en términos matemáticos algunos aspectos de esta cuestión. Postula que las matemáticas se despliegan a partir de la escritura de una intuición referida al problema de lo uno y lo múltiple, que podría formularse: $1 \rightarrow 2$, ya que $1=1$ (otra vez) lo que implica también $2 \rightarrow 1$ .Estas formulaciones permiten pensar por ejemplo el amor y la sexuación en el pensamiento de Hegel, ya que ambos implicarían establecer la diferencia y tomar como uno.[35]

Dada la equivocidad del Uno, la propuesta de Lacan más potente para el psicoanálisis es el concepto de "uno" (1) que se establece según la operación lógica de Frege: el uno (el número) que surge únicamente del cero,[36] con lo cual se cuentan dos, y el número dos se vuelve "impar". De este modo se construye la serie de números a partir de añadir este uno en más, lo cual da la estructura de la repetición significante y del sujeto. Es imposible pensar al Uno solo en esta perspectiva establecida para escribir la lógica de cualquier caso de neurosis, de allí que las diversas fórmulas y matematizaciones de Lacan que inscriben la estructura de las neurosis presentan al menos tres lugares y en general cuatro, por ejemplo: Metáfora paterna-Grafo-Cadena borromea-Esquema R-etc.

---

[35] Cf. Guitart, R. (2000). *Evidencia y extrañeza*. Buenos Aires: Amorrortu, p. 114.
[36] Cf. Mascheroni, G. (2014). *Los neologismos de Lacan. Una teoría en acto*. Buenos Aires: Letra Viva. Cap. "Lenguaje, lógica y realidad".

Paradigma del UNO absoluto:
El Amor-Pasión en D. de Rougemont

Amor y Occidente (1938) de Denis de Rougemont[37] es una obra referida por Lacan,[38] que a pesar de haber recibido algunas críticas es lectura obligada para muchas investigaciones sobre el tema del amor, forjadas en el campo de las ciencias sociales, la filosofía y el análisis literario.

Denis de Rougemont postula el predominio del paradigma del **amor-pasión** en la conciencia occidental, situando un corte histórico que marca su aparición en los siglos XII y XIII. En este contexto, la noción de paradigma amoroso es entendida en un sentido amplio: podría pensarse – parafraseando a Ercole Lissardi[39]– como una tradición de figuras de sensibilidad y pensamiento, que han encarnado en la historia de Occidente la idea de amor. En particular, la configuración discursiva del amor-pasión permanece bajo diversos disfraces en nuestros días en la estructura que toma la vida amorosa en el mundo contemporáneo, especialmente en la versión del romanticismo.

Este paradigma se revela en algunas producciones literarias y artísticas del siglo XII, como en la leyenda de Tristán e Isolda (un idilio que escapa a las normas sociales y morales establecidas y que culmina con la muerte de la pareja protagonista) y en la retórica del *fin'amor*, la poesía trovadoresca que exalta el amor cortés.

La concepción del amor que supone el amor-pasión se sostiene en función de determinadas condiciones: se trata de un amor heterosexual desgraciado, ya que se desarrolla en el conflicto entre la opción de la pareja obligada por el contrato matrimonial y el amor apasionado por una relación fuera del matrimonio (infidelidad). Por ende, es un amor no satisfecho que implica necesariamente sufrimiento, y que el autor refiere a lo que llama "**la angustia de ser dos**".

Rougemont subraya en Tristán e Isolda la prevalencia de la **necesidad de *ausencia* del otro**, como manifestación de la **voluntad de morir**. La pasión va "**más allá del principio del placer**",[40] como espera del

---

[37] De Rougemont, D. (1945). *Amor y Occidente*. México: Ed. Leyenda.

[38] Este autor es citado por Lacan en el *Seminario. Libro 7. La ética del psicoanálisis,* en las clases 9 y 11de la versión Paidós, y en el *Seminario. Libro 20* clase 7 del 20/2/73, versión R. Ponte.

[39] Cf. Lissardi, E. (2013). *La pasión erótica. Del sátiro griego a la pornografía en internet.* Buenos Aires: Paidós.

[40] Cf. De Rougemont, D. *Op. cit.* Libro Primero.

anonadamiento del propio ser: el goce total reside en que el amor naufrague. Algunas de estas condiciones se cumplen en el modelo del amor cortés –estudiado por Lacan especialmente en el seminario 7, *La ética del Psicoanálisis*–, a partir del cual la figura de la Mujer empieza a contar en la historia occidental. Este último es un amor fuera del matrimonio, fuertemente ritualizado. El caballero jura fidelidad a la **Dama** idealizada –a veces denominada "**Mi Señor**"– y debe realizar pruebas, al modo de los ritos iniciáticos, para obtener sus favores, también pautados y predeterminados. La Dama "siempre dice no", por ende, este amor se encuadra en el modelo de amor frustrado, desgraciado. Se trata de un tema literario, una producción artística en la cual se valora e idealiza la figura de la Dama en términos de composición abstracta e ideal, ya que en el plano social, la mujer del siglo XII permaneció sujeta a la condición de objeto en el juego de intercambios sociales. Las derivaciones de este tipo de amor llegan en nuestros días hasta la figura surrealista del amor loco, entre otros ejemplos.[41]

De Rougemont sostiene la tesis –discutida por ciertos autores y retomada por otros– que concibe este tipo de amor como una deformación del que se presenta en cierto misticismo pagano: la herejía cátara, influida por el maniqueísmo, con sus respectivas fuentes en la mística oriental y el referido neoplatonismo con su postulación de lo Uno. Se presenta entonces *Eros*, con su exigencia de extrema unidad, como deseo de ascensión del hombre hacia Dios después de la muerte. Esta herejía rechaza la encarnación y la materia. Los cátaros consideran el mundo terrenal como creación de un ser maligno. La vida se transforma en una desgracia y la muerte se consolida como el último Bien. Eros toma la forma de una búsqueda mortal de unión con la divinidad en el otro mundo, con el consecuente desprecio y rechazo por la vida. No es difícil suponer que el psicoanálisis en general pueda llegar a interpretar esta búsqueda religiosa en términos de pulsión de muerte o de "goce mortífero".

Dado que la cultura cátara fue perseguida y prohibida, y tuvo que desarrollarse en secreto, el arte de los trovadores sirvió de instrumento –según Rougemont– para su expresión. La poesía trovadoresca tal vez constituyó una deformación de esta forma de culto a Eros: con el disfraz de Exaltación de la *Dama* (en lugar de *Dios*), en la pendiente del amor terrenal desgraciado e imposible. El siguiente fragmento de un trovador,

---

[41] Cf. Lacan, J. (1988). *El Seminario. Libro 7.* Clase 11 del 10/2/1960 p. 188. Buenos Aires: Paidós.

Chrétien de Troyes, sirve a modo de ejemplo en la presentación de esta forma de padecimiento:

> Mi mal difiere de todos los males;
>
> gozo con él, mi mal es lo que quiero y mi
>
> dolor es mi salud. No sé por qué me quejo
>
> puesto que mi mal viene de mi voluntad;
>
> es mi querer el que se convierte en mi mal;
>
> pero tanto contento me produce este querer
>
> que sufro con agrado, y tanta alegría mi
>
> dolor que estoy enfermo con delicia.

La tesis de D. de Rougemont ha sido fuertemente cuestionada por presentar ciertas inconsistencias y problemas en el plano de su demostración, pero algunos autores subrayan que ciertas semejanzas entre la modalidad discursiva de los cátaros y la del amor cortés son innegables, y pueden ser fácilmente atribuidas a la interpenetración entre ambas retóricas, debido a que convivieron y se desarrollaron en el mismo momento histórico.

René Nelli, otro de los autores citados por Lacan,[42] reconoce huellas del catarismo en la poesía cortesana: la oposición a los valores terrenales de la sociedad feudal, el menosprecio por la relación legitimada por el matrimonio y la valoración de la figura femenina que esboza los primeros amagos del movimiento de liberación de la mujer. Más allá de estas coincidencias, el tema de los trovadores y de los cátaros es similar: el amor perpetuamente insatisfecho.

Según este punto de vista, los trovadores transmitían la ideología cátara, que debía permanecer secreta, mediante un lenguaje con acento en el doble sentido, en función de lograr un mejor disfraz para su mensaje: Más allá del amor a la **Dama**, se aludía en forma velada al amor a **Dios-Uno** absoluto, mediante "tropos". Cabe señalar que "trovar" significa justamente: inventar, descubrir o expresarse por tropos. Giorgio Agamben interpreta que en siglo XII el trovar se entendía como *"amors"*, como advenimiento de la palabra poética, solo más tarde el amor se convirtió en un sentimiento, en términos de vivencia previa a su manifestación discursiva.[43]

---

[42] Cf. Lacan, J. *Ibid.* Clase 9 del 27/1/1960. Clase 11 del 10/2/1960.
[43] Cf. Agamben, G. (2003) *El lenguaje y la Muerte*. Buenos Aires: Pretextos.

La ciencia de la poesía cortés (*fin'amor*) que se denomina "*gay saber*" (*Gay* en lengua antigua –occitano– significa gozo y desgracia) es una lengua fonética, de acertijo y juego de palabras, similar al "noble saber" de la heráldica, la ciencia del descifrado del blasón.[44] Este término convive en la historia del medioevo con el "*joy medieval*" que condensa satisfacción como fin y renuncia como ideal y que se encuentra en la etimología del vocablo francés "*jouissance*" (que preferimos traducir para el contexto psicoanalítico –siguiendo a Gárate y Marinas–[45] como "*gozo*").

Para Rougemont, la impronta de la religiosidad cátara se conserva actualmente en este paradigma amoroso que perdura en la vida occidental contemporánea. Es evidente que en las elaboraciones de Lacan respecto del amor como **hacer de dos uno** (como crítica a la concepción freudiana), del deseo en su condiciones de **insatisfacción e imposibilidad** y en la tematización del **gozo**, se inscriben conceptualmente condiciones de estructura que se presentan en la cultura occidental, algunas de las cuales se cumplen en este modelo de vida amorosa. (Lo mismo ocurre con instancias como el Falo o el Nombre-del-Padre, relativas al acervo cultural grecolatino y al monoteísmo judeocristiano). Recorriendo estas referencias, encontramos coordenadas para ubicar el trabajo de Lacan sobre:

a) El retorno de ciertas figuras del amor a Dios en la relación de pareja.

b) El lugar de la instancia divina como tercera en esta relación.

Podríamos agregar que el psicoanálisis en general desconoce esta genealogía cuando sostiene nociones como pulsión de muerte en términos de fuerza que proviene del cuerpo, en la nueva acepción de "pulsación de goce"[46] o el referido goce autoerótico ligado al "cuerpo viviente", desconociendo la anterioridad de estas determinaciones histórico-discursivas.

---

[44] Cf. De Séde, G. (1976) *El Tesoro de los Cátaros*. Barcelona: Ed. Plaza y Janés. En *Referencias en la obra de Lacan* Nro16. Fundación del Campo Freudiano en la Argentina.
[45] Cf. Gárate y Marinas (2003) *Lacan en Español*, Madrid: Biblioteca Nueva.
[46] Cf. AMP. *Op. cit.* p 285.

Posición de Lacan: Crítica al materialismo. Gozo y sentido

D. de Rougemont nos indica cómo la retórica cortesana –a su vez encubridora de la religiosidad cátara– sobrevivió con el correr de los siglos hasta hacerse presente (retornar) en los grandes místicos españoles del siglo XVI: Santa Teresa y San Juan de la Cruz, citados por Lacan, junto con Hadewijch de Amberes.[47] Señala la abundancia de temas comunes a los trovadores y a los místicos ortodoxos, por ejemplo: "Morir de no morir", "El combate del amor, de donde hay que salir vencido", "Quejarse de un mal, que a pesar de todo, se prefiere a toda alegría y bien terrestre". Estas temáticas se acercan a la lógica que Lacan señala en el *amor extático* consignado por P. Rousselot: la destrucción del sujeto que ama por su absorción en el objeto amado.[48] Al considerar que el cristianismo se ha ocupado de "inventar un Dios que es quien goza",[49] Lacan ha procurado atender a la posición de estos místicos cristianos como asunto de interés para el psicoanálisis. Han trascendido sus alusiones a la experiencia de un goce "más allá", del cual los místicos nada saben (articulado al lado derecho-femenino en las fórmulas de la sexuación) pero tal vez no se ha subrayado lo suficiente que ha puesto en serie sus Escritos con la "jaculatorias místicas" en la medida en que "son lo mejor que se puede **leer**". Este *goce/gozo* es experimentado en tanto se dice y en tanto resulta **legible**, aunque en psicoanálisis también se lo haya pensado y entendido como inefable, por fuera del campo del significante. En Santa Teresa de Ávila, por ejemplo, Otro habla en ella y le hace hablar. Y en Hadewijch de Amberes, la poesía connota un esfuerzo por hacerlo comunicable, siguiendo el estilo de los trovadores que buscaban revelar un sentimiento que había que decir a pesar de considerar insuficientes las palabras. Su mística se ha categorizado como "especulativa" y no se sostiene en la inefabilidad "incomunicable", sino en lo que se piensa como la "acción del amor divino". Ella crea un nuevo lenguaje denominado "mística cortés",

---

[47] Cf. Lacan, J. *El Seminario, Libro 20, Otra vez. (Encore).* Clase del 20/2/1973. Versión Crítica de R. Rodríguez Ponte.
[48] Cf, Lacan. *Op. cit.* Ver También. Le Brun, J. (2004). *El amor puro de Platón a Lacan.* Buenos Aires: El Cuenco de Plata.
[49] Cf. Lacan. *Ibid.*

en el cual la Dama-Amor es el nombre femenino de Dios y el Deseo que cuanto más se realiza, más se intensifica, su *partenaire* masculino.[50]

D. de Rougemont puede orientarnos para interpretar la posición de Lacan. Este autor entiende que, a partir del siglo XIX, los psicólogos materialistas –entre los que incluye a Freud– concluyen que todas estas expresiones de las místicas provienen de desviaciones sexuales, situando su origen en la naturaleza y en los sentidos,[51] conclusiones que han devenido los prejuicios más corrientes en la actualidad. Rougemont las refuta demostrando que el lenguaje de la pasión proviene de la retórica de una ascesis relacionada con la herejía cátara del siglo XII, que reaparece en el misticismo cristiano del siglo XVI:

> Habría que explicar por qué siempre, ya mucho antes de Freud y su escuela, *se intenta reducir la mística al instinto sexual.* He ahí pues, el dilema que plantea el amor-pasión: si en él no se ve más que una sexualidad, ello equivale a decir que no se sabe de qué se habla. Si, al contrario, se reduce este amor a alguna cosa extraña al sexo resultan cosas extravagantes...[52]

Siguiendo estas indicaciones, tal vez se podría interpretar la observación de Lacan en el Seminario 20 respecto de esta operación que se efectuaba justamente en los tiempos de Charcot y de Freud:

> Entonces, todo lo que ellos buscaban, ahí, así, todo tipo de buena gente, ahí, en el entorno de no importa quién, de Charcot y de los otros, para explicar que la mística, esto es, eran asuntos de cojer... **pero es que si ustedes lo consideran con cuidado, no es eso, no eso, ¡de ningún modo eso!** Es quizá eso lo que debe hacernos entrever lo que concierne al Otro: este goce que se experimenta y del que no se sabe nada. ¿Pero acaso no es eso lo que nos pone sobre la vía de la *ex-sistencia*? [53]

> (...) lo que se intentaba al final del siglo pasado, en el tiempo de Freud, justamente. Lo que se intentaba, era reducir esta cosa que yo no llamaría en absoluto palabrerío, ni verborrea, todas estas jaculaciones místicas que son, en suma, sí, que son en suma lo mejor que se puede *leer* — bien al pie de

---

[50] Avenati de Palumbo, C. "Desborde y herida de amor en la poesía mística de Hadewijch de Amberes". Disponible en http://bibliotecadigital.uca.edu.ar/repositorio/revistas/desborde-y-herida-de-amor-en-la-poesia-mistica-de-hadewijch-de-amberes.pdf
[51] Cf. De Rougemont. D. *Op. cit.* Libro tercero, pp. 125 y sigs.
[52] *Ibid.*
[53] Lacan. Seminario 20. *Op. cit.*

página, nota: añadir a ellas los *Escritos* de Jacques Lacan, ¡porque son del mismo orden...! [54]

Se podría agregar que esta reducción subsiste en el psicoanálisis actual, en el cual –como quedó expuesto– se vuelve a localizar una nueva versión del Uno sin Otro, esta vez en la pendiente del goce entendido como procediendo del cuerpo carnal, como puro sinsentido.

En una dirección opuesta, Lacan establece que lo Uno se presenta en diversas escenas de la historia occidental en distintas figuras del Otro como Dios, el Amo o la Mujer, y que en el discurso de cierta mística cristiana encontramos una clave para localizar al gozo –*"Jouissance"*–como existente y legible y por lo tanto articulado a la dimensión del sentido, como se lee en la homofonía del francés *"J' oui sens"*, "yo oigo sentido".

Bibliografía

AMP (2014). *Un real para el siglo XXI*. Buenos Aires: Gramma.

Agamben, G. (2003). *El lenguaje y la Muerte*. Buenos Aires: Pretextos.

Avenati de Palumbo, C. *Desborde y herida de amor en la poesía mística de Hadewijch de Amberes*. Disponible en http://bibliotecadigital.uca.edu.ar/repositorio/revistas/desborde-y-herida-de-amor-en-la-poesia-mistica-de-hadewijch-de-amberes.

D' Amico, C. (2007). *Todo y Nada de Todo*. Selección de textos del neoplatonismo latino medieval. Buenos Aires: Ed. Winograd.

De Certeau, M. (1982). *La Fábula Mística*. Siglos XVI-XVII. México: Universidad Iberoamericana.

De Rougemont, D. (1945). *Amor y Occidente*. México: Ed. Leyenda.

---

[54] *Ibid.*

De Séde, G. (1976). *El Tesoro de los Cátaros*. Barcelona: Ed. Plaza y Janés. En *Referencias en la obra de Lacan* Nro16. Fundación del Campo Freudiano en la Argentina.

Febvre, L. (1998). "Alrededor del Heptamerón". En *Referencias a la obra de Lacan*. Nro. 22. Buenos Aires: Fundación del Campo freudiano en la Argentina.

Freud, S. (1996). *O. C.* Tomo XIX. *El yo y el Ello*. Buenos Aires: Amorrortu.

Gárate y Marinas (2003). *Lacan en Español*. Madrid: Biblioteca Nueva.

Guitart, R. (2000). *Evidencia y extrañeza*. Buenos Aires: Amorrortu.

Le Brun, J. (2004). *El amor Puro. De Platón a Lacan*. Buenos Aires: El Cuenco de Plata.

Lacan, J. (1988). *El Seminario. Libro 7*. Buenos Aires: Paidós.

Lacan, J. *El Seminario. Libro 20, Otra vez. (Encore)*. Versión Crítica de R. Rodríguez Ponte.

Lissardi, E. (2013). *La pasión erótica. Del sátiro griego a la pornografía en internet*. Buenos Aires: Paidós.

Mascheroni, G. (2014). *Los neologismos de Lacan. Una teoría en acto*. Buenos Aires: Letra Viva.

Nelli, R. (1996). "Los Cátaros". En *Referencias en la Obra de Lacan* Nro. 16. Buenos Aires. Fundación del Campo Freudiano en la Argentina.

La perspectiva de Lacan respecto de la mujer como figura del Otro en la cultura

María Inés Sarraillet

Introducción

Son conocidas las elaboraciones que ha aportado el psicoanálisis de S. Freud respecto de la feminidad. Ha postulado la envidia del pene como consecuencia de la diferencia anatómica y el pasaje al deseo de niño a partir de la ecuación que establece su equivalencia con el falo. La salida femenina del Complejo de Edipo se realiza a partir de la maternidad. Con este punto de vista Freud se inscribe en una tradición que desde Rousseau sacraliza la condición de madre en una mujer. Esta salida se da con el resultado del establecimiento de un **superyó menos implacable**, con menor sentido de justicia y más dependiente de los sentimientos que en el caso del varón. Se trata de afirmaciones que tienen un alcance transcultural, universal y ahistórico. Esta posición teórica ha sido revisada y criticada por el psicoanálisis de Lacan y el de algunos de sus seguidores. Sin embargo, desde el campo de las ciencias sociales, estudios de género y estudios feministas, se pone en cuestión la teoría de Lacan por considerarla "falocéntrica" (suponiendo el pasaje a la teoría de una valorización jerárquica de lo masculino), sin que se despeje con claridad la diferencia tanto con el psicoanálisis de Freud como con el de los posfreudianos y poslacanianos. Sin embargo, estos últimos no siguen la tesis freudiana. No conciben la realización de la femineidad a partir de la maternidad y en general lo que se nomina como "posición femenina" de alguien es independientemente del sexo o el género de la persona en cuestión. Se apoyan supuestamente en afirmaciones de Lacan como "La mujer no existe" o "la mujer representa el Otro absoluto" para distinguir el goce femenino como "goce real, que se manifiesta en la experiencia, pero que no se traduce en términos de saber".[55] Se caracteriza también a la mujer en su afinidad con el "Otro que no existe", un nuevo Otro que en esta época respondería a la

---

[55] Soler, C. (2008). *Lo que Lacan dijo de las mujeres.* Buenos Aires: Paidós, pp. 53 y sigs.

condición del no-todo[56] –lo que se considera una "feminización del mundo"–. Se afirma además que La mujer se opondría al semblante y estaría "más próxima a lo real",[57] o se la vincula con la injerencia divina en la erótica [58] con el fantasma de Dios en el lugar del Otro ligado a lo femenino. Al mismo tiempo, en estas teorizaciones se producen afirmaciones como las siguientes:

> La *dureza femenina*: un rasgo que se encuentra en algunas mujeres… que comprende las producciones intelectuales que atribuimos a las mujeres. M. Duras era dura, M. Wittig también, y de otra manera las «perras guardianas» y más recientemente «ni putas ni sumisas» ¿por qué ese carácter tanto más despiadado que infundado? (Jean Allouch).[59]

> Esos sujetos que son mujeres tienen una relación más esencial, más próxima con la nada… (J-A Miller).[60]

> Es en tanto mujer que algo de ella no se inscribe, queda fuera de lo representable. La expresión más cotidiana y socialmente registrable de esta no inscripción de eso que de ellas queda fuera del discurso es el duro debate que tienen las mujeres cuando tienen que decir su nombre: "En el Colegio de abogados estoy inscripta con el apellido de casada y en el de la Capital con el de soltera.." (J. Zuberman).[61]

Desde estas variadas posiciones se corre el riesgo de plantear desde el psicoanálisis una nueva "tipología" cuasi-universal (aunque se tengan en cuenta las variantes de lo que se denomina la "época actual"), una nueva definición de la mujer en oposición al hombre, entendidos ambos en términos esencialistas, en dirección contraria a la teoría de Lacan, que se opone a todo sustancialismo que establezca un ser o una esencia para la mujer y para el hombre, como se desprende de las siguientes citas:

---

[56] Miller, J-A y Laurent, E. (2005). *El Otro que no existe y sus comités de ética*. Buenos Aires: Paidós, pp. 107 y sigs.

[57] Miller, J-A. (1993). *De Mujeres y Semblantes*. Buenos Aires: Cuadernos del Pasador, p. 83.

[58] Allouch, J. (2015). *Una Mujer sin Más Allá*. La injerencia divina III. Buenos Aires: El Cuenco de Plata.

[59] Allouch, J. (2011). *El amor Lacan*. Buenos Aires: El Cuenco de plata, pp. 275-76.

[60] Miller, J-A (1993). *De Mujeres y Semblantes*. Buenos Aires: Cuadernos del pasador, p. 85.

[61] Zuberman, J. (1990). "En posición femenina: El delirante, el místico, el analista", en *La Formación del analista*. Buenos Aires: Puntosur.

No hay acto sexual, dije, por cuanto somos incapaces de articular sus afirmaciones resultantes. Esto no quiere decir, por supuesto, que no haya algunos sujetos que hayan accedido, que puedan decir legítimamente: "soy un hombre", "soy una mujer". Pero nosotros, analistas, –es justamente ahí donde está lo sorprendente–, nosotros no somos capaces de decirlo. [62]

(Formulación que se especifica también en términos de la imposibilidad lógica de escribir la relación/proporción sexual)

Hombre y mujer se definen pura y exclusivamente en la interdependencia de su relación.[63]

(Relación cuya presentación topológica en Lacan se propone a partir de la botella de Klein).

El hombre, la mujer, no tienen ninguna necesidad de hablar para ser tomados en un discurso. Como tales ellos son unos hechos de discurso.[64]

Desde esta perspectiva, esta investigación busca establecer qué coordenadas histórico-culturales pudo haber tenido en cuenta Lacan para ubicar –en su propuesta conceptual para el psicoanálisis– a la mujer y al goce femenino con respecto al lugar del Otro y en particular con la idea de Dios, estableciendo una puesta en cuestión de ciertas significaciones cristalizadas en el campo del "discurso común".

La mujer y el Otro: Simone de Beauvoir y otros

Simone de Beauvoir produce en 1949 su obra *El Segundo Sexo*, tan valorada como criticada por el feminismo actual. En este estudio presenta al siglo XX como un siglo de problematización del lugar de las mujeres, movimiento que se verifica en la resonancia que adquieren ciertas expresiones de la época reveladoras de esta preocupación.: "¿Acaso hay mujeres?", o "Ya no se sabe bien si aún existen" se leía en ese tiempo en algunas notas periodísticas que la autora comenta.[65] Quizás la famosa frase de Lacan "La mujer no existe" haya sido producida y haya tenido su repercusión en función de este contexto discursivo.

---

[62] Lacan, J. *Seminario XIV*. Inédito. Clase 14/6/67.

[63] Lacan, J. (2009). *El Seminario*, Libro 18. Clase del 20/1/71. Buenos Aires: Paidós.

[64] Lacan, J. *Notas preparatorias para el Seminario XVIII*. Trad. R. R. Ponte. Disponible en www.lacanterafreudiana.com.ar

[65] De Beauvoir, S. (1984). *El Segundo sexo. Los hechos y los mitos*. Buenos Aires: Siglo Veinte, p. 9.

El planteo de S. de Beauvoir inaugura en el campo intelectual una reflexión polémica acerca del lugar de la mujer en el curso de la historia, a partir de situarla como el Otro. Destaca que la condición humana se ha definido en su relación con el Otro, que le es necesario en tanto limita y niega al sujeto, siempre pensado desde el punto de vista del hombre, ya que la dominación masculina ha impregnado el campo filosófico y el pensamiento en general. El sujeto –hombre– se alcanza a través del Otro (lo femenino), es decir a través de lo que no es de él. El pensamiento del hombre –del sujeto– se piensa pensando en lo Otro y cuando el papel de la mujer se vuelve importante absorbe casi en su totalidad la región de lo Otro. Por ende, para esta autora, las mujeres no se plantean como sujeto. Por otra parte, en muchas cosmogonías y sistemas mítico-religiosos la connotación simbólica de lo femenino es negativa: el Otro es el mal, la debilidad, la irracionalidad. Esta carga semántica permanece en algunos puntos de vista representados en la filosofía occidental. A modo de un ejemplo entre otros,[66] presentaremos una cita de Kiergegaard –referencia de Lacan–:

> Ser mujer es algo tan extraño que ningún predicado llega a expresarlo y los múltiples predicados que se quisiese emplear se contradicen de tal modo que sólo una mujer lo podría soportar.[67]

y otra de E. Lévinas:

> El Otro por excelencia es lo femenino, por medio de lo cual un tras-mundo prolonga el mundo.[68]

Para este pensador, discípulo de Husserl y crítico de Heidegger, lo femenino es el *"pas encore"* o el *"aún no"* que se fuga de la presencia en términos de temporalidad. Representa la diferencia misma, el misterio, lo absolutamente contrario, siempre desde la perspectiva masculina.[69]

---

[66] Geniviéve Fraisse se dedica especialmente a la presentación de este problema en el campo filosófico. Cf. Fraisse, G. (1996) *La Diferencia de los sexos*. Buenos Aires: Manantial.

[67] Citado por Simone de Beauvoir. *Op. cit.* p. 185

[68] Lévinas, E. *Totalidad e infinito* citado por Palacio M (2011) en "La diferencia sexual en el pensamiento de Emannuel Lévinas". Universidad Nacional de Córdoba. *ISEGORÍA. revista de filosofía moral y política* N° 45. Julio-diciembre de 2011-

[69] Para un análisis exhaustivo de la posición de Lévinas sobre esta cuestión, ver el artículo **"Lo femenino como Lo Otro. Lévinas Y Lacan. Un encuentro" de Gabriela Mascheroni en el capítulo 2 de este volumen.**

Según Simone de Beauvoir, estos planteos revelan cómo *el Otro (femenino)* es el mal necesario para el bien, por él se accede al Todo, es la puerta de entrada al infinito y la medida de la finitud. La mujer condena al hombre a la finitud, le permite ir mas allá de sus propios límites y de ahí proviene la magia equívoca que la reviste.[70]

La mirada crítica de S. de Beauvoir respecto de estos puntos de vista –considerados representativos de la dominación masculina– nos permite constatar la incidencia en el pensamiento filosófico de una oposición que insiste entre lo masculino (el sujeto) y lo finito y lo femenino (el Otro) y lo infinito. Tal vez estas categorías hayan pasado a la teoría del goce del psicoanálisis poslacaniano sin que mediara una pregunta acerca de la pertinencia de esta oposición y su sentido en la enseñanza de Lacan.

La mujer y el Otro en Lacan

Lacan tematiza en varios momentos de sus desarrollos la relación que se ha concebido en el campo filosófico y en el pensamiento en general entre la mujer y el Otro. En la nueva versión del psicoanálisis que presenta, produce una red conceptual abierta y heterogénea en la cual el Otro consignado por la letra A concierne al lugar donde el significante se postula y donde se plantea la dimensión de la verdad.[71] Esta concepción del Otro se mantiene mayormente en las distintas inflexiones de su propuesta conceptual, en donde los términos van variando en función de la variación del conjunto de ideas. Unas de las variantes que se destacan en la formulación de los términos son, por un lado, la presentación de la Mujer como Otro; y, por otro lado, la diferenciación de la Mujer con el Otro. Como se lee en las siguientes citas:

-*MUJER COMO OTRO:*

El hombre sirve de relevo para que la mujer se convierta en ese Otro para sí misma, como lo es para él… Tal vez quiere decir simplemente que todo

---

[70] De Beauvoir. *Op. cit.* pp. 185 - 190.
[71] Cf. Lacan J, *El Seminario. Libro 20.* Clase 20/3/73. Versión crítica de Ricardo Rodríguez Ponte. Disponible en www.lacanterafreudiana.com.ar

puede ponerse en la cuenta de la mujer en la medida en que, en la dialéctica falocéntrica, ella *representa el Otro absoluto*. [72]

El Otro, no por nada tengo que tomar apoyo en él. El Otro, óiganlo bien, es entonces un ENTRE, el "entre" del que se trata en la relación sexual, pero desplazado y justamente por Otro-plantearse. Por "Otroplantearse", es curioso que al plantear este Otro, lo que he tenido que avanzar hoy no concierne más que la mujer. Es ella quien, por esta figura del Otro nos da la ilustración a nuestro alcance, por ser como lo ha escrito un poeta (entre centro y ausencia), entre el sentido que toma en lo que denominé este "al-menos-uno" en el que ella no lo encuentra sino al estado de lo que les anuncié —anuncié, no más— por no ser más que pura existencia.[73]

-*LA MUJER NO ES EL OTRO*:

La mujer no es el lugar del Otro. Más aun, se inscribe como muy distinta del Otro en la función que doy al A mayúscula, la del lugar de la verdad.[74]

La (tachada) mujer como seguramente no tenemos al respecto más que testimonios esporádicos es por esto que los he tomado la última vez en su función de metáfora La (tachada) mujer tiene, profundamente, esa relación con el Otro que por ser en la relación sexual por relación a lo que se enuncia en lo que puede decirse del inconsciente radicalmente el Otro, ella es lo que tiene relación con este Otro, y ahí está lo que hoy quisiera tratar de articular más ceñidamente. Es con el significante de este Otro, en tanto que, como Otro, diré, no puede quedar más que siempre Otro, seguramente, aquí, no podemos más que proceder que por un desbrozamiento tan difícil como es posible aprehender ninguno. Y es por esto que, aventurándome a ello como hago cada vez ante ustedes, no puedo aquí más que suponer que ustedes evocarán, para esto, es preciso que se los recuerde, que no hay Otro del Otro, y que es por esto que este significante, con este paréntesis abierto {S (A̶)} marca a este Otro como barrado .[75]

---

[72] Lacan, J. (2008). "Ideas directivas para un Congreso sobre sexualidad femenina". En *Escritos II*. Buenos Aires: Siglo veintiuno Ed., p. 695.

[73] Lacan, J. *El Seminario*. Libro 19. Clase del 8/3/72. Trad. R.R. Ponte. Disponible en www.lacanterafreudiana.com.ar

[74] Lacan, J. (2012). *El* Seminario. Libro 19. Charla de St. Anne. 1/6/72 Buenos Aires: Paidós.

[75] Lacan, J. *El Seminario. Libro 20.* Versión crítica de Ricardo Rodríguez Ponte. Clase del 13/3/73. Disponible en www.lacanterafreudiana.com.ar.

En este contexto, se constata que Lacan:

1- En primer lugar: al abordar el tema de la mujer, o de la relación hombre-mujer (o la imposibilidad de la relación/proporción sexual), se encarga de aclarar en varias ocasiones que la lógica con la que trabaja corresponde al "hecho" de que el orden simbólico es androcéntrico[76] y por lo tanto despliega sus escrituras respecto de esta temática partiendo del "punto de vista masculino".[77] Desde este punto de vista es que la mujer **representa** el Otro absoluto (para el hombre y para ella misma), [78] o lo ilustra. En este sentido, desde una lectura posible se estaría ubicando –en la propuesta de Lacan– a la figura de la mujer como paradigma de lo diferente, o de lo ajeno al hombre en términos genéricos y en términos sexuados, al menos en el marco de la cultura occidental. No se trataría del A como lugar estructural donde el significante se postula, sino del Otro como **figura**, en tanto **función** que se cumple en la cultura y que participa del lugar del A. Se trataría de una función en términos abstractos y no necesariamente de alguien en particular, como cuando se habla de la función del Director en una orquesta. Se podría pensar esta figura como una "institución" en el sentido de Benveniste, en tanto se refleja y se esboza en "los modos de vida, las relaciones sociales y los procesos verbales".[79]

2- En segundo lugar, cuando Lacan inscribe a la mujer en S (A) –escritura que corresponde a la incompletud e inconsistencia del orden simbólico–, está articulando (contra S. de Beauvoir, contra ciertas vertientes del pensamiento filosófico y contra el sentido común) que "no hay segundo sexo",[80] y por lo tanto que no hay dos que hacen uno en Eros. S (A) inscribe lo que Lacan llama la "volatilización del partenaire sexual", desde el punto de vista masculino, ya que por la función del lenguaje el Otro se vacía en cuanto **ser**:

---

[76] Por ejemplo, cuando comenta un caso de Fairbain, de una mujer con un cuadro de supuesto "seudohermafroditismo": "Si el pene cobra ese valor es por cuanto la mujer se halla en un orden simbólico de perspectiva androcéntrica. Además, no se trata del pene sino del falo, algo cuyo empleo simbólico es posible porque se ve, está erguido". Cf, Lacan, J. (1984) *El Seminario*. Libro 2. Clase XXI. Buenos Aires: Paidós.

[77] Lacan, J. (2012). Charla de St. Anne del 6/1/72. En *Hablo a las paredes*. Buenos Aires: Paidós, p.111.

[78] Lacan, J. (2008). "Ideas directivas para un congreso sobre sexualidad femenina" en *Escritos II*. Buenos Aires: Siglo XXI Ed., p. 695.

[79] Benveniste, E. (1983). *Vocabulario de las Instituciones Europeas*. Madrid: Taurus.

[80] Cf. Lacan, J. (2012). *El Seminario. Libro 19*. Charla de St. Anne del 3/3/72. Buenos Aires: Paidós.

No hay segundo sexo una vez que entra en función el lenguaje, o, para decir las cosas de otro modo, en lo que concierne a lo que llamamos heterosexualidad, lo *héteros* (Otro en griego) puede **vaciarse en cuanto ser**, para la relación sexual. Precisamente, el vacío que ofrece a la palabra es lo que llamo el lugar del Otro, a saber, ese en el que se inscriben los efectos de palabra.[81]

Lo que nos permite ver topológicamente, del todo, aquello de lo que se trata es que seguidamente, cuando se nos dice: "entre el hombre y el mundo...", ese mundo, que sustituye a la **volatilización** del partenaire sexual ... **hay un muro**.[82] (Se trata justamente del **muro del lenguaje**)

Esta articulación es coherente con la citada imposibilidad de inscripción de un acto que permita establecer el ser del hombre y el de la mujer: ("soy hombre", "soy mujer"). S (Ⱥ) implica la incompletud e inconsistencia del A, la inscripción de la carencia del término que pueda inscribir al sujeto[83] y la falta de significante que represente acabadamente al sujeto en tanto sexuado como mujer y también como hombre, ya que en tanto hechos de discurso, se definen pura y exclusivamente en la interdependencia de su relación.

Desde este punto de vista, el psicoanálisis de Lacan aporta herramientas teóricas que indiscutiblemente despejan problemas clínicos considerados "de época", como las variaciones y la mutabilidad en términos de la condición sexual, ya que plantea un trabajo analítico en contra de prejuicios de género identitarios y esencialistas. Si como analistas "no sabemos qué es un hombre y qué es una mujer", estamos en buenas condiciones para interpretar las relaciones entre los términos del conjunto del material de cada caso.

En esta dirección seguimos las indicaciones de A. Eidelsztein[84] al interpretar la teoría de Lacan:

> Como sólo podemos plantear en psicoanálisis un ser de significante, en el campo de las existencias (ser-no ser en sincronía) ya que el ser existe como creación del significante y en tanto se habla de él, si no hay acto sexual que pueda producir "soy hombre"y "soy mujer" se deduce que lo mismo rige para cualquier otra condición sexuada que se pueda plantear

---

[81] *Ibid*. Resaltado nuestro.

[82] Lacan, J. (2012). Charla de St. Anne del 6/1/72. En *Hablo a las paredes*. Buenos Aires: Paidós, p 112. El resaltado es nuestro.

[83] Cf. Eidelsztein, A. (2001). *Estructuras Clínicas* I. Buenos Aires: Letra Viva, p. 181.

[84] Cf. Eidelsztein, A, (2015). *Otro Lacan*. Buenos Aires: Letra Viva, pp. 228-245 y sigs.

con mayor o menor polémica en la cultura actual: travesti, bisexual, célibe, asexuado, etc. [85]

La Mujer, Dios y la cuestión del infinito

Más allá de la incidencia de las deidades femeninas en muchas sociedades,[86] incluyendo la cuasi-divinización de la virgen en el cristianismo, la figura de la mujer como representante del Otro divino se ha consolidado en el curso del tiempo. Las referencias lingüísticas son varias. A modo de ejemplo presentamos las siguientes:

-En textos antiguos de lenguas vernáculas, que luego devienen en el idioma francés (*Chanson de Roland*), aparece la locución *Dame Dieu*[87]: expresión que se traduce "Señor Dios". Sorprendentemente, *Dame* (término masculino) significa Señor y proviene de *Dominus*; y *Dame* (femenino), de *Domina*.

-En el **amor cortés**, paradigma amoroso[88] del siglo XII, estudiado por Lacan, se produce una idealización del amor fuera del matrimonio en la que el caballero rinde pruebas de adoración a la Dama al modo de ritos iniciáticos. La Dama en esta retórica solía ser nombrada como "**mi Señor**". Dicha dama idealizada (un puro ser abstracto), que es objeto de una adoración estrictamente regulada, llega a ser nominada con términos similares a la designación bíblica de Dios. Esto sucede con Jacques Roubaud, que realiza una ecuación entre la Dama y la nada, en una suerte de teología negativa, y dice de la Dama: *"No sé quien es ella"*. Es inte-

---

[85] La Comisión de Derechos Humanos de Nueva York, en el año 2015, lanza una carta donde especifica aquellas identidades que entran en dicha legislación, tratándose de 31.

Siguiendo esta línea, se concibe la definición de sexo/género como un espectro, rompiendo con el binarismo. En ese espectro, los conceptos "hombre" y "mujer" se posicionan en ambos extremos, apoyándose la idea de que la mayoría de las personas no se posicionarían en ellos, sino que se situarían en otras zonas del continuo. https://aisgugr.wordpress.com/binarismo-sexual-y-de-genero.

[86] **Ver el capítulo 4 de este volumen.**

[87] Le Goff, J. (2004). *El Dios de la Edad Media. Conversaciones con Jean-Luc Pouthier.* Madrid: Ed Trotta, p. 97: "Dios es un señor, e incluso el Señor por excelencia. Su denominación normal en ese mundo en el cual, durante mucho tiempo, y en todo caso entre el clero, se habla siempre en latín es DOMINUS DEUS, el Señor Dios; lo que dará, cuando se desarrollen las literaturas en lenguas vernáculas, en la lengua que se estaba convirtiendo el francés DAME-DIEU".

[88] Ver el artículo **"Lacan y un paradigma del amor en Occidente"**, de M. Inés Sarraillet en este capítulo. Los resaltados son nuestros.

resante agregar que al amor le da el nombre de *"aquel que es"*, como se nombra a sí mismo el Dios de los hebreos ante Moisés.[89]

Este culto reglado a la inaccesibilidad de la mujer deviene una especie de nueva religión que se reitera en Petrarca, en el romanticismo, en el amor loco de los surrealistas (incluso en el mismo Sade, según Klossowsky)[90] y se hace presente para Lacan en la clínica freudiana. Lo encontramos por ejemplo en el tipo de amor de la joven homosexual:

> Es un amor que no pide más satisfacción que servir a la dama. Es verdaderamente el amor sagrado, por así decirlo, o el amor cortés en su aspecto más devoto. Freud añade algunas palabras como la de Schwarmerei, que tiene un sentido muy particular en la historia cultural de Alemania - es la exaltación que se encuentra en el fondo de la relación. En suma, sitúa la relación de la joven con la dama en el grado más elevado de la relación amorosa simbolizada, planteada como servicio, como institución, como referencia. No se trata simplemente de una atracción o de una necesidad, sino de un amor que en sí mismo no sólo prescinde de satisfacciones, sino que apunta muy precisamente a la no satisfacción. En este orden precisamente puede desarrollarse un amor ideal - la institución de la falta en la relación con el objeto. [91]

También aparece en la estructura del caso del hombre de las Ratas por el relieve que adquiere la **Dama de los pensamientos**, expresión de la literatura de amor cortés, también llamado *amor de lejos* o *fin'amor*.

Esta retórica del amor cortés tiene ciertas afinidades con el amor espiritual y místico en la cultura medieval del siglo XII: en ambos casos la relación entre el placer y el deseo se desarrolla bajo el signo de la ausencia. En su libro *Eros en la Edad Media*, Ch. Baladier ubica a Dios y a La mujer como las dos figuras de la ausencia en este momento de la cultura medieval: en el campo del amor místico y del amor profano.

En el cristianismo el deseo que se puede tener de Dios anticipa el goce de la beatitud celeste, lo mismo ocurre en la llamada *delectación morosa*, –un deleite anticipado en el fantasear previo al encuentro con el objeto femenino que procura placer en su ausencia–, en el amor erótico y en el amor cortés. Los medievalistas toman este amor terrenal como paradigma del amor espiritual, razón por la cual la lengua se ha podido alimentar de

---

[89] Cf. Baladier, Ch. (1999) *Eros au Moyen Age*. París: Les Edition du Cerf, pp.166/167: "J'ne sais pas quel il est, celui, l'amour, dont le nom est *celui qui est*".

[90] Klossowsky, P. (1970) *Sade, mi prójimo* 1947. Buenos Aires: Ed. Sudamericana.

[91] Lacan, J (1994). *El Seminario. Libro 4*. Clase del 9/1/1957. Buenos Aires: Paidós, p.111.

términos prestados entre el amor místico y el amor cortés. En este contexto discursivo, Dios y la Mujer ocupan el lugar **inaccesible**, separado por una "distancia lancinante"[92] y en ciertas formulaciones, **infinita**.[93]

Este lugar ha sido ocupado, con el correr de los siglos –según autores como M. De Certeau y A. Strindberg[94]–, por el endiosamiento paulatino de la mujer, correlativo de la desidealización de la divinidad que ha tomado la forma de la muerte de Dios.

G. Fraisse en *La diferencia de los sexos* plantea que Strindberg– que era misógino– se mostraba preocupado por la "pérdida de Dios" y el lugar de la mujer como sustituto de la trascendencia. Dios estaba relegado y la mujer hacía su aparición, como emancipación social y política y también como necesidad imaginaria por la que la mujer se convierte en lo Otro a modo de un sustituto de la trascendencia. Se trata de un paradigma que se instala fuertemente durante el siglo XIX, cuyo desarrollo viene llevando varios siglos. M .de Certeau, en la *Fábula mísitca*, nos advierte que ya:

> A partir del siglo XIII (Amor cortesano, etc), una lenta desmitificación religiosa parece acompañarse con una progresiva mitificación amorosa. Lo único que cambia es la escena. Ya no es Dios, sino el otro, y **en la literatura masculina, la mujer**. A la palabra divina (que tenía también valor y naturaleza físicos) se sustituye el cuerpo amado (que no es menos espiritual y simbólico en la práctica erótica). **Pero el cuerpo adorado se escapa lo mismo que el Dios que se desvanece...**[95]

Se podría considerar que Lacan no desconocía este proceso –ya que estas referencias están presentes a lo largo de su enseñanza– y por lo tanto ha buscado trabajar este estado de situación desde varios puntos de vista innovadores e inéditos en su propuesta para el psicoanálisis.

Para finalizar, el esbozo de algunas pistas para despejar uno de esos puntos de vista: la articulación entre el goce femenino y Dios.

Uno de los términos conceptuales más difundidos referidos a la dimensión del goce de la enseñanza de Lacan es el relativo al goce femenino (planteado en sentido objetivo y subjetivo goce de la mujer y goce del

---

[92] Baladier Ch. *Op. cit.* p. 9.

[93] Esta idea se encuentra en Santo Tomás de Aquino (siglo XIII) y aparece posteriormente en apuesta de Pascal, trabajada por Lacan. Resaltados nuestros.

[94] Cf. Fraisse, G. (1996). *La Diferencia de los sexos*. Buenos Aires: Manantial.

[95] De Certeau, M. (1982) *La Fábula Mística. Siglos XVI-XVII*. México: Universidad Iberoamericana, p.14. Resaltados nuestros.

objeto femenino), presentado como Otro goce, o como "**más allá del falo**".[96] Es necesario destacar que, por más que no siempre Lacan lo aclare, en su enseñanza el goce del objeto femenino consiste en una idea:

> De la negativización que recae en el goce del órgano de la copulación, en la medida que es el que define al presunto macho, a saber, el pene. De ahí surge **la idea** (estas palabras son escogidas), que surge la idea de un goce del objeto femenino. Dije que surge la idea, y no el goce, por supuesto, es subjetivo.[97]

Esta idea dependería, si seguimos a Lacan, de la articulación significante, ya que insiste en recordar que "los significantes son precondición para el pensamiento".[98]

En el seminario 20, *Otra vez,* encontramos algunas indicaciones bastante conocidas y especialmente complejas acerca la vinculación entre esta idea del goce femenino, la idea de Dios y la noción de infinito. (La complejidad del tema no permite desplegar en este trabajo el desarrollo de las fórmulas de la sexuación, referencia obligada en el análisis del problema).[99]

> (...) cuando yo digo que La (tachada) mujer no es toda y que por eso yo no puedo decir *la* mujer, es precisamente porque es lo que yo pongo en cuestión, a saber de un goce que respecto de todo lo que se inserta en la función Φ x es del orden de lo infinito...[100]

¿Cuál es el contexto o la intertextualidad que permite a Lacan tematizar el llamado "goce femenino" en relación al infinito y a la idea de Dios? En la trama del seminario 20 en especial, pero también en desarrollos más tempranos de Lacan, se encuentran articulaciones en este sentido:

> (...) en tanto que su goce es radicalmente Otro que, en suma, La (tachada) mujer tiene más relación con Dios que todo lo que puede decirse

---

[96] Lacan, J. *El Seminario. Libro 20.* Versión crítica de Ricardo Rodríguez Ponte. Clase del 20/2/73. Disponible en www.lacanterafreudiana.com.ar.

[97] Lacan, J. *Seminario* XIV. Inédito. Clase del 27/5/67.

[98] Lacan, J. *Ibid.* Clase del 22/2/67

[99] Sobre el problema del infinito y la compacidad, ver nota 32 en el artículo "**El problema de la bipolaridad sexual en Freud y en Lacan**" de M. **Inés Sarraillet** en el Capítulo 3 de este volumen.

[100] Lacan, J. *El Seminario. Libro 20.* Clase 10/4/1973. Versión crítica de Ricardo Rodríguez Ponte. Disponible en www.lacanterafreudiana.com.ar.

siguiendo la vía de ¿qué?, de lo que, manifiestamente, en toda la especulación antigua no se articula más que como el Bien del Hombre. ....

Es cierto que si, con ese S de A mayúscula barrado, S (A̶), no designo otra cosa que el goce de La (tachada) mujer, esto es seguramente porque es ahí que señalo que Dios no ha hecho todavía su salida.[101]

Entonces, todo lo que ellos buscaban, ahí, así, todo tipo de buena gente, ahí, en el entorno de no importa quién, de Charcot y de los otros, para explicar que la mística, esto es, eran asuntos de coger… pero es que si ustedes lo consideran con cuidado, no es eso, no eso, ¡de ningún modo eso! Es quizá eso lo que debe hacernos entrever lo que concierne al Otro: este goce que se experimenta y del que no se sabe nada. ¿Pero acaso no es eso lo que nos pone sobre la vía de la exsistencia? ¿Y por qué no interpretar una faz del Otro, *la faz de Dios*, puesto que era de eso, por ahí que yo abordé el asunto recién, una *faz de Dios* como soportada por el goce femenino, eh? [102]

Tal vez una de las pistas es la condición de inaccesibilidad y de ausencia que comparten el Dios del cristianismo y la figura de La mujer al menos a partir del primer milenio de la era cristiana. Cabe destacar que los atributos de Dios se caracterizan como infinitos, y que la distancia con respecto a él se plantea en los mismos términos.[103] ¿Será esta la clave que nos permita ubicar la insistencia de Lacan en relacionar el goce femenino con el orden de lo infinito?

Lacan establece una escritura lógico-matemática en la cual el goce de la mujer –que según dice, tendría relación con Dios– se inscribiría como infinito. Siguiendo las indicaciones de A. Badiou,[104] se puede suponer que Lacan, en su intento de formalizar este problema, sigue una concepción de la matemática intuicionista, en la cual se rechaza que el infinito sea una negación de lo finito y se lo trata como **un punto inaccesible** [105] para lo finito, un punto virtual sustraído a lo finito, una virtualidad negativa en lo finito. Para A. Badiou, el goce femenino tiene una estructura de ficción, de ficción de lo inaccesible; de allí se desprendería el vínculo orgánico entre tal goce y Dios.[106]

---

[101] ***Ibid.*** Clase 13/3/73
[102] ***Ibid.*** Clase 20/2/73
[103] El infinito en acto se consideraba en la Edad Media un atributo exclusivo de la divinidad. Los esbozos de matematización aplicados a la cuestión de la infinitud del amor en relación a Dios (*caritas*) se han intentado en el siglo XII (G. de Auxerre por ejemplo).
[104] Badiou, A (2012) "Sujeto e infinito", en ***Condiciones.*** Buenos Aires: Siglo XXI.
[105] Se rechaza el infinito actual de Cantor, el infinito como objeto matemático.
[106] ***Ibid.*** pp. 281 y sigs.

La articulación entre el problema del infinito y el lado femenino no obedecería entonces a ninguna característica inherente al goce de las mujeres verificada clínicamente, es decir por una vía puramente empírica independiente de toda postulación teórica. Probablemente responda a una lectura que Lacan efectúa respecto de ciertas configuraciones discursivas que entraman una determinada idea de Dios con cierta figura de la mujer producidas en la historia de la cultura occidental.

Bibliografía

Allouch, J. (2011). *El amor Lacan*. Buenos Aires: El Cuenco de Plata.

Allouch, J. (2015). *Una Mujer sin Más Allá. La injerencia divina III*. Buenos Aires: El Cuenco de Plata.

Badiou, A. (2012). *Condiciones*. Buenos Aires: Siglo XXI ed.

Baladier, Ch. (1999). *Eros au Moyen Age*. París: Les Edition du Cerf.

Benveniste, E. (1983). *Vocabulario de las Instituciones Indoeuropeas*. Madrid: Taurus.

De Beauvoir, S. (1984). *El Segundo sexo. Los hechos y los mitos*. Buenos Aires: Siglo Veinte.

De Certeau, M. (1982). *La Fábula Mística*. Siglos XVI-XVII. México: Universidad Iberoamericana.

Eidelsztein A. (2001). *Estructuras Clínicas I*. Buenos Aires: Letra Viva.

Eidelsztein, A. (2015). *Otro Lacan*. Buenos Aires: Letra Viva.

Fraisse, G. (1996). *La Diferencia de los sexos*. Buenos Aires: Manantial.

Klossowwsky, P. (1970). *Sade, mi prójimo 1947*. Buenos Aires: Ed. Sudamericana.

Lacan, J. (2008) "Ideas directivas para un Congreso sobre sexualidad femenina". En *Escritos II*. Buenos Aires: Siglo veintiuno Ed.

Lacan, J. (1994). *El Seminario. Libro 4*. Buenos Aires: Paidós.

Lacan, J. *El Seminario. Libro 14*. Inédito.

Lacan, J. (2009). *El Seminario. Libro 18*. Buenos Aires: Paidós.

Lacan, J. Notas preparatorias para el Seminario XVIII. Trad. R. R. Ponte. Disponible en www.lacanterafreudiana.com.ar.

Lacan, J. *El Seminario. Libro 19*. Trad. R.R. Ponte. Disponible en www.lacanterafreudiana.com.ar

Lacan, J. (2012). *El Seminario. Libro 19*. Charlas de St. Anne. Buenos Aires: Paidós

Lacan, J. (2012). *Hablo a las paredes*. Charlas de St. Anne. Buenos Aires: Paidós.

Lacan, J. *El Seminario. Libro 20*. Versión crítica de Ricardo Rodríguez Ponte. Trad. R. R. Ponte. Disponible en www.lacanterafreudiana.com.ar.

Le Goff, J. (2004). *El Dios de la Edad Media. Conversaciones con Jean-Luc Pouthier*. Madrid: Ed Trotta.

Miller, J-A y Laurent, E. (2005). *El Otro que no existe y sus comités de ética*. Buenos Aires: Paidós.

Miller, J-A. (1993). *De Mujeres y Semblantes*. Buenos Aires: Cuadernos del Pasador.

Soler, C. (2008). *Lo que Lacan dijo de las mujeres*. Buenos Aires: Paidós.

Zuberman, J. (1990). "En posición femenina: El delirante, el místico, el analista", en *La Formación del analista*. Buenos Aires: Puntosur.

La mujer y lo Otro. Perspectivas filosóficas y del psicoanálisis de Lacan

Lo femenino como Lo Otro
Lévinas y Lacan. Un encuentro

Gabriela Mascheroni

Introducción

La figura de la mujer y de lo femenino se halla vinculada de distintas formas en la obra de Lacan a la figura de Dios, a la de Lo Otro, al misterio, al infinito, a lo inaccesible y a la de lo imposible. Esta asociación se repite en otros autores y en otros discursos: ha sido pensada así a lo largo de gran parte de la historia de la cultura. ¿Cómo se construye esta idea? Si lo femenino es Lo Otro, ¿es lo Otro de qué?

Lo femenino como enigma no es más que una construcción derivada de una norma de la que este se escapa. ¿En qué consiste la norma que regula mayormente el discurso occidental?: 1) el funcionamiento de las lenguas que derivan del indoeuropeo se manejan con una gramática que está apoyada predominantemente en el principio de identidad. La estructura simbólica funciona con elementos discretos y distinguibles al interior de un sistema completo posibilitado por un agujero o vacío que le es intrínseco; en tanto la escritura y lectura de dichos elementos tiene en las lenguas occidentales una gramática y combinatoria que tiende a la univocidad —a diferencia de las lenguas semíticas u orientales, que son más interpretables, pues los signos, lexemas y morfemas adquieren con más facilidad su valor semántico de acuerdo al contexto en que están usados, por lo que pueden interpretarse de manera distinta. Este factor —más ausente en nuestras lenguas occidentales— resulta decisivo en la dificultad para pensar acerca de lo que se escapa a aquello que se puede nombrar; 2) el discurso occidental, si bien por épocas quizá oscilante, es fundamentalmente androcéntrico —forjándose y dejando huellas en nuestra historia sobre todo desde el período comprendido desde el 4300 al 2800 a. C., tal como señala Marija Gimbutas en *El lenguaje de la Diosa*–[1] y, por otra parte, está atravesado por la figura del falo como eje organizador del deseo y la turgencia vital. Cabe resaltar que cuando decimos *falo* estamos hablando de una consideración simbólica, es decir, que el falo va a ser un significante impar y vacío, que se llenará con lo que en cada cultura, época e historia particular ocupe ese valor o lugar. La figura del falo proviene de un campo semántico relativo a una esfera mítico-religiosa en la cual se funda gran parte de la cultura occidental.[2] Si bien con *falo* no aludimos por lo tanto a ningún sustrato biológico, es decir, al pene, en nuestra cultura y a partir de Freud, ha quedado mayormente asociado al pene, por lo tanto a la mujer "le faltaba algo". Esta idea de "la castración" ha sido pregnante en la cultura.

Es en estos sentidos que la diferencia que portaría la mujer es aquella que pueda distinguirla de la consideración cultural que se sostiene como siendo la norma.

Los orígenes de nuestra cultura están excesivamente ligados a lo que llamaríamos de buen grado la aventura de la familia paternalista como para que no imponga, en todas las formas a través de las cuales enriqueció el desarrollo psíquico, un predominio del principio masculino, en relación con el cual el alcance moral conferido al término de virilidad permite calibrar su parcialidad.

Es evidente que esta preferencia tiene un revés fundamental, primordialmente la ocultación del principio **femenino** bajo el ideal masculino, en relación con la cual la virgen, por su misterio, constituye a través de las diferentes edades de esta cultura el signo viviente.[3]

Este pequeño preámbulo nos permite afirmar que lo femenino es considerado Lo Otro respecto del discurso simbólico ordenador de la cultura, en este caso, del discurso androcéntrico que predominó en casi todas las lenguas indoeuropeas. En tanto estas centran su discurso en lo masculino,

---

[1] Gimbutas, M. (1996). *El lenguaje de la Diosa*. Madrid: Grupo Editorial Asturiano. En el texto se desarrolla la posibilidad de que en pre-indoeuropeo haya primado una cultura matriarcal, en cuyos desarrollos la mujer quedara asociada fundamentalmente al misterio de la vida y al dar vida.

[2] Para una mejor comprensión de la figura del falo en nuestra historia ver el texto "**La cuestión del falo en Lacan**" de **María Inés Sarraillet en este volumen**, que analiza el tema en el capítulo 3 de este volumen.

[3] Lacan, J. (1977): *La familia*. Clase: Los complejos familiares en patología. Buenos Aires: Homo Sapiens. Resaltado nuestro.

todo aquello que se escapa al dicho –lo otro del dicho– terminó designando lo que las lenguas no pueden asir. Lo femenino ha quedado asociado a lo incomprensible o a lo real –entendido este como lo que queda por fuera de lo simbólico, aunque delimitado por él. "Lo simbólico da una forma en la que se inserta el sujeto a nivel de su ser". Para Lacan "el sujeto se reconoce como siendo esto o lo otro a partir del significante. La cadena de los significantes tiene un valor explicativo fundamental, y la noción misma de causalidad no es otra cosa."[4] En tanto el discurso androcéntrico está íntimamente ligado a la prevalencia fálica, siendo el falo un símbolo que no tiene correspondiente ni equivalente, el sexo femenino tiene un carácter de ausencia, de vacío, de agujero; esto no es una mera extravagancia de la naturaleza sino que solo puede interpretarse en la perspectiva en que el ordenamiento simbólico todo lo regula.[5]

La noción de "lo otro", lo que es otro como tal, será lo otro de aquel sitio donde se está bien guarecido, será lo extraño, lo diferente, lo inaprehensible, lo infinito,[6] es decir, todo aquello que escapa al lenguaje o discurso que crea realidad y construye lo posible.

> Esto sucede en un ser, como se dice, viviente; del cual lo menos que se pueda decir es que se distingue de los demás por el hecho de que, como dice Heidegger, habita el lenguaje. Este ser se distingue por esa morada; la cual es una morada fofa, fofa en el sentido de que lo hace plegarse, a ese ser, hacia toda suerte de conceptos, como dije para empezar, *Begriffe*, que no son sino toneles, todos ellos a cada cual más fútil (es decir, con fugas). [7]

Es fofa, porque el lenguaje no es unívoco a pesar de que los conceptos se sostienen en el principio de identidad. Lo que de ellos se escapa es lo otro. Es allí donde cobra su papel lo femenino.

Dios, el sexo –fundamentalmente lo femenino– y el amor quedarán asociados en Lacan a los agujeros de imposibilidad, es decir, con la idea

---

[4] Lacan, J. (2006). *El Seminario. Libro 3*. Buenos Aires: Paidós, p.256.
[5] Para discernir mejor esta temática sugerimos tener en cuenta lo desarrollado en el artículo del Capítulo 5 de este mismo volumen: **"Lo imposible: invariante fundador de lo que existe" de Gabriela Mascheroni.**
[6] Infinito: lo ilimitado e inconmensurable, lo infinitamente pequeño dentro de lo que no tiene límites. Lo infinitamente variable dentro de un conjunto finito de elementos. Por eso se asimila la idea de infinito a la de caos.
[7] Lacan, J. (1980). *Autocomentario*. Intervención en el 6° Congreso de la E.F.P. realizado en Grande-Motte, 2711/73. Lettres de la École Freudienne.

de que lo simbólico crea existencia, existencia que dejará siempre un imposible propio del sistema funcionando.

Lévinas y Lacan

Vamos a abocarnos aquí a presentar brevemente la teoría del sujeto en Emmanuel Lévinas[8] –conocido como el filósofo de la alteridad–, siendo que, a pesar de no centrar su teoría en el lenguaje como creador de existencia, su discurso se emparenta mucho con el de Lacan en algunas aspectos fundamentales que nos resultarán útiles para alimentar nuestra comprensión acerca de lo femenino como figura de la otredad y su incumbencia en la concepción de las fórmulas de la sexuación que propone Jacques Lacan. Sin duda esto le fue posible a Lévinas por la crítica que hace a la ontología occidental.

También la propuesta de Lacan de incluir la "Antifilosofía" en la formación de los analistas está ligada a la crítica que hace a la filosofía occidental, en tanto sostiene que esta "tiende a enmascarar el carácter radical y la función originante de la pérdida que se produce en la relación del sujeto al significante. Sostiene que "toda dialéctica, y especialmente la hegeliana, va a enmascararla, (...) porque apunta a recuperar los efectos de esta pérdida".[9]

Con esta crítica a la búsqueda de totalidad coincide Emmanuel Lévinas:

> En la filosofía occidental, donde lo espiritual y el sentido residen siempre **en el saber**, puede verse esa nostalgia de la totalidad. Como si ella hubiese sido perdida y esa pérdida fuera un pecado del espíritu. La visión panorámica que tiene de lo real es la verdad y lo que da toda su satisfacción al espíritu. (...) Ciertamente la **filosofía occidental** conoce otras formas de conciencia además del intelecto, pero, en medio de sus peripecias menos intelectuales, el espíritu es *eso que sabe*.[10]

> La filosofía y la civilización occidentales **no salen jamás "de los números y los seres"**, permanecen condicionados por el mundo laico (...)[11]

---

[8] Lévinas nace en Lituania en 1906, muere en París en 1959.

[9] Lacan, J. *Seminario 12*. Clase 1. Inédito.

[10] Lévinas, E. (2008). *De la existencia al existente*. Madrid: Arena Libros. Resaltados nuestros.

[11] *Ibid*. Lévinas, E. *De la existencia al existente*, p. 49. Resaltados nuestros.

Son para Lévinas filosofías de Lo Mismo, pues aun cuando algunas se preocupan por el Otro, lo hacen todavía por otro Yo mismo, que tiene igualdad conmigo y que procura ser reconocido por mí como yo. El Otro, al manifestarse como Ser, no solo pierde su alteridad sino que indica como meta a la filosofía la comprensión de ese ser en tanto sería la estructura fundamental del hombre. En este sentido propone que la filosofía occidental tiende a ajustar la realidad a la razón teórica, uniformándola, aniquilando todo aquello que la hacía singular. Esto nos interesa, pues veremos cómo ambos autores ligarán esta posición en el pensamiento, esta creencia en el Ser, en la esencia, con las causas de sufrimiento excesivo.

Para entrever cómo las teorías están determinadas por el discurso que nos atraviesa es que brevemente presentaremos de dónde parte el pensamiento diferencial de Lévinas en relación a esta crítica. Atravesado por el domino de varios idiomas: ruso (su lengua natal), alemán, francés y hebreo; por el estudio del Antiguo Testamento en su idioma original –el hebreo antiguo–; y por su vivencia del holocausto[12] –que lo marcará fuertemente–, va a desarrollar una filosofía construida *"De otro modo que ser"*.[13]

Se nutre para ello de la Biblia, al que considera El Libro por excelencia y que tiene una importancia decisiva en el forjamiento de nuestro pensamiento. Pero para él la Biblia no es una teodicea sino una hermenéutica de la vida –donde se dicen las cosas primeras que deben ser dichas para que la vida tenga un sentido– y los mandamientos principios de sentido común para la convivencia humana. Occidente la recibe traducida por los griegos y la ha interpretado bajo las categorías del Ser, revelado fuertemente en la respuesta de Dios cuando Moisés pregunta por su nombre: "Soy el que soy", donde no solo se introduce el verbo *ser* en presente –siendo que en el idioma original (el hebreo antiguo) no existe, lo que propondría otro pensamiento y otra lógica–, sino que la tautología sostiene el principio de identidad. El hebreo antiguo, lengua semítica,[14] posee una gramática y escritura muy diferente al de las lenguas indoeuropeas, promueve más el trabajo interpretativo y la multiplicidad de significaciones.[15] Imbuida por el discurso de la filosofía y omitida la lectura de la Biblia en el idioma

---

[12] Al que considera un totalitarismo político que reposa sobre un totalitarismo ontológico: El ser sería un todo. Ser en el que nada comienza. Nada se opone a él y nadie lo juzga. Neutro anónimo. Universo impersonal, sin lenguaje.

[13] Aludiendo al contenido del libro: Lévinas, E. (2011). *De otro modo que ser o más allá de la esencia*. Salamanca: Sígueme.

[14] Mesopotamia y Medio Oriente.

[15] Resulta de sumo interés interesarse en el modo en que opera esta lengua para entender la implicancia que tiene en su interpretación, cosa que no haremos aquí.

original, Europa niega una de sus fuentes, y se ve privada de la lectura de los profetas, quienes no están guiados por el ideal de la Verdad Objetiva ni pretenden la apropiación o dominio de los textos que abordan, sino que renuevan permanentemente el significado que los atraviesa. Para Lévinas, el Antiguo Testamento es un diálogo vivo con el hombre, que se mantiene por encima del realismo y de nuestra preocupación por nosotros mismos. Sostiene que la historia del pueblo judío nace con la irrupción de Alguien, un Otro de jerarquía distinta, que nunca se mostró pero que habló al hombre –no del hombre– y fundó así la propuesta de una comunicación permanente con otro enigmático. Una ley que propone acoger al prójimo como Otro, como misterio. La desencarnación de Dios es una pieza clave sobre la que gira el universo conceptual de Lévinas: el otro no es nuestro doble sino que se muestra sin mostrarse; enigma de la trascendencia, viene hacia nosotros sin referentes, de un no lugar o exterioridad, de modo que cuestiona nuestras certezas –las certezas del Mismo– y preserva así de la idolatría. Para Lévinas, la trascendencia significa que no se pueden pensar juntos Dios y el ser[16] –distingue al Creador de lo creado–, ateísmo inspirado en la teoría de la creación de Maimónides. Afectado también por el estudio del protestantismo, sostiene que el hombre existe por fuera de Dios, dotado de una iniciativa propia y llamado a salir de sí mismo hacia Él: "Si vosotros me atestiguáis entonces seré Dios, de otra manera no…" –palabras que la cábala pone en el Dios del amor.[17] Relación que no es de saber ni de poder sino ética, en la que, manteniéndose separado, se vincula con alguien irreductible a su conocimiento. El Dios de la Torah no es un Dios en el que pueda creerse, está ahí. La presencia inquietante de Otro trascendente, lejos de fascinar como un misterio tremendo, reorienta la mirada hacia los otros.[18]

La creencia es el supuesto de que la existencia de Dios depende de nosotros; un intento de eliminar el infinito, lo que nos excede o desborda. Lévinas le hizo lugar: lo Otro no resulta en él un atentado a la identidad. La pregunta de si algo puede ser una cosa y otra a la vez solo cabe en una cultura donde lo Otro genera un problema respecto de lo Uno. Si hay Lo Mismo y Lo Otro no hay totalidad. Esta interpretación de la Biblia va a ser determinante en lo que concierne a todas sus elaboraciones teóricas.

---

[16] Lévinas, E. (1961). *Ética e infinito*. Madrid: Antonio Machado, p. 72.

[17] Rozenweig, F. (1997). *La estrella de la redención*. Salamanca: Sígueme. (Haciendo referencia a Emmanuel Lévinas).

[18] No es altruismo –que no transforma el mí mismo porque no se sale de sí–, sino estar abierto a la otredad y no a un alter ego.

Advenimiento del Sujeto para Lévinas

Teniendo en cuenta lo antedicho, para él la realidad humana es social antes de ser razonable; en la base de la conciencia de sí mismo, **en el nacimiento del sujeto, no está la reflexión sino la relación al otro y en dicho acontecimiento no hay ninguna totalidad.** A diferencia de Lacan, para quien el orden significante es lo que está primero y será causa del sujeto, Lévinas lo piensa así: tras la destrucción imaginaria de todas las cosas solo queda el hecho de que *hay*. Lo primero lógicamente –pues se trata de una sincronía– es ese "Hay", un existir anónimo, un campo de fuerzas, ser –como verbo–, una presencia que resiste cualquier negación que intente desecharla. Fenómeno del ser impersonal: "Ello", como "llueve" o "hace calor". Este existir es eternidad –no tiene punto de partida ni límite final.[19] En este existir, surge, como efecto de una **hipóstasis**,[20] un existente que se vinculará a su existir. La conciencia, la aparición de "algo que es", produce una inversión en el ser anónimo. Es así que se constituye un poder, una posesión, la libertad del comienzo, la actividad de ser. El acontecimiento de la hipóstasis es la asunción de un presente, un desgarramiento en esa trama infinita del existir, constituyéndose el sujeto como evanescencia, en tanto el presente anida en el límite entre el existir y el existente. No es un presente extraído de un tiempo ya constituido sino la *función* del presente.[21] El yo se coloca de entrada fuera de las oposiciones entre lo variable y lo permanente y de las categorías del ser y la nada; es el modo del existir en cuanto tal.

Pero para que pueda haber un existente es preciso también **una salida de sí y un retorno a sí, la acción propia de la identidad:** la ocupación del yo por el sí mismo. Esta acción produce una separación del existir anónimo: es afirmación, virilidad, orgullo y soberanía; ahora hay existencia, ya que esta depende de que haya existente. Pero paradójicamente, debido a su identificación, el existente está encerrado en sí mismo, cautivo de su identidad, no puede separarse del ser o de la existencia; él es, y debido

---

[19] Su expresión es la noche u oscuridad, el insomnio, que genera el horror que despoja al Yo de su subjetividad, el miedo del ser impersonal; despersonalización, horror ante la invasión del anonimato donde no se ha tomado la iniciativa. Yo no velo: "eso vela". Imposibilidad de parar ese murmullo. Como si el ser se hubiera desatado de su fijeza de ser.

[20] Ponerse, acción de situar. Subjetivación. Ruptura del ser anónimo. La conciencia escapa al sin sí mismo, a la eternidad. Es el comienzo mismo de un acontecimiento. No podemos explicar por qué sucede.

[21] Aún no es introducir el tiempo en el ser.

a ello está solo. La soledad es ausencia de tiempo. El sujeto está solo para Lévinas porque es Uno, no por desamparo o privación del otro. Su libertad está limitada inmediatamente por la responsabilidad de ocuparse de sí mismo: lo que llama materialidad del sujeto. **Ser uno mismo es la alienación**[22]por excelencia: en la obtención de identidad,[23] necesaria lógicamente, se pierde el intervalo que hay en el ser, lo Otro, la diferencia; y el costo es la petrificación. Es decir que la servidumbre no la impone el otro sino el ser; el primer amo para él es el sí mismo.

El ser en nosotros, nuestro existir, es un elemento intransitivo, sin intencionalidad ni relación; algo que no se puede intercambiar entre los seres. Es así que sostiene que en el hecho de ser *se* participa, sin haber tomado la iniciativa; no somos, *nos* somos. Pero ocurre que en ese ser surge la inquietud porque el sujeto no coincide consigo mismo y entonces allí no encuentra reposo. Y lo que quedó afuera, en virtud de su identidad –la diferencia, lo Otro–, se le presenta continuamente bajo la figura del Rostro[24] y lo conmina a responder pues mella su ser, le atañe. La diferencia con respecto a sí es de esta manera la no-indiferencia propiamente tal.

En el comienzo nacen juntos El Mismo y el Otro; todo existente contiene en sí la idea de infinito. El intervalo que se pierde en y por el ser remite a esa impersonalidad y anonimato, lo que sería el des-ser, lo Otro. A esa relación entre yo y el otro que no es de igualdad sino asimétrica– le es intrínseca la separación, como así también la inseparabilidad del otro de mí. Sin separación nos fundiríamos uno en el otro o desapareceríamos en una unidad dialéctica en la que desaparece la absoluta diferencia: **solo un ser separado puede recibir el impacto de la alteridad. Pero el otro y yo somos también inseparables, porque nuestra relación es constitutiva,** lo mismo para su ser como para el mío. Un ser separado, el Mismo, contiene en sí la alteridad constituyente del ser; es así que el infinito cobra valor en la relación porque es constituyente del ser, y no derivativo. Piensa a cada uno como "el otro del otro", con lo cual afirma su exterioridad radical, la imposibilidad de aprehenderlo.

Como podemos ver, para ambos autores en el advenimiento del sujeto hay diferencias pero coinciden en que hay una pérdida, un resto o un intervalo que hace que el sujeto no sea Uno, que no haya identidad

---

[22] Se pierde Lo Otro. Lévinas señalará también, paradójicamente, que con la relación al Otro nos encontramos con otra acepción de la alienación, del latín: alejamiento, privación, del adj. *alienus*: propio del otro. Algo que el sujeto ya no controla.

[23] Por la separación del ser impersonal se totaliza el ser, sustantivo. Es parte necesaria.

[24] Modo en el cual se presenta el otro, que supera la idea del otro en mí. Todo aquello o aquel que se presenta e invita a una relación que no tiene medida común conmigo.

completa. El Otro es esa diferencia respecto del Mismo, aquello que se presenta y muestra que no hay totalidad, lo que no puede absorberse por el conocimiento, una incógnita o misterio. Poner en funcionamiento el intervalo que hay en el ser permite encontrase con el valor del Otro (objeto) y el sentido de lo humano, que está más allá de la esencia.

Presentaremos a continuación, a modo de resumen, un cuadro donde quedan plasmadas las concordancias y divergencias que mantienen Lacan y Lévinas sobre la concepción del sujeto. En el recorrido podremos ir advirtiendo cómo ambos autores pensarán lo femenino ligado a la realización del sujeto.

Advenimiento del sujeto

Lacan	Lévinas
Primero lenguaje –orden significante; el (A).	Primero el "HAY": presencia que resiste cualquier negación. Campo de fuerzas del existir impersonal, anónimo: Verbo, acción de ser. Eternidad, sin límites. Sin-sí-mismo.
Creación ex-nihilo. Inscripción del sujeto en el campo del Otro (A), de lo que resulta: $\mathcal{S}$, $\mathbb{A}$, resto de la división: **objeto *a*** –prueba de la alteridad del Otro y del $\mathcal{S}$. Dependencia lógica del sujeto respecto al Otro.	Creación ex–nihilo. HIPÓSTASIS: un existente se vincula a su existir, de lo que resulta: un existente y un intervalo en el ser. Sujeto depende del existir.
Alienación-separación: El advenimiento dividido del sujeto entre dos significantes –se localiza en el intervalo– le impide ser uno u otro. Falta en ser. **Afánisis** del sujeto.	**Alienación-separación:** Yo, libertad del comienzo, inversión en el ser anónimo. Sujeto como evanescencia.
La articulación de esa falta en ser con la falta del Otro posibilita relación al objeto del deseo.	Identidad: salida y retorno a sí. Existente. Existencia. Paradoja: **separación** del ser anónimo lógicamente necesaria pero que deja al ser cautivo de su identidad. **Alienación:** deja afuera el intervalo que hay entre el *yo* y el *sí mismo*, la diferencia, el **des-ser**. Materialidad del sujeto: límite de su libertad. Inquietud, la identidad fracasa, no se coincide consigo mismo: el Yo activo vs. la pasividad del *sí* y lo acusativo del *se*. No somos, nos somos. **Yo es otro.** El Mismo y el Otro nacen juntos.
<u>Puesta en funcionamiento de la parte perdida en el advenimiento del sujeto.</u> **El Otro rescata al sujeto.** <u>Sentido.</u>	<u>Puesta en funcionamiento del intervalo que hay en el ser, de lo inaprehensible, de lo Otro constitutivo del sujeto en virtud de su identidad.</u> **El Otro rescata al sujeto.** <u>Sentido.</u>

A partir de este brevísimo desarrollo intentaremos pensar en qué consistiría para Lévinas el sufrimiento, procurando nuevamente hacer un paralelo con el que, según nuestra propuesta, sería el que concibe Lacan. De esta manera echaremos otra pequeña luz sobre nuestra interpretación acerca del papel que juega "lo femenino" en el discurso de ambos autores, aun con las diferencias que puedan tener, y pensar qué importancia podría tener para pensar la dirección de la cura.

Diagnóstico del sufrimiento para Lévinas

Para ambos autores consistirá en la dificultad de separarse del ser, de salir de sí, por el rechazo a Lo Otro y al Otro –a lo que no hace uno. En Lévinas esto hace que se esté directamente expuesto a la irreductibilidad del ser. El interés por la esencia conlleva un ejercicio de persistir en ella, colmando todo intervalo que vendría a interrumpirlo. *Esse* es *interesse*.

En el esfuerzo, en el dolor, en el sufrimiento, se advierte en estado puro lo definitivo de la tragedia de la soledad y la pasividad del sujeto. Se trata de un acontecimiento de servidumbre; la fatiga y el esfuerzo están hechos de esa condena al presente: fatigarse es fatigarse de ser. Pero es en el sufrimiento físico donde mejor se advierte la imposibilidad de separarse del instante de la existencia; es cuando no podemos poder, donde es imposible la huida y también la nada. Y la muerte (que podría poner fin a esta existencia y que puede anunciarse en ese sufrimiento –acontecimiento que muestra la pasividad del sujeto) llega siempre antes de cualquier totalización. En su significación positiva, la muerte es una incógnita que no se puede traducir por la razón, un acontecimiento del que el sujeto no es dueño, pero respecto del cual deja de ser sujeto, hace imposible toda asunción de una posibilidad, destruye la subjetividad misma. La muerte es el límite de la virilidad[25] del sujeto. Así pues, la trascendencia no consiste en ser o no-ser. Un no-ser también es.

Como el existente no está soldado a la existencia –ya que dijimos que entre el yo y el sí mismo aparece un intervalo, entonces puede salir de sí. La primera trascendencia es la de la necesidad, la relación con los alimentos del mundo, que posibilita el goce y una salida de sí; sin embargo, se trata de una trascendencia envuelta en inmanencia. El objeto

---

[25] Obsérvese que "virilidad" está ligado semánticamente en Lévinas a la idea de posesión, del Yo y del Sí mismo, es decir, a la idea de identidad.

iluminado o inteligible al que nos dirigimos, distinto de nosotros, es al mismo tiempo algo que encontramos como si saliese de nosotros; no hay extrañeza radical, implica un saber relativo a la absorción y en ese sentido es **conocimiento**. Y la superación de la soledad no se logra a través del conocimiento o la comprensión; ahí el objeto resulta absorbido por el sujeto y la dualidad desaparece. La estructura de la razón para Lévinas es solipsista, lo comprobable a través del yo; es la razón que le impone sus reglas al objeto que aparece, tiende a hacerlo entrar en las categorías de lo conocido y deja así de verlo como Otro; se trata de una relación interior por excelencia. La totalidad de un pensamiento solo puede romperse si este se encuentra *frente* a Otro, refractario a la categoría. Tampoco se sale de la soledad mediante el éxtasis, pues en la idolatría el sujeto es absorbido en el objeto y retorna a su unidad: como sustituto del Uno, propone un pensamiento que indica un Norte, la fusión, reduciendo a sí mismo lo que es Otro.

Recordemos que Lacan sostiene que en la estructura histérica u obsesiva se ve también claramente el rechazo a la alteridad y la tendencia a lo Uno.[26]

---

[26] Cf. Lévinas, E. (1993). *El tiempo y el Otro*. Barcelona: Paidós Ibérica.

Diagnóstico del sufrimiento

Lacan	Lévinas
Amarre al ser (buscando la totalización que resulta del saber no-todo). Identidad. Idealización. Nihilismo. **Rechazo a la alteridad**, al barramiento del A y por ende del Otro y del sujeto. Traslada al Otro la función de *a*. Tender al Uno. Posición estructural de la histeria: Yo no, el Otro sí. Deseo de un Amo. Se retira como objeto. Para reparar al Otro carga con su falla $\frac{a}{-\varphi} \diamond A$. Posición estructural de la neurosis obsesiva: Yo sí, el Otro no. Neurosis obsesiva. Uno. Degradación del Otro. Agresividad frente al otro del deseo. $\cancel{A} \diamond \Phi(a', a'', a'''...)$. *(La fórmula corresponde a la versión de Staferla.free.fr del seminario, libro 8).* Dificultad en la separación, atado a la demanda.	Pensamiento de Lo Mismo. **Rechazo de la diferencia, de Lo otro y del Otro.** El ser es el mal, carece de límites (el existir). Ser es aislarse mediante el existir; mónada. Identidad. Soledad y materialidad inseparables. **Inter-esse** por la esencia, por el ser. No hay reposo en sí porque no se coincide consigo mismo. **Cuesta separarse de la existencia;** y esta es incomunicable. El dolor físico es su expresión máxima: peso de la existencia, acorralado por el ser. Muerte: es incognoscible –lo Otro–, pero límite de la virilidad. **Ser o no-ser dejan en el sinsentido.** O no hay actividad de ser (cárcel en la existencia) o no hay subjetividad (muerte). Nihilismo. Trascendencia de la necesidad, del goce (alimentos). **Conocimiento:** El objeto se funde en el sujeto. Uno. Solipsismo de la razón. Inmanencia. **Éxtasis:** Idealización, fusión, Uno. El sujeto se funde en el objeto.

Salida del sufrimiento para Lévinas

Consistirá en encontrar otra trascendencia, más allá del saber de las cosas. Procurar un ser que, siendo, se desborde o salga fuera de sí, que se dé. Ya no se tratará de oponer al ser un existente, como algo que se afirma frente al ser anónimo, sino de desposeer a este ente de su ser, del *inter-es-se*. Deponer la soberanía del yo es la relación social con el otro, la relación *des-inter-esada*, que subraya la salida del ser que esto comporta. La proximidad con el otro que se da de entrada −correlato de la relación con el Dios bíblico− no puede resolverse en "imágenes" ni exponerse como tema; es inconmensurable. La significación del Otro en tanto es para alguien, para un sujeto −siendo que el "para" es otorgado por el Otro−.

> En la comprensión clásica, la idea de trascendencia se contradice. El sujeto que trasciende se transporta en su trascendencia. No *se* trasciende. Si, en lugar de reducirse a un cambio de propiedades, de clima o de nivel, la trascendencia comprometiera la identidad misma del sujeto, asistiríamos a la muerte de la sustancia. [27]

El rostro[28] del otro destruye en todo momento la idea adecuada a mi medida, se sustrae a la definición, me separa y **me desinteresa de mí mismo** porque no puedo absorberlo. Porta la huella de infinito que se resiste a ser signo y escapa al significado. "El rostro es esa realidad por excelencia en la que un ser no se presenta por sus cualidades". El acontecimiento de nuestra relación a los demás nos permite desembocar en una existencia pluralista que supere la hipóstasis monista del presente y conserve la actividad de ser donde se constituye el tiempo; **una relación a lo porvenir**, ser en el tiempo, que quebranta la imposibilidad de romper con el peso de la existencia que se da en el presente.

El sujeto es la experiencia del otro como totalmente otro, que se nos impone pasivamente y nos hace responder de él, al margen de cualquier intercambio de información. La imposibilidad de declinar esta responsabilidad se refleja en el escrúpulo o el remordimiento que sigue al rechazo. Esta responsabilidad me viene de fuera de mi libertad, de algo que está más acá o más allá de la esencia. Puedo volverle la espalda o rebelarme contra su conminación, intentar cubrir de predicados la desnudez del rostro para identificarlo con su diferencia y que deje de ser otro, pero nunca

---

[27] Lévinas, E. (2002). *Totalidad e infinito*. Salamanca: Sígueme. p. 282.
[28] El Rostro: Importante figura de la alteridad en Lévinas.

no oírlo. El rostro, al dar vergüenza al sujeto y turbarlo, prescribe, tiene la fuerza de un imperativo. Esa huella de lo Infinito en el otro, que llama *illeidad*,[29] indica algo que me concierne y que no entra en conjunción conmigo (como si en el acercamiento al tú sobreviniera su trascendencia, él).

Lévinas coloca el bien al comienzo, no al final; el sentido original del ser no es la lucha sino la ética, anterior a la aparición de las libertades. Relacionarme desde mi des-ser con el del otro, sin hacer con ninguno de los términos ninguna totalidad y encontrando el valor del otro y el sentido más allá del ser y la esencia.

A continuación podremos advertir el parentesco que tiene con la propuesta de Lacan.

Salida del sufrimiento

Lacan	Lévinas
Ir más allá de la relación a la Demanda del Otro que obtura la falla en el Otro y en el campo del A. Hacer con la falta (el resto perdido) algo en relación a la falta en el Otro. Hacerse objeto para esa falta. Relación al objeto del deseo, siendo el Objeto *a* su causa (alteridad). Deseo. Sentido. Valor del objeto *a*.	La TRASCENDENCIA no radica EN SER O NO SER sino en *DE OTRO MODO QUE SER* o más allá de la esencia. Salida de la soledad: trascender más allá del saber de las cosas. Trascender la identidad, el ser, la totalidad. Relación al otro (no es otro Yo mismo, sino alteridad); el sujeto también es otro para el otro. Existencia pluralista que conserva la actividad de ser. Ser en el tiempo: relación al otro, relación al porvenir, al misterio; se presenta como un imperativo. Responder a esa responsabilidad infinita e ineludible. Sentido. Valor del Otro. Deseo. *Illeidad*: la presencia de lo infinito en el otro ("él" en el "tú") Me concierne y no entra en conjunción conmigo; no es signo y se resiste al significado.

---

[29] Del francés: *il* y del *ille* latino: él.

Luego de quedar en evidencia el lugar que la alteridad ocupa en la constitución del sujeto y en su participación en el bienestar, veremos cómo introduce su idea de lo femenino.

Lo femenino en Lévinas

Sostiene que la extrañeza radical es la relación a Lo Otro, relación que da sentido y que realiza el tiempo y la posibilidad de ser (como verbo). La relación de alteridad por excelencia es para él la relación erótica –re**lación con la alteridad de lo femenino, que no se reduce a la diferencia lógica o numérica.** Nada en esta relación reduce la alteridad que se exalta en ella; la dualidad no desaparece, el otro es en ella absolutamente otro. En el Eros no hay conocimiento, posesión ni fusión. **El yo del sujeto está puesto en su virilidad devenida de la separación, sin la cual lo femenino no sería abordable; lo femenino es lo de por sí otro, la alteridad es, de algún modo, su naturaleza.** Es lo que se retira en su misterio, se sustrae a la luz, movimiento opuesto al de la conciencia.

> Todas esas alusiones a las diferencias ontológicas entre lo masculino y lo femenino parecerían menos arcaicas si en lugar de dividir la humanidad en dos géneros las significáramos como la participación de lo masculino y lo femenino propio de todo ser humano. Quizá sea ese el significado del enigmático versículo del Génesis: "hombre y mujer los creó".[30]

En relación a esta idea recomendamos el acercamiento al libro de Nicole Loraux, *Las experiencias de Tiresias. Lo masculino y lo femenino en el mundo griego*,[31] quien desarrolla exhaustivamente cómo lo femenino es el operador más complejo de los discriminantes en la Grecia antigua, operador por excelencia que permite pensar la identidad como trabajada por Lo otro.[32]

Es interesante ver cómo ingresa en el pensamiento de Lévinas la relación de la figura de Dios con la de "lo femenino", lo que sin duda no es ajeno a su dimensión religioso-hebreo-judaica.

---

[30] *Op. cit.* Lévinas, E. *Ética e infinito.* p. 64.
[31] Loraux, N. (2004). *Las experiencias de Tiresisas. Lo masculino y lo femenino en el mundo griego.* Barcelona: Acantilado.
[32] Cuando se lee a los griegos es posible pensar con categorías mucho más complejas que las antitéticas.

La figura de Dios está vinculada en la modernidad a dos dimensiones, –lo que se puede encontrar desarrollado por Rudolf Otto[33] en su libro *Lo Santo* y también, más ligado al tema que aquí nos atañe, en Francois Regnault en su libro *Dios es inconsciente*–:[34] 1) por un lado, está asociado a una figura racional omnipotente, al Dios todo, omnipresente, Ser perfecto y poderoso, incuestionable, representado por un lenguaje claro e inequívoco, más ligada a la idea de Padre, al Dios de la filosofía, al Dios Uno y Todo que crea y domina el mundo, sosteniéndolo estando por fuera de él; 2) por el otro, a ese carácter de vacío y misterio, al excedente de significación, al Dios no-todo con una relación a su vez no-toda al hombre, al estupor ante lo absolutamente heterogéneo (la nada o el vacío para Otto), a lo más irracional de la figura divina, a lo numinoso, lo incomprensible o inaprehensible, más ligado a la mística, al Dios de la religión –más específicamente al judaísmo. Estas dos dimensiones de Dios surgen del discurso científico-religioso moderno y no se puede escribir su complementariedad, tal como propone Regnault en su libro y que resultan del análisis que hace del Escolio general con el que Newton clausura la segunda edición de los *Principia Mathematica* (1713) donde vuelca sus consideraciones acerca del universo. Pueden articularse perfectamente a los dos lados que Lacan propone en sus fórmulas de la sexuación y que corresponderían, tal como propone Regnault, a la instancia *sujeto de la ciencia*, correlato del advenimiento de la división de Dios en estas dos mitades, pensable si cambiáramos la función fálica como organizadora del sistema por la de "objeto de la ciencia" –aquello de lo cual la ciencia puede dar razón y aquella de la que no puede hacerlo. Ambas consideraciones, de acuerdo a lo que va a quedar en evidencia a lo largo de todo el libro, podríamos proponerlas como el aspecto masculino y femenino de Dios.

Estamos en condiciones de decir que lo femenino o el Lado Mujer en Lacan –cultura mediante– designarían aquella posibilidad de todo hablante de vincularse al otro bajo la modalidad del no-todo, es decir, "de otro modo que ser". De esta manera quedaría vinculado lo femenino a la dirección de la cura y al objeto *a*.

Sin duda Lévinas pone a jugar la dimensión del agujero como aquello que sostiene la exsistencia devenida de la identidad, siendo Lo Otro su resto –correlato del "Hay", pleno y eterno. En este sentido el agujero sería lo que ex-siste, pudiéndose homologar su teoría a la de Lacan

---

[33] Otto, R. (1980). *Lo Santo. Lo racional y lo irracional en la idea de Dios*. Madrid: Alianza Editorial.

[34] Regnault, F. (1993). *Dios es inconsciente*. Buenos Aires: Manantial.

cuando sostiene "para que algo exista, es necesario que haya un agujero" (Ornicar, N°2 p. 103), por lo cual es el soporte de lo real.

La relación de Lévinas con el lenguaje

Si bien Lévinas sostiene que anterior a los signos verbales que conjuga, anterior a los sistemas lingüísticos y a la semántica, está la proximidad de uno a otro, es curioso que la presencia de alteridad del Dios bíblico sea mediante el habla, que el "Hay" sea un verbo, que proponga que el lenguaje es alteridad y la relación trascendente misma: invocación al otro en la que el invocado está fuera de alcance y que el lenguaje funda y da toda significación.

El lenguaje es para él la relación entre El Mismo y el Otro y revela la separación radical que impide la "reconstrucción" de la totalidad. El propio hablar no podría plantearse si no hubiera separación o esa diferencia infinita, si no nos viniera nada nuevo o ajeno; en el mundo donde impera la ley de Lo Mismo, el hombre perdería su rostro y su lenguaje. En el pensamiento de lo infinito pienso lo que *no puedo* pensar y ese pensamiento es Deseo, deseo de lo que no nos falta porque nunca se ha estado unido a ello, deseo de lo que no puede ser satisfecho, deseo de otro como otro. Cuando deseamos no nos preocupamos del ser, estamos absorbidos por lo deseable. El deseo es esta relación con lo imposible.

Maurice Blanchot, amigo intelectual de Lévinas, sostiene que este propone que la posibilidad de decir la desigualdad por medio de lo que tiende a igualar es mediante un habla con presencia de la extrañeza, que hable sin igualar, sin identificar, que no aspire al entendimiento cumplido. Un habla fuera de la oposición, de la negación y que afirme fuera de la afirmación; un habla otra que sea lo otro de toda habla, dando inicio a la significación pero sin significar nada determinado, retirándose o desviándose de ese significado que nos vemos llevados a concederle, exigiéndonos escuchar siempre, en lo que se dice, más de lo que se dice y más que todo decir. Recuperar lo otro de toda habla. Nuevamente advertimos su semejanza con Lacan, siendo que esa es la función de los neologismos semánticos y fundamentalmente de los hápax que introduce en su enseñanza: romper con la fijeza del ser, romper con la búsqueda de totalidad y de coherencia desde la que leemos.[35]

LENGUAJE en LÉVINAS

Si bien no lo ubica como precediendo al sujeto, es curioso que:

- El primer encuentro con el Otro bíblico sea mediante el habla.
- El "Hay" o existir es un verbo.
- El lenguaje es la alteridad misma y es trascendencia.
- Ubica en las lenguas el determinismo del pensamiento.

Y sostiene que:

- El lenguaje funda y da toda significación.
- Es la relación entre EL MISMO y EL OTRO, da cuenta de la separación y la invocación al otro.
- Desaparecería en un mundo donde imperase la ley de Lo Mismo.
- El pensamiento que piensa más de lo que piensa es Deseo, deseo de lo que no nos falta pues nunca se ha estado unido a ello.
- La desigualdad por medio del lenguaje que tiende a igualar se dice mediante un habla de la extrañeza que obligue a no comprender, fuera de la oposición y la negación, que no identifique. Recupera lo Otro de toda habla.

Es decir que del lado de la virilidad, Lévinas va a situar el yo, el Sí mismo o El Mismo, la afirmación, la identidad, la pasividad y del lado femenino todo lo que tenga que ver con la alteridad y el infinito, el des-ser, el deseo, lo inaprehensible, lo que del lenguaje no identifica. Pero no como un par antitético, se trata del nombre que le da —porque así opera

---

[35] Un desarrollo amplio de la función de los "neologismos" en Lacan puede leerse en Mascheroni, G.: *Los neologismos de Lacan. Una teoría en acto.* Buenos Aires: Letra Viva. Allí se presenta también la posición epistemológica de Lacan que permite el encuentro con algunos lazos lógicos necesarios para leer a otro Lacan que el que se considera continuador o ampliador de Freud, un Lacan que creemos subvierte el psicoanálisis en general, también el freudiano.

en el lenguaje y la cultura– a las distintas funciones que participan del advenimiento del sujeto, de su *ir siendo y haciendo tiempo,* y que no pueden disociarse, es decir que en este sentido, son lo masculino y lo femenino –nombres que la lengua por ahora tiene para designar esto, como dijimos, por ser fundamentalmente androcéntrica– que hay en todo hablanser.

La ontología es para Lévinas la comprensión del **verbo "ser"**; se distingue de las otras disciplinas que estudian *lo que es,* olvidando que al hablar de esos seres ya han comprendido el sentido de la palabra *ser* sin haberlo explicitado.

Luego de este mínimo desarrollo que hemos transitado por el pensamiento de Lévinas para entender el valor de lo femenino –en una teoría construida desde el dominio de una lengua distinta que no trabaja con la univocidad ni la totalidad para dar coherencia–, es que podemos ahora decir que Lacan va a forjar sus conceptos sobre lo femenino atendiendo al valor que tiene la mujer en la cultura para problematizarlos. Lacan forja conceptos a partir de instancias culturales (falo, Nombre- del- Padre, etc.) o tópicos de la filosofía (sujeto-objeto) para utilizarlos con un sentido novedoso y hasta contrario al establecido, para que aparezca un cortocircuito en el entendimiento y quede develado que son operadores cuasi universales para el sentido común, que se trata de construcciones discursivas que crean realidad y verdad.

Lo femenino está vinculado en Lévinas a la posibilidad de un buen vínculo al deseo como causa, posibilitado por la salida del sí mismo –habilitada de entrada en la constitución del sujeto. Si lo liga al infinito es porque así denomina lo que no hace identidad, lo que posibilita el movimiento y pertenece a la lógica del no-todo. ¿Será el lado femenino en Lacan el que hay que poner a funcionar en la dirección de la cura?

No estamos proponiendo que en un análisis haya que trabajar en relación a un deslizamiento infinito del significante. Todo lo contrario. Gracias a que el sistema significante no es unívoco y funciona en una estructura es que podremos leer lo medio dicho (más allá del dicho, aquí se juega lo que no hace identidad y se relaciona con el infinito como aquí lo presentamos), es que podremos escribir la fórmula que sostenía el saber que operaba y que buscaba satisfacerse, el saber mismo, que no es de nadie. De este modo podrá decirse algo sobre el objeto del deseo, única dignidad del hombre según Lacan, que aunque pueda cambiar puede circunscribirse:

De lo que se trata en el deseo, es de un objeto, no de un sujeto (...), este objeto está sobrevalorado, y es en tanto que está sobrevalorado que tiene esta función de salvar nuestra dignidad de sujetos. Es decir, hacer de nosotros otra cosa que estos sujetos sometidos al deslizamiento infinito del significante, hacer de nosotros, otra cosa que los sujetos de la palabra ese algo único, inapreciable, insustituible, a fin de cuentas, que es el verdadero punto donde podemos designar lo que llamé la *dignidad del sujeto*.

El equívoco, si quieren, que hay en el término individualidad, no consiste en que seamos algo único como cuerpo que es éste y no otro. La individualidad consiste enteramente en esta relación privilegiada en la que culminamos como sujeto en el deseo.[36]

Si, en el registro de una psicología tradicional, se suele pregonar el carácter indomeñable, infinito, del deseo humano —en el que quiere verse la marca de quién sabe qué huella divina— la experiencia del análisis, en cambio, permite enunciar la función antes bien limitada del deseo. El deseo, más que cualquier otro punto del alcance humano, encuentra en alguna parte su límite.[37]

Finalmente lo femenino será causa, objeto *a*, causa de deseo.

Bibliografía

Gimbutas, M. (1996). *El lenguaje de la Diosa*. Madrid: Grupo Editorial Asturiano.

Lacan, J. (1977): *La familia*. Clase: Los complejos familiares en patología. Buenos Aires: Homo Sapiens.

Lacan, J. (2006). *El Seminario. Libro 3*. Buenos Aires: Paidós.

Lacan, J. (2008). *El seminario. Libro 8*. Buenos Aires: Paidós.

---

[36] Lacan, J. (2008). *El seminario. Libro 8*. Buenos Aires: Paidós, pp. 198 y 199.
[37] Lacan, J. (1987). *El Seminario. Libro 11*. Buenos Aires: Paidós, p. 39.

Lacan, J. (1987). *El Seminario. Libro 11*. Buenos Aires: Paidós.

Lévinas, E. (2008). *De la existencia al existente*. Madrid: Arena Libros.

Lévinas, E. (1961). *Ética e infinito*. Madrid: Antonio Machado.

Lévinas, E. (1993). *El tiempo y el Otro*. Barcelona: Paidós Ibérica.

Lévinas, E. (2002) *Totalidad e infinito*. Salamanca: Sígueme.

Loraux, N. (2004). *Las experiencias de Tiresias. Lo masculino y lo femenino en el mundo griego*. Barcelona: Acantilado.

Mascheroni, G. (2014). *Los neologismos de Lacan. Una teoría en acto*. Buenos Aires: Letra Viva.

Rozenweig, F. (1997). *La estrella de la redención*. Salamanca: Sígueme.

Regnault, F. (1993). *Dios es inconsciente*. Buenos Aires: Manantial.

Otto, R. (1980). *Lo Santo. Lo racional y lo irracional en la idea de Dios*. Madrid: Alianza Editorial.

La mujer como Otro radical en la enseñanza de Lacan: ¿qué cuestionamiento para la totalidad y para el Uno?

Rosella Villa Pusineri y Juliana Zaratiegui

Los desarrollos de Lacan sobre la sexuación no pueden pensarse sin su contexto histórico social.[38]

Según desarrollos de Françoise Collin, en la segunda mitad del siglo XX se produce una feminización del pensamiento. En la figura de la mujer se aloja una crítica a la totalidad, al cierre, al logocentrismo, al dominio a favor del no-todo, el infinito, la apertura, el descentramiento y lo ilimitado. Se produce una pérdida de confianza en el sujeto de la modernidad, pérdida de confianza en la "virilidad". La filosofía se "hizo mujer" en las temáticas de lo no-uno, de la *différance*, del no-toda, de la alteridad radical.[39] Lo que se pregunta Collin es si la novedad no habrá consistido, en realidad, en una inversión de valores tradicionalmente afectados a la sexuación y, de ahora en más, la verdad está del lado de lo no-uno. J. Lacan participó de estos debates, como se deja traslucir en sus referencias al Movimiento de Liberación Femenina o su invocación a las mujeres a hablar en los seminarios 19,[40] 20,[41] en L'Etourdit[42] y en la conferencia de Ginebra.[43]

---

[38] Ver el artículo **"Que se diga 'lo imposible de la relación sexual', en la enseñanza de Lacan, exige una investigación histórica"** y **"La perspectiva de Lacan respecto de la mujer como figura del Otro en la cultura"** de **M. Inés Sarraillet** en el cap. 1 de este volumen.

[39] Ver Collin, F. (2006): *Praxis de la diferencia. Liberación y libertad.* Barcelona: Icaria, pp. 23-23.

[40] Lacan, J. (2012): *El Seminario, Libro 19.* Buenos Aires: Paidós. p. 59.

[41] Lacan, J. (2012): *El Seminario, Libro 20.* Buenos Aires: Paidós. p. 90.

[42] Lacan, J. (2012): en *Otros escritos.* Buenos Aires: Paidós. p. 489.

[43] Lacan, J. (1988): en *Intervenciones y textos II.* Buenos Aires: Manantial. p. 131.

Nos apoyamos en dichos planteos para salir de la recurrente encerrona de lo binario, ya que esta lógica se nos vuelve a imponer al abordar las fórmulas de la sexuación cuando se tiende a plantear, por ejemplo, que si se trata de modos de hablar, de materialidad discursiva, entonces la filosofía queda del lado hombre y el psicoanálisis del lado mujer, o Freud del lado hombre y Lacan del lado mujer, o Aristóteles del lado hombre y Platón del lado mujer. Esta lectura se encuentra absolutamente habilitada por los desarrollos de Lacan pero resulta insuficiente para establecer la dirección que propone para pensar el problema del binarismo sexual, al perderse en categorías ya existentes lo más subversivo de sus ideas.

Lo que se ha dado en llamar la crítica posmetafísica del sujeto afirma, según Collin, dos enunciados aporéticos. Por una parte, la aparición de lo femenino implica la muerte del sujeto, ya que la dualización del sujeto y del objeto es una posición fálica y, por otra parte, las mujeres sujetas quieren volverse sujetos plenos, "quieren la cabeza de lo acéfalo".[44] Unas, por las vías de la supresión de la diferencia; otras, por su exaltación.

A partir del Mayo Francés de 1968, se produce en Francia un resurgimiento del feminismo. Por un lado, apoyado en los desarrollos de Simone de Beauvoir, surge lo que se conoce como el *feminismo de la igualdad*. Esta autora sostiene que hay un segundo sexo, el cual se ve en inferioridad de condiciones respecto del primero, el masculino, en función de condiciones biológicas y culturales.[45] Como existencialista, propone que las mujeres deben tomar conciencia de sí y, para obtener su libertad, deben superar dichas condiciones y posicionarse en igualdad. Sus herederas sostienen, atravesadas por las ideas del marxismo, que la lucha por la igualdad debe ser colectiva. Apoyan la lucha de clases, en la que hombres y mujeres participan de una relación jerárquica de dominación. La diferencia sexual se disolverá en la medida que desaparezca la relación de dominación, con lo cual dará lugar a sujetos abstractos y equivalentes. Collin sostiene que esta propuesta no hace más que retomar la lógica de fin de la historia de la dialéctica progresiva hegeliano-marxista.

Paralelamente, se desarrolla otra corriente, conocida como *feminismo de la diferencia*, que surge apoyada en parte en el psicoanálisis y en la creación artística. Esta perspectiva toma el nombre de Movimiento de Liberación Femenina, en cuyas filas se alineaban analizantes y discípulas de Lacan, con quienes este último dialoga y discute en sus seminarios de

---

44 Collin, F. (2006): *Praxis de la diferencia*. Barcelona: Icaria, p. 24.
45 Ver el artículo "**La perspectiva de Lacan respecto de la mujer como figura del Otro en la cultura**" de M. Inés Sarraillet en el cap. 1 de este volumen.

los inicios de los 70. Nos interesa situar los planteos de algunas de sus referentes que fueron fuertemente rechazados por Lacan. Algunas aristas de estos desarrollos retornan hoy, afirmándose, paradójicamente, en el debate sobre las cuestiones de género dentro del campo psicoanalítico, desde la enseñanza de Lacan.[46]

El feminismo de la diferencia parte de la idea de que el discurso es *falogocéntrico*[47] y que este se ha erigido como dominante en función de la negación de una verdadera esencia femenina.

Algunas de sus exponentes son Antoinette Fouque, psicoanalista, paciente y asistente a los seminarios de Lacan, quien se opone al monismo fálico de Freud y de Lacan planteando una libido femenina, que es genital, uterina, que es libido *creandi*, en tanto la mujer embarazada como carne pensante crea el viviente-hablante. Para Fouque hay dos sexos. La mujer nace mujer.

Hélène Cixous, por su parte, apuesta a una escritura femenina que revela un imaginario desligado de la racionalidad propia de lo masculino. Este nuevo modo de expresión lingüística busca recuperar la gestualidad y el tono para transcribir la voz humana hasta hablar con el cuerpo.

Luce Irigaray, en su tesis plasmada en el libro *El espéculo de la otra mujer*, publicado en 1974, se declara abiertamente opositora a la doctrina de Lacan y ese mismo año es expulsada de la Escuela Freudiana de París.

Irigaray sostiene que lo simbólico es *falogocéntrico*, por lo tanto, determina la constitución del sujeto como sujeto masculino. Critica el modelo del estadio del espejo de Lacan y propone que la imagen femenina debe definirse a partir de un orden simbólico auténticamente femenino. Ancla a este último en un regreso a una experiencia pre-discursiva, pre-edípica, anterior a la operatoria de la ley paterna. Apela a la relación madre-hija uterina, donde los cuerpos se relacionan ilimitadamente, para el develamiento del Verdadero –podríamos agregar– Ser femenino. A partir de allí sostiene un lenguaje femenino apoyado en la morfología de los órganos

---

[46] Catherine Millot en el FILBA dio un discurso bajo el título "¿Existe la mujer?", en el que, si bien afirma que Lacan con el axioma "La mujer no existe" se oponía a un esencialismo de lo femenino, le hace una concesión a una suerte de "especificidad femenina" que exige el momento de nuestra historia. Sostiene que lo que las mujeres han conquistado a partir de los movimientos feministas está relacionado con lo que algunas expresaron de modo absolutamente personal, singular, sin preocuparse si reflejaban una imagen de la mujer que representaría a todas las mujeres. Publicado en *Página12* del 11/10/2018.

[47] Término acuñado por Derrida que ataca la supremacía de la Razón como absoluta, definitiva y masculina en relación a lo irracional, indefinido y femenino.

genitales que son múltiples. Lo femenino es lo no-uno inobjetivable de "los labios que se tocan" o del "inabarcable volumen".

Estas ideas asocian lo masculino a lo fálico, a lo Uno, a la totalización y a la instrumentalización, y lo femenino a lo infinito, lo abierto, lo no Uno, lo ilimitado.

Afirmamos que Lacan sostiene una discusión con los planteos de ambos desarrollos del feminismo, ya sea por el lado de un sujeto que no admita diferencias o por el lado del esencialismo de las diferencias. Desde esta posición abordamos el trabajo que hace este autor sobre el asunto del binarismo sexual, campo en el que se debate hoy fuertemente la problemática del ser.

Para ello nos apoyamos en algunos desarrollos presentes en *El Seminario 19* en torno a este tema. Atento a las interpretaciones que encuentran en el "No hay relación sexual" la abolición de la diferencia, J. Lacan sitúa el estatuto de dicha diferencia en el marco de sus elaboraciones:

> Es que lo importante lógicamente es esto: es que lo que yo no negaba es que ellos SE distinguen. Es un deslizamiento. Lo que yo no negaba es que SE los distingue, no son ellos quienes se distinguen.[48]

Al correr "la pequeña diferencia" como operador de la diferencia sexual, sitúa la distinción entre hombre y mujer según criterios formados bajo la dependencia del lenguaje.

Los valores sexuales, dirá, son valores recibidos en todo lenguaje. Si el hombre y la mujer son de materialidad significante, entonces no se sabrá qué es lo que son. Esta bipolaridad de valores apoyada en lo que se dice "natural", haciendo incluso de la castración algo de ese orden, ha sostenido lo sexual.

Reubicando hombre y mujer en la lógica significante, el autor realiza un tratamiento lógico del problema de la bipolaridad sexual; y dada la necesidad de pensar el Uno y lo Otro para estos efectos, abreva en el diálogo *Parménides* de Platón. Según la lectura de Lacan, allí se podrá encontrar, de una manera vanguardista, ya establecido y, llevado hasta el final, el uso que se hace del Uno en psicoanálisis dada la necesidad lógica de separar "severamente" el Uno del Ser.

Para tal fin será necesario tomar apoyo en el Otro:

---

[48] Lacan, J. (2012): *El Seminario. Libro 19.* Buenos Aires: Paidós, p. 16.

> Una mujer… no suspira por el Uno, siendo del Otro, para tomar los
> términos del Parménides.[49]

La mujer es del Otro, afirma Lacan, y, para localizar la especificidad de
tal Otro, seguimos la indicación del *Seminario 2*:

> El Otro en su forma radical (…) Relación de alteridad fundamental. En
> la función de la palabra de quien se trata es del Otro. Fue en el Parménides
> donde la cuestión del Uno y el Otro fue enfocada de modo más riguroso y
> sostenido.[50]

> Comienzo por el Otro radical, el de la octava o novena hipótesis del
> Parménides.[51]

Entonces encontraremos en la octava hipótesis desarrollada en el tra-
mo final del diálogo de Platón la clave para establecer la especificidad de
lo Otro.

La 8° Hipótesis dice:

> Digamos aún, si lo uno no es, que afecciones deben seguirse para las
> otras cosas.[52]

Veamos ahora las consecuencias que se derivan de esta hipótesis: lo
otro que será otro recíprocamente, no otro de lo uno ya que el uno no es,
será otro que cada uno en tanto pluralidad, pues en unidades no podrían
serlo dado que lo uno no es. Será ilimitado en pluralidad y aparecerá
instantáneamente múltiple en lugar del uno que parecería ser. Así pues,
si lo uno no es, pero lo otro que lo uno son, cada una de las otras cosas
deberá aparecer ilimitada y teniendo límite, una y múltiple. Semejante y
desemejante.

La metafísica de los sexos establece que hay un sexo y el otro lo com-
plementa. Los movimientos feministas, como contrapartida, sostienen de
una u otra manera la existencia de otro sexo. O por características particulares provenientes de la cultura y la biología, que son superables en
torno a la igualdad, o por la afirmación de una verdadera esencia o ser
femenino apoyada en lo no-uno, el infinito, lo múltiple, etc.

---

[49] Lacan, J. (2012): *Otros escritos*. Buenos Aires: Paidós, p. 575.
[50] Lacan, J. (2008): *El Seminario. Libro 2*. Buenos Aires: Paidós, p. 355.
[51] *Ibid.*, p. 474
[52] Platón (2000): *Parménides* en *Diálogos*, Libro V. Madrid: Gredos, p. 127.

Se podrá leer en Lacan, desde su lectura del *Parménides*, el rechazo tanto a la postura metafísica como a la de los feminismos en las vertientes antes situadas.

A nuestro modo de ver, Lacan plantea Otro modo de pensar a la mujer como Otro. El Otro es un **entre** donde se articula una potencialidad de *Otroplantear*, entre centro y ausencia:

> El Otro, no por nada tengo que tomar apoyo en él. El Otro, óiganlo bien, es entonces un **entre**, el "entre" del que se trata en la relación sexual, pero desplazado y justamente por Otro-plantear.[53] Por "Otroplantear", es curioso que al plantear este Otro, no concierne más que la mujer. Es ella quien, por esta figura del Otro nos da la ilustración a nuestro alcance, por ser como lo ha escrito un poeta, "entre centro y ausencia". Entre el sentido que ella toma en lo que denominé este "al-menos-uno" en el que ella sólo lo encuentra en el estado de lo que les anuncié —anuncié, no más— por no ser más que pura existencia.[54]

La mujer como entre, como múltiple pero limitada, como no-una pero al-menos-una.

En la actualidad hay autores tales como la ya citada Françoise Collin, Barbara Cassin, Nicole Loraux, entre otros, que han abrevado en la enseñanza de Lacan pero que, a la vez, con sus desarrollos arrojan luz sobre la orientación que intentamos sostener para la interpretación de las ideas de dicho autor sobre la sexuación.

Recordemos que los desarrollos de dichas autoras provienen de la reflexión sobre las consecuencias del sostenimiento de ideas en términos universales que vieron su expresión en los totalitarismos. Desde diferentes perspectivas, sus propuestas rechazan los binarismos que alimentan tanto la totalidad/universalidad, que excluye y discrimina, como el individualismo esencialista.

---

[53] Tanto en la versión de Paidós como en la traducción crítica realizada por Ricardo Rodríguez Ponte (disponible en www.lacanterafreudiana.com.ar), figura Otro-plantearse como traducción de Autre – poser (cf. Lacan, J.: *Le Seminaire, Livre 19.* p. en staferla. free.fr). Proponemos como otra posible traducción al español: Otro- plantear; en primer lugar, no vemos justificado el pasaje del verbo en francés *poser* al pronominal *plantearse,* ya que la frase no lo exige gramaticalmente y, a su vez, pensamos que Otro- plantear es más coherente con el planteo de Lacan sobre el Otro como entre. En Otro-plantearse, el sentido se desliza hacia que alguien *se* plantearía Otro, Otro- plantear subraya un sentido impersonal que se corresponde mejor con el planteo de Lacan sobre el Otro como el lenguaje funcionando más allá de quien lo hable, tal como lo propone en el Seminario 2.
[54] Lacan, J. (2012): *El Seminario. Libro 19.* Buenos Aires: Paidós, p. 118.

En relación a las lenguas, Cassin, apoyada en Lacan, sostiene "ni glo-bish (global english, lengua de comunicación y servicio, que desestima políticamente las lenguas de cultura),[55] ni nacionalismo ontológico, sa-cralización de la intraducibilidad y la jerarquía de lenguas clasificadas según su proximidad al ser y su capacidad de pensar, de pensar por "noso-tros", un singular que sirve para definir un universal "auténtico", al modo en que Heidegger piensa el griego y, más aún, el alemán, más griego que el griego.[56]

Desde esta plataforma piensa el problema del género como "permea-bilidad de los géneros". Tal como lo resume Penélope Deutcher,[57] para Cassin, mujer es una palabra, un nombre, una designación; es la acción de las palabras que son usadas, por estas mismas razones no puede ser una designación precisa. Mujer ha sido asociado largamente con lo infinito, pero este infinito es una formación lo suficientemente histórica y discur-siva como para ser rechazada. Desde esta posición, la autora contradice cualquier "asignación de esencia". Sitúa a la mujer como un sexo plástico, como un género que es mezcla de géneros. Si la mujer es nombrada, es nombrada como inconstante, como múltiple, como siempre la misma y su contrario pero nunca como algo que puede ser o llegar a ser. El lugar de esta plasticidad es el de la conjunción a la vez que el de la fractura.

Para Cassin, Helena de Troya es un emblema de la performatividad del discurso, de su multiplicidad y de su plasticidad. Helena para considerar la relación entre mujer y palabra, diferencia sexual y lenguaje. Helena se produce como efecto del entrecruzamiento de textos, de textos que a su vez son textos de textos. Culpable e inocente, madre y puta, espartana y troyana, seductora y seducida, raptada y fugitiva, simple y exquisita; duplicada en su genealogía: semi-diosa, semi-mujer, bígama con sus dos maridos (Paris y Menelao). Helena como emblema de todas las mujeres, figura del "eterno femenino": hija pequeña, madre, amante, puta, burgue-sa, reina, mucama. Todas las edades, todos los vicios, todas las virtudes.

---

[55] En un documental recientemente aparecido en Netflix sobre el feminismo, se ve reflejado el problema al que se han enfrentado las mujeres negras en la lucha por sus derechos. En los grupos de negros eran silenciados los reclamos por los derechos de la mujer y en los grupos feministas eran silenciados sus reclamos por sus derechos respecto del racismo, en ambos casos bajo el mismo argumento: la diferencia debilitaba la lucha.

[56] Cassin, Barbara (2014): *Philosopher en langues. Les intraduisibles en traduction*. París: Rue d'Ulm/Presses de l'École normale superior, p. 13.

[57] Deutcher, P. (2012): "'Mais s'il y en a': Helen and Helen again" en *Les pluriels de Barbara Cassin*. París: Le bord de l'eau, pp. 91-92.

Helena como significante flotante para decir en todas las mujeres todo lo que es una mujer. No importa qué de la mujer en no importa cuál mujer.[58]

Tal como afirma Deustcher, ser como Helena, para Cassin, no significa compartir un set de cualidades, sino ser la posibilidad de todas las posibilidades y sus contrarios. La mujer como género mezclado.

Françoise Collin, por su parte, plantea que definir a los diferentes oponiendo de manera dual lo uno de lo no-uno de las mujeres es recaer en una cierta metafísica de los sexos (en la que esta autora ubica los desarrollos de Freud). Como alternativa, propone que:

> Toda proposición acerca de lo que es un hombre y de lo que es una mujer debe entenderse, sin duda, como un acto de lenguaje, como acto performativo o dialogal que transforma las posiciones de quienes hablan y de aquello de lo que hablan. En todo enunciado se halla, en suspenso (en *suffrance*) y en tela de juicio, lo que quiere decir hombre y lo que quiere decir mujer.[59]

Respecto de las posiciones del feminismo de los años 70, que hoy pueden verse recicladas en el movimiento Me too o en la respuesta de las francesas encabezada por Catherine Deneuve, Collin sitúa que en el primer caso, hombres y mujeres no quieren ya decir nada y, en el segundo, hombre y mujer quieren decir todo. Frente a esta controversia, propone pensar un menos que todo y un más que nada.

Apela, apoyada en Hannah Arendt, a un actuar que se produce en un espacio dialogal, que es un co-actuar en el que no puede afirmarse nunca ni que no hay diferencia entre los sexos ni que hay una diferencia infranqueable; se afirma, por el contario, que no hay diferencia y que hay una diferencia, simultánea e indistintamente. Es así como para esta autora se sale de la metafísica de los sexos. Afirma:

---

[58] Cassin, B. (2000): *Voir Hélene en toute femme*. París: Sanofi-Synthélabo, p. 146.
[59] Collin, F. (1993): "Diferencia y diferendo: La cuestión de las mujeres en filosofía" en *Historia de las mujeres en el siglo XX* de Duby y Perrot. Madrid: Santillana, p.354.

> La diferencia de los sexos no es, pues, representable (…) La diferencia
> de los sexos es la puesta en acto de un diferendo en el que el entendimiento
> (*entente* que en francés también es escucha) integra el malentendido. [60]

Piensa un dos no dualizable que se evidencia en las siguientes citas:

> (…) no hay deconstrucción en la que no despunte la construcción, no
> hay borramiento en el que no resista la afirmación, no como un desdichado
> residuo de lo que está llamado a desaparecer, sino como co-constitutivo de
> lo que es. (…) no hay femenino que no se articule con lo fálico aún cuando
> lo fálico se encuentra tachado por lo que se denomina lo femenino.[61]

Nicole Loraux estudia la relación del hombre griego y lo femenino en
la epopeya. Sitúa lo femenino como operador de la diferencia.

> Lo femenino es el más complejo de los discriminantes, el operador que,
> por excelencia, permite pensar la identidad como trabajada por el otro.
> Cosa que significa que cuando se lee a los griegos, es preciso proceder a
> operaciones de pensamiento infinitamente más complejas que la verifica-
> ción repetitiva de una tabla de categorías antitéticas.[62]

Loraux se remonta a la epopeya para dar cuenta de que la mezcla era
una cuestión griega, y que dicha mezcla no puede interpretarse en clave
de una repartición binaria.

Nos parece que estas autoras siguen una orientación que está presente
en Lacan desde el inicio de su enseñanza y que se reactualiza en los años
70 a partir del resurgimiento del feminismo. Y, a su vez, nos aportan desde la praxis política y la logología herramientas que nos resultan de gran
valor para pensar problemas contemporáneos en relación al género y más
allá, tan necesarias para empujar al psicoanálisis hacia el porvenir.

Para concluir, una cita de Lacan de l'Etourdit resulta elocuente:

> Lo que llaman el sexo (y aun el segundo, cuando es una necia) es propia-
> mente, por fundarse en *notoda*, el *Eteron* que no puede saciarse de universo.

---

[60] Collin, F. (1992): "Praxis de la différence. Notes sur le tragique du sujet", en Provenances
de la pensé. Femmes/Philosophie. *Les Cahiers du Grif* 46 (1992). Pp. 125-141. Traducción
al español de María Isabel Santa Cruz disponible en www.derechoshumanos.unlp.edu.ar.
p.15.
[61] *Ibid.*, p. 16
[62] Loraux, N. (2004): *Las experiencias de Tiresias (lo masculino y lo femenino en el mundo
griego)*. Barcelona: Acantilado.

> Llamemos heterosexual, por definición, a lo que gusta de las mujeres, cualquiera sea su propio sexo. Así será más claro.
>
> Dije: gustar de, no: estar prometido a ellas por una relación que no hay. Hasta es lo que implica lo insaciable del amor, que se explica con esta premisa.
>
> Que haya sido necesario el discurso analítico para que esto llegue a decirse, muestra claramente que no en todo discurso viene un decir a ex-sistir.
>
> Debe darse inicio a la lógica del *Eteros*, siendo notable que es donde desemboca el *Parménides* a partir de la incompatibilidad del Uno con el Ser.[63]

Sostenemos que Lacan advierte al feminismo que se desplegaba en sus filas del riesgo de que sus ideas recaigan en un Universal y se dedica a hacerlo desconsistir proponiendo a la mujer que no existe como una posición discursiva que introduce un héteros que impide caer en otro Universal, o en un singular esencialista. Un héteros que no hace dos.

Bibliografía

Cassin, B. (2000). *Voir Hélene en toute femme*. París: Sanofi-Synthélabo.

Cassin, B. (2011). "La permeabilité des genres. Femme/philosophie, une identité estratégique". *Revue des femmes Philosophes*. Nro. 1. París: UNESCO.

Cassin, Barbara (2014). *Philosopher en langues. Les intraduisibles en traduction*. París: Rue d'Ulm/Presses de l'École normale superior.

Cevasco, R. (2010). *La discordancia de los sexos*. Buenos Aires: S &P.

Chaperon, S. (2014). "Antoinette Fouque. Une féminologue". *Hermes, La Revue*. Vol.3, nro. 70.

Collin, F. (1992). "Praxis de la différence. Notes sur le tragique du sujet, en Provenances de la pensé". Femmes/Philosophie. *Les Cahiers du Grif*

---

[63] Lacan, J. (2012): "El Atolondradicho". *Otros Escritos*. Buenos Aires: Paidós, p. 491.

46 (1992). Traducción al español de María Isabel Santa Cruz disponible en www.derechoshumanos.unlp.edu.ar.

Collin, F. (1993). "Diferencia y diferendo: La cuestión de las mujeres en filosofía" en *Historia de las mujeres en el siglo XX* de Duby y Perrot. Madrid: Santillana.

Collin, F. (2006). *Praxis de la diferencia*. Barcelona: Icaria.

Collin, F. (2010). "Des lumieres a la 'Queer Theory' en France. Ou de l'individu au trans-genre". *Revista de Investigaciones feministas*, vol 1.

Deutcher, P. (2012). "'Mais s'il y en a': Helen and Helen again" en *Les pluriels de Barbara Cassin*. París: Le bord de l'eau.

Fedullo, L. (2011). "Breve introducción a la (in)diferencia sexual en psicoanálisis desde Luce Irigaray. La diferencia en la organización libidinal de los estados preedípicos." *Rev. Temas de mujeres*. Año 7 nro.7.

Irigaray, L. (2007). *El espéculo de la otra mujer*. Madrid: Akal.

Lacan, J. (2012). *El Seminario. Libro 19*. Buenos Aires: Paidós.

Lacan, J. (2012). *El Seminario. Libro 20*. Buenos Aires: Paidós.

Lacan, J. (1988). Conferencia en Ginebra. *Inervenciones y textos II*. Buenos Aires: Manantial.

Lacan, J. (2012). "El atolondradicho". *Otros escritos*. Buenos Aires: Paidós.

Loraux, N. (2004). *Las experiencias de Tiresias (lo masculino y lo femenino en el mundo griego)*. Barcelona: Acantilado.

Platón (2000). *Parménides* en *Diálogos*, Libro V. Madrid: Gredos.

Posada Kubissa, L. (2006). "Diferencia, identidad y feminismo: una aproximación al pensamiento de Luce Irigaray". *Rev. LOGOS. Anales del seminario de metafísica*. Vol. 39.

Schutte, O. (1989). *Irigaray y el problema de la subjetividad*. Trad. María Luisa Femenías disponible en http://wwww.hiparquia.fahce.edu.ar/numeros/voliii/Irigaray-y-el-problema-de-la-subjetividad

De la anatomía como destino al sexo como diferencia radical

Análisis de la argumentación de Lacan sobre la *realidad sexual del inconsciente*

Haydée Montesano

Introducción

Podemos acordar que, a pesar de lo que se tiende a sostener desde el sentido común en psicoanálisis, la expresión "enseñanza-de-Lacan" puede constituirse en un sintagma que articula la posibilidad de subvertir la conceptualización de la tradición freudiana. En este sentido, "enseñanza-de-Lacan" opera desprendida de las intenciones, las vacilaciones y los cálculos políticos de la persona del Dr. Lacan respecto de la institución psicoanálisis. Esto brinda la posibilidad de despejar en las investigaciones el efecto de cierta metodología presente en su obra, que aunque parece retomar los mismos términos acuñados por Freud, los reformula desde un paradigma epistemológico que trabaja en dirección contraria, en tanto es construida como tal por la lógica del paradigma. Desde esta posición epistemológica, se puede concluir que no proponer otras designaciones en reemplazo de las que ya configuraban la teoría del psicoanálisis es una apuesta a trabajar con la idea de estructura –en los términos específicos de la enseñanza-de-Lacan– en la medida de sostener la condición *significante* que, en tanto tal, no significa nada. Leemos esta afirmación en la línea de no suponer cierto objeto prelingüístico que deba ser significado como *ya dado* y que por esta condición admita enfoques diferentes; tal como se supondría ante algo que es en *sí mismo* y por lo tanto sería posible otorgarle diversas significaciones, según el *punto de vista.*

Explicitada brevemente la concepción sobre el método de investigación y amparándonos en ese criterio, se plantea este trabajo con el propósito de organizar, desde la lectura de unos párrafos puntuales de la clase del 29 de abril de 1964 del seminario 11 de Lacan, la subversión de uno de los temas más relevantes del campo del psicoanálisis.

El punto específico a investigar es la construcción teórica respecto de un sesgo de la sexualidad que se sostiene desde la enseñanza de Lacan, en la necesidad de distinguirla de lo planteado por Freud.

Si bien el tema en cuestión ha sido abordado y desarrollado en distintos momentos de la obra de Freud y de Lacan, en esta ocasión nos remitimos puntualmente a los párrafos ya mencionados, que permiten pensarlo desde la complejidad de la existencia del inconsciente y de la noción de pulsión, ligados a un valor particular de la realidad, según opera en esta articulación.

La realidad sexual del inconsciente

En el marco del seminario 11, a instancias del recorrido de lo que se establece como conceptos fundamentales y puntualmente como parte del proceso de deconstrucción del concepto de transferencia, surge una primera formulación: "La transferencia es la puesta en acto de la realidad del inconsciente".[1] Unos párrafos más adelante, Lacan agrega que la realidad del inconsciente sería realidad sexual, indicando que Freud ha subrayado como "consustancial" la dimensión del inconsciente con la sexualidad.

Previo a desarrollar la fórmula planteada, al modo de una salvedad, indica que esta propuesta resulta problemática respecto del eje de su enseñanza, en lo que respecta al *inconsciente estructurado como un lenguaje*. El modo en que presenta esta afirmación es planteando al inconsciente como la derivación de los efectos de la *palabra* en la determinación del sujeto, en tanto "dimensión" donde el sujeto se determina.

En este punto considero fundamental despejar la acepción con la que habrá que considerar "palabra". Según se puede leer en el sitio staferla,[2] el término utilizado es *parole*, que admite tanto "palabra" como "habla". Tomando en cuenta que en nuestro texto de referencia alude al campo de determinación del sujeto, en el sentido de la condición que nos lleva a sostener la hipótesis de existencia de sujeto del inconsciente, se trata entonces de *habla*. De este modo queda claro que la determinación en juego es de *existencia* y, a su vez, aludir al *habla* nos exime de confundir con la palabra en la vertiente que la identifica como elemento del léxico. Esto será de gran importancia para sostener el desarrollo posterior de este escrito cuando se aborde la inexistencia de contenidos en el inconsciente.

---

[1] Lacan, J. (1993). *El Seminario. Libro 11*. Buenos Aires, Paidós, p.155.

[2] Staferla.free.fr es un sitio en Internet en el que se encuentran los seminarios dictados por Lacan en su idioma original, desgrabados sin traducción ni edición.

Por otra parte y siguiendo la lógica del texto de referencia, priorizar este aspecto es organizar la fórmula central de esta investigación en el eje de la "aprehensión del inconsciente" en tanto ligado a una realidad que es la de la constitución del sujeto. Si acentúa ese punto de partida es porque ya se anticipa lo que luego en el desarrollo de la clase plantea explícitamente: el significante como condición lógica; por lo tanto, entiendo que es aquello que no podemos perder de vista en todo el avance del desarrollo.

Una vez establecido el criterio con el que se define al inconsciente, pasemos a situar bajo qué estatuto ingresa la sexualidad, en tanto se la plantea como la realidad del inconsciente; a lo que se agrega una afirmación de Lacan que dice sobre esta realidad del inconsciente como realidad sexual que es una "verdad insostenible".[3] No conforme con esta afirmación, luego de señalar que "Freud lo recalca empecinadamente", remata con la pregunta "¿Por qué es una realidad insostenible?"[4]. Me interesa dejar planteada esta cuestión para retomarla al momento de las conclusiones, tanto en la vertiente de lo "insostenible", como así también el pasaje de "verdad" a "realidad".

La vía por la que inicia Lacan su indagación sobre la relación inconsciente-sexualidad –articulada en el término realidad– es la de plantear el alcance del conocimiento sobre el sexo en los tiempos en los que Freud formula la noción de inconsciente, señalando el progreso sobre esta materia generado en años posteriores. Al respecto, comenta que toda esa información justamente no ha estado presente desde siempre y, a la hora de indicar el lugar que este conocimiento podría tener en nosotros, la sitúa en el campo de "nuestra imaginería".[5]

Por otra parte, el dato rescatado es aquel que refiere a la división sexual –predominante en los seres vivos– que se constituye en la condición de continuidad del ser de cada especie. En este sentido, la subsistencia del ser de la especie se sostiene en cada individuo. Esta perpetuación implica que cada individuo está destinado a morir en el pasaje sucesorio, por lo tanto se plantea un lazo inevitable entre el sexo y la muerte.

A su vez, la división sexual para garantizar la continuidad de la especie implica la copulación entre los dos polos formulados en la división

---

[3] Lacan, J. (1993). *El seminario. Libro 11.* Buenos Aires, Paidós, p. 156.
[4] *Idem.*
[5] *Idem.*

que, tal como lo dice Lacan: "la tradición secular se empeña en caracterizar como polo macho y polo hembra",[6] esta división es soporte de la reproducción.

En torno a esto, que Lacan designa como "esta realidad fundamental",[7] se ordenan características secundarias que tienden a quedar agrupadas acompañando la finalidad reproductiva.

En este punto, luego de la presentación de estos argumentos, Lacan dice como al pasar que en el registro biológico la diferenciación sexual se asocia a las características y funciones sexuales secundarias.

Esta indicación, dicha así, como de paso, presenta un interés fundamental, dado que despeja cualquier vacilación que podría plantearse en lo que venía afirmándose en el texto previamente. Introducir la vertiente del registro biológico en el tema de la diferenciación sexual permite establecer con claridad que, hasta ese punto del desarrollo en la clase citada, la biología no operaba como campo de referencia; por lo tanto, el conjunto de lo dicho queda más articulado a otros discursos, por ejemplo la cuestión ontológica y la alusión a la "tradición secular".

Esta interpretación del texto se avala en lo que Lacan plantea a continuación, en la vía de introducir desde la figura del "estructuralismo moderno" –claramente aludiendo a *Las estructuras elementales del parentesco* de Lévi-Strauss– el juego de alianzas e intercambios ligados a la diferenciación sexual. Este planteo es presentado en oposición a la idea de la generación natural o del linaje biológico, por lo tanto es bajo el régimen del significante en su operatoria de término diferencial.

Esta formulación permite situar algunas derivaciones; por ejemplo, si el linaje no es biológico implica que la sucesión no se apoya en la naturaleza que ordena la genealogía desde una primera camada de individuos que sostienen en la continuidad biológica la aparición de la segunda camada de individuos y así sucesivamente. Todo indica que se trata de la combinatoria específica de la noción de estructura, lo cual propicia una legalidad que inscribe los modos genealógicos de una descendencia.

A su vez, otra consecuencia es que si aceptamos que la estructura es el lenguaje y que de esta concepción se deriva la noción de inconsciente, estamos considerando al inconsciente vaciado de contenidos, ya que se trata de una combinatoria de significantes, en la cual cada uno vale por oposición a los otros. Esto plantea una contradicción con la idea del

---

[6] *Idem.*

[7] *Idem.*

inconsciente freudiano que incluiría como elemento al *falo* y su contrapunto *castración*.

Dicho esto, es momento de retomar el otro asunto en cuestión, la idea del ser de una especie que se garantiza y expresa desde el individuo.

Podríamos suponer que ya con lo precedente respecto de la estructura elemental del parentesco la cuestión queda saldada, en la medida de no equiparar al estructuralismo con una ontología –equívoco en el que se sumió Umberto Eco en su libro *La estructura ausente*. Sin embargo, importa explicitar que desde el discurso del psicoanálisis y la concepción de estructura que sostenemos, no habría en juego ninguna transmisión del ser de una especie; es más, pondremos en cuestión la posibilidad de siquiera suponer que el psicoanálisis maneje como categoría teórica la idea de especie y por lo tanto de individuo.

Para despejar esto último, nos vamos a remitir a un conjunto de consideraciones tomadas de la última clase del seminario internacional que dictó Alfredo Eidelsztein en el año 2017.[8]

Pérdida de la vida y pérdida del ser

El recorte que tomaremos de la clase de referencia es la subversión que se produce al plantear la pulsión de muerte rectificando el planteo freudiano sobre la pulsión en general y fundamentalmente en la vertiente de pulsión de vida.

La vía teórica que se propone allí es retomar el *mito de la laminilla* en tanto argumento crítico y contrario al escrito de Freud *Pulsiones y destino de pulsión*.[9]

Tal como lo propone Eidelsztein, el *mito de la laminilla* es la maniobra de Lacan para responder a la concepción freudiana de la libido en términos energéticos, proponiendo en su lugar a la libido como un órgano, tanto en el sentido del órgano como instrumento como en el de un órgano en cuanto parte de un organismo. Sin embargo, veremos que se trata de un órgano imposible, dado que su condición es la de superficie, por

---

[8] Seminario internacional *Ciencia y psicoanálisis*; clase 17. Dictado por Alfredo Eidelsztein en 2017. Inédito

[9] Freud, S. (2007). "Pulsiones y destino de pulsión" en *Obras Completas*, tomo XIV. Buenos Aires: Amorrortu.

lo tanto se caracteriza por ser bidimensional y no se corresponde con la espacialidad tridimensional propia de un organismo.

Tomo una cita de la clase de Alfredo Eidelsztein que nos ofrece una síntesis de suma claridad:

> En los seres de reproducción sexuada, que es nuestro caso, el puro instinto de vida es aquello que como tal se pierde por nuestra condición sexuada. La libido es la laminilla, que es el puro instinto de vida, o sea la vida que no está en ningún órgano, que se pierde por nuestra condición biológica.[10]

A partir de esta cita, vemos cómo se puede retomar parte del planteo de la primera sección de este trabajo, en la que quedó establecida la cuestión de la división sexual y el lazo sexualidad-muerte, pero ahora incluimos la condición que esto imprime: la pérdida de la vida.

En el recorrido que realiza Eidelsztein para sostener estos argumentos pasa necesariamente por la noción de pulsión de vida tal como se sigue concibiendo en el psicoanálisis.

La primera afirmación es justamente que en Freud la pulsión tiene soporte en la biología, es una fisiología y no un instinto. La justificación de esta afirmación está presente en la propia definición freudiana: "un concepto fronterizo que sitúa a la pulsión como la exigencia de trabajo de lo somático sobre lo psíquico",[11] a lo que se agrega que está destinada –la pulsión– a carecer de inscripción psíquica.

A partir de estas primeras aproximaciones, ya resulta posible situar –tal como se anticipó– la constitución de los dos paradigmas teóricos diferentes y sus lógicas correspondientes. Por esta razón podemos calcular que frente a cada concepto se plantea la necesidad de responder lo que se diagnostica como problema teórico, de lo que surge el desarrollo de argumentos que se contraponen. Para este caso puntual, la resolución de esta forma de concebir la pulsión que propone Eidelsztein es la articulación del ser viviente –que tal como él lo señala equivale a la noción de individuo– y el sujeto efecto del significante.

La articulación es la condición paradojal que se genera a partir de la noción de "ser viviente" que pierde la vida y en tanto el sujeto en el individuo pierde la vida se inscribe con una connotación negativa.

---

[10] Eidelsztein, A. (2017). Seminario *Ciencia y psicoanálisis*, clase 17. Inédito.
[11] Freud, S. (2007). "Pulsiones y destino de pulsión" en *Obras Completas* tomo XIV. Buenos Aires, Amorrortu, p. 117.

A su vez, esto se articula con la condición de advenimiento del sujeto en el campo del Otro por vía del significante, lo que implica la pérdida del ser de sujeto; de allí su escritura como sujeto barrado. Es en ese sentido que se articula el sujeto dividido al ser viviente en tanto y justamente en su condición mortal.

De esta configuración, se instituye un producto, ya que en la medida que del lado del ser viviente o individuo se ha perdido la vida, surgen los objetos "a" que representan esa pérdida de vida pero siempre articulada a la condición de sujeto en tanto se ha perdido el ser.

Por otra parte, habrá que considerar que la idea de pérdida en juego podría hacernos suponer que se trata de una existencia fehaciente que se ha perdido en el origen, como algo que estuvo y se perdió. En verdad, lo que está en juego aquí es que lo perdido es el origen mismo, por eso la condición de mito para la laminilla por parte de Lacan y el desarrollo de Eidelsztein[12] sobre el Big Bang del lenguaje y el Otro en un sentido más abarcativo.

Algunas consideraciones sobre el valor del término *realidad*

Si bien *realidad* no resulta ser el término central en nuestra investigación, de alguna manera tiene cierto peso en la consideración de la sintaxis de la frase que puso en movimiento estos desarrollos: "la realidad sexual del inconsciente". Trataremos de pensar un valor específico del término, valor entendido en el sentido lingüístico, por lo tanto en relación a los otros significantes y al lugar que ocupa en el orden de la oración, que es otra forma de plantear cómo entendemos la condición sintáctica.

Esta manera de abordar la cuestión en juego se corresponde con el criterio anticipado en la introducción, en tanto no trabajamos con la idea de términos que valgan por sí mismos, como existencias prelingüísticas.

La frase está construida como un enunciado que se sostiene en última instancia en el término "inconsciente", ya que se presenta la condición de su "realidad" caracterizada como "sexual". A su vez, aun sin adentrarnos en el concepto de transferencia, debemos agregar que nuestra frase es

---

[12] Eidelsztein, A. (2018). *El origen del sujeto en psicoanálisis. Del Big Bang del lenguaje y el discurso.* Buenos Aires: Letra Viva.

presentada en el seminario como una cierta definición de dicha noción. Por lo tanto, si "la transferencia es la puesta en acto de la *realidad sexual del inconsciente*", se trata de un tener lugar en el dispositivo analítico, entendido en sus dos posiciones: *analizante-analista* del inconsciente.

Solo con recapitular otros postulados planteados en el seminario de referencia, nos alcanza para recordar al menos dos puntos de interés. El primero es que la transferencia no es repetición de imagos parentales que se proyectan sobre la figura del analista. El segundo punto es establecer el estatus ético del inconsciente, como oposición a un estatus óntico; unos párrafos previos a esta afirmación, Lacan descarta la condición ontológica del inconsciente argumentando que no se trata de ser o no ser, sino de "no realizado".[13]

Si ponemos en relación los dos puntos referidos, podemos proponer que el término *realidad* inscribe cierta condición de la ética, en tanto capacidad de pasar de lo *no realizado* a lo *realizado*; en ese sentido, una forma de leer el término *realidad* es de aquello que se realiza. Por lo tanto, se trata del dispositivo de discurso en el que se hace posible en la relación transferencial cierta realización del inconsciente pulsátil, el de la apertura y cierre que propone Lacan en este contexto.

Conclusiones

La intención de este trabajo ha sido organizar una secuencia en la cual, partiendo de la expresión que puso en relación al inconsciente con la sexualidad, en la mediación del término "realidad", en tanto la realidad del inconsciente es presentada como realidad sexual, nos resultara posible traer a consideración esa articulación específica, efecto del discurso del psicoanálisis.

En la primera parte de este trabajo llegamos a la conclusión de que la consideración de la sexualidad en el formato de una división macho/hembra se inscribe en una "tradición secular" y, por lo tanto, no se apoya en determinismos esenciales de origen biológico que configurarían al inconsciente como una representación fantasmal de lo que siempre arrastra un núcleo intraducible. Por el contrario, según pudimos establecer, dicha tradición secular es efecto de la preexistencia del significante operando como combinatoria estructural que habilita la construcción de

---

[13] Lacan, J. (1993). *El Seminario. Libro 11.* Buenos Aires, Paidós, p. 38.

oposiciones desde la pura diferencia, lógica que no permite considerar "contenidos" en el inconsciente estructurado como un lenguaje. Sin embargo, también en psicoanálisis persevera una tradición freudiana, la que continúa sosteniendo, primero, la idea de un inconsciente con contenidos y segundo, que en dichos contenidos se localiza el par: falo/castrado.

En continuidad con lo antedicho, podemos retomar lo que dejamos pendiente, respecto de la cuestión de lo insostenible de la verdad de la realidad sexual del inconsciente y de por qué esa realidad es insostenible, junto a lo señalado como el pasaje de "verdad" a "realidad" en términos de insostenible. Al respecto, y sin que esta primera aproximación clausure la posibilidad de retomar el tema en otra investigación, se podría plantear que dicha verdad no se sostiene en algún saber sobre el sexo; y a su vez, esa realidad no se sostiene en alguna ontología, sino que siempre depende de *realizarse*, tal como fue propuesto en el ítem que abordó el problema de la realidad.

En general, los desarrollos hasta aquí presentados –y fundamentalmente en el tercer ítem– bien pueden constituirse en parte de los argumentos para abrir un debate fundamental en el seno del psicoanálisis; me refiero a poner en cuestión lo aceptado desde el sentido común que se sostiene en nuestro ámbito. Se trata de seguir sosteniendo el paradigma freudiano que trabaja desde la condición biológica como fundamento y, tal como sucede con los paradigmas, se pone en marcha una lógica que determina toda la concepción teórica y conceptual. De manera específica en este trabajo se planteó ese efecto sobre el concepto de pulsión, que marca como orientación el punto de partida biológico y luego, desde allí, se determina lo social.

Será entonces nuestro desafío proponer otro paradigma que logre invertir esa lógica, tanto en los efectos de sostener una clínica que se orienta en ese sentido, como así también en el lugar en el que proponemos al discurso del psicoanálisis respecto de los temas que hoy exigen un posicionamiento; sean los discursos de género o las nuevas parentalidades, el aporte del psicoanálisis no podría pasar por seguir pensando desde categorías teóricas que nos posicionan como relatores de la subjetividad en términos de epifenómeno de un determinismo biológico.

Tal vez debamos comprometer la posición ética respecto de asumir una epistemología que dé cuenta de la noción de sujeto que subvierte la concepción del individuo.

Bibliografía

Eidelsztein, A. (2017). Seminario internacional *Ciencia y psicoanálisis*. Inédito.

Eidelsztein, A. (2018). *El origen del sujeto en psicoanálisis. Del Big Bang del lenguaje y el discurso*. Buenos Aires, Letra Viva.

Freud, S. (2007). "Pulsiones y destino de pulsión" en *Obras Completas* tomo XIV. Buenos Aires, Amorrortu.

Lacan, J. (1993). *El Seminario. Libro 11*. Buenos Aires, Paidós.

La cuestión del falo en Lacan

María Inés Sarraillet

Críticas desde los estudios feministas

Desde el campo de los estudios feministas se vienen elaborando fuertes críticas seriamente fundadas al psicoanálisis, caracterizándolo como una teoría falocéntrica que traspone ciertos prejuicios culturales propios del orden patriarcal en conceptos pretendidamente científicos.

Este sería el caso de la "primacía del Falo" establecida por S. Freud, que explicaría el desarrollo libidinal suponiendo que para ambos sexos solo desempeña un papel fundamental el genital masculino. Sería una premisa universal que respondería a la desmentida de la castración y explicaría en la mujer la prevalencia de la **envidia del pene**, independientemente de los contextos culturales y las situaciones históricas. Los casos clínicos durante décadas han sido configurados desde este punto de vista y analizados e interpretados según esta clave, al menos desde la perspectiva kleinana y annafreudiana. En este movimiento se ha afirmado la existencia de la envidia al pene y el miedo a la castración como hechos puramente clínicos y fenomenológicos y ha quedado en el olvido que la supuesta existencia de los referidos hechos son resultado de maniobras de lectura de la teoría que los produce. Por esta razón el psicoanálisis es profundamente cuestionado y hasta llega a ser considerado como una filosofía entificadora que abona posiciones racistas y sexistas.

Como muestra de este posicionamiento referimos unos pocos comentarios de dos investigadoras contemporáneas: E. Pineda G. y E. Dorlin.

E. Pineda G., en su libro *Machismo y vindicación (la mujer en el pensamiento sociofilosófico)*, incluye a Freud entre los llamados "filósofos de la sospecha" (siguiendo a Ricoeur). Lo considera filósofo entonces, contra todos los esfuerzos del propio Freud en despegar al psicoanálisis de cualquier cosmovisión filosófica, afirmando que participaría en todo caso, como disciplina, de la cosmovisión científica.[14] Sin embargo, para Pineda

---

[14] Cf. Freud, S. (1976). *Obras Completas*. Tomo XXII. "Nuevas Conferencias de Introducción al Psicoanálisis". Conf. 35 "En torno a una cosmovisión". Buenos Aires: Amorrortu Ed.

G. la categoría de filosofía le conviene al psicoanálisis, con toda razón porque la cosmovisión científica a la que adscribía Freud se fundaba en principios naturalistas, biologicistas y fisicalistas.

Siguiendo uno de los textos freudianos acerca de la feminidad,[15] Pineda G. destaca cómo Freud atribuye la vanidad femenina a la envidia del pene y la autovaloración de los atributos físicos a la compensación de su "inferioridad sexual original", y anuncia que la reivindicación feminista no tendría futuro porque "la diferencia morfológica ha de manifestarse en variantes del desarrollo psíquico". La autora visibiliza además afirmaciones freudianas que tenderían a avalar y promover la violencia sexual, como cuando atribuye la agresividad masculina a la consecución de un fin biológico (la reproducción), en parte independientemente del consentimiento de la mujer.[16] Con referencia al contexto epistemológico y filosófico, postula que estas concepciones estarían influenciadas por pensadores antecesores como Ch. Darwin, A. Schopenhauer y F. Nietsztche.

E. Dorlin, en su trabajo *Sexo, género y sexualidades. Introducción a la teoría feminista*[17], propone –siguiendo a G. Rubin– que "los ensayos de Freud sobre la feminidad pueden ser leídos como descripciones de la manera en que un grupo es preparado desde su más tierna infancia a vivir con su opresión", ya que se formula que existen dos sexos en los cuales funciona necesariamente la atracción mutua, según un razonamiento finalista que postula como fin la reproducción. A partir de un pretexto supuestamente anatómico: la satisfacción vía el clítoris en la niña, se infiere que por comparación surge el sentimiento de inferioridad respecto del pene –el reconocimiento de la propia castración– y por consecuencia la suposición del poder que da el falo respecto del "ser castrado". Para Dorlin

> Freud toma al falo como un argumento que da razón de la dominación fálica y demuestra una relación de poder por su estado de hecho.

Estos estudios se ubican entre la multiplicidad de ensayos e investigaciones desarrollados desde la misma perspectiva, en función de los cuales el psicoanálisis viene sufriendo un profundo desprestigio dentro

---

[15] Cf. Freud. S. (1976). *Obras Completas*. Tomo XXII. "Nuevas conferencias de introducción al Psicoanálisis": "La feminidad". Buenos Aires: Amorrortu Ed.

[16] Cf. Pineda, G. E. (2017). *Machismo y Vindicación. La mujer en el pensamiento sociofilosófico*. Buenos Aires: Prometeo.

[17] Cf. Dorlin, E. (2009) *Sexo, género y sexualidades. Introducción a la teoría feminista*. Buenos Aires: Nueva Visón, pp. 52 y sigs.

del pensamiento contemporáneo, lo que debilita cada vez más su posición en la sociedad como recurso terapéutico frente a los padecimientos subjetivos.

En este contexto, el psicoanálisis de Lacan –considerado como una versión renovada y ampliada del punto de vista freudiano– también es blanco de potentes críticas, principalmente por el lugar que adquiere en su teoría el falo, cuando se entiende principalmente como elemento central que en la ley simbólica distribuye las posiciones masculina y femenina en términos de "ser" y "tener" (el falo).

Mencionaremos a modo de ejemplo dos cuestionamientos respecto del lugar del falo en los desarrollos de Lacan:

1. Judith Butler, en su artículo "El falo lesbiano y el imaginario morfológico", asevera que en el discurso de Lacan el término "falo" conserva su referencia al pene por más que se lo deniegue. Asegura que si el falo representa al órgano, siendo además "la transfiguración imaginaria" de ese órgano en la función totalizadora del cuerpo, el falo:

> se presenta como simbólico sólo en la medida en que se niegue su construcción a través de los mecanismos transfigurativos y especulares de lo imaginario.[18]

En otras palabras, para Butler "lo que opera bajo el signo de lo simbólico" es "ese conjunto de efectos imaginarios naturalizados y reificados como la ley de la significación". Desde este punto de vista se concluye que si se dice que los hombres "tienen" el falo y las mujeres "son" el falo, se entiende que el falo depende necesariamente del pene y de su imagen y –aunque se lo niegue– no puede existir sin él.

2. E. Badinter, en su libro *XY. De la identidad masculina*, interpreta que Lacan sostiene que la reducción de la diferencia sexual a la presencia o ausencia del falo es una ley simbólica producto del patriarcado considerado como sistema de poder universal, como lo establecería Lévi-Strauss. La autora considera que la teoría del "patriarcado eterno" hoy ha caducado, y por lo tanto el primado del Falo, que otorga al pene un sentido "trascendental"[19] –excluyendo otras diferencias que no sean las genitales–, resulta hoy insostenible.

---

[18] Butler, J. (2018) "El falo lesbiano y el imaginario morfológico" en *Cuerpos que importan*. Buenos Aires: Paidós.

[19] Badinter, E. (2005) *XY. De lidentité masculine*. París : Odile Jacob.

Destacamos que en ambos artículos se interpreta el lugar del término **falo** –en la perspectiva de Lacan– como sinónimo de representación del pene, y se cuestiona su valor en la teoría porque implicaría la valorización implícita de un sexo (el masculino) en detrimento del otro (el femenino), en el marco del planteo de un paradigma principalmente heterosexual. Este cuestionamiento apenas se distingue del recibido por el psicoanálisis freudiano y el posfreudiano en general debido al desconocimiento de la propia crítica que elabora Lacan con respecto a Freud y a sus seguidores, dejando en la sombra las considerables diferencias entre el psicoanálisis que propone y el de sus predecesores.

Entendemos que una breve revisión de las distintas acepciones del término "falo" en Lacan puede visibilizar sus aportes novedosos y su distanciamiento del pensamiento de Freud.

La noción de falo en Lacan

Los conceptos principales de la obra de Lacan implican una operatoria de subversión respecto del psicoanálisis freudiano y posfreudiano y de ciertas posiciones filosóficas (como el positivismo, el aristotelismo, la fenomenología, el existencialismo), así como respecto del sentido común occidental.

Por esta razón, el concepto lacaniano de **sujeto** no se refiere al sujeto de la modernidad (el hombre individual como fuente de sus pensamientos y acciones), ni su concepto de **objeto a** se equipara a la noción de objeto como una cosa material o como correlato del conocimiento o sensibilidad.

En el mismo sentido, el concepto de **Nombre-del-Padre** no se refiere a la persona del genitor ni a quien ocupa el lugar del papá en la familia ni tampoco al padre-rival del Complejo de Edipo Freudiano.

Tampoco el concepto de **inconsciente** lacaniano en su estructura de lenguaje se equipara al término homónimo en la doctrina de Freud, en sus acepciones tópica, dinámica y sistémica. El conocido seminario sobre los Conceptos Fundamentales del Psicoanálisis está dedicado entre otros temas a establecer esta diferencia.

Lacan inscribe en su red conceptual estos términos que provienen de campos semánticos míticos, religiosos, filosóficos y los transforma en **letras** que participan de una formalización, como en el caso de Φ, φ,

La ,Nombre-del-Padre, $, I (A), s (A), S (A̶), objeto *a*, etc.

Respecto del término **falo**, en particular, una lectura cuidadosa deja en evidencia que Lacan no lo emplea mayormente como representación simbólica del pene, a pesar de que en muchas ocasiones se lo entienda así.

La noción lacaniana del falo abarca un campo semántico cultivado por el trabajo de la lengua y su sedimentación en la cultura.

Los trabajos de los etnólogos e historiadores de la Antigüedad griega revelan cómo la función del falo como símbolo ha radicado en representar principalmente el poder fecundador del dios, en el marco de las culturas itifálicas. Especialmente en los inicios de los pueblos agrícolas el símbolo fálico formaba parte de un conjunto de rituales ligados a la obtención de la fertilidad de la tierra en las religiones de misterios de la Grecia arcaica. Este símbolo cumplía un papel relevante en los misterios dionisíacos, y también en los eleusinos. En el culto de los misterios eleusinos,[20] las ceremonias (de carácter secreto y esotérico) consistían en un ritual de iniciación en el cual los participantes en éxtasis místico[21] tomaban contacto con la diosa Démeter y accedían al saber oculto sobre la vida y el renacimiento a partir de la muerte. (La historia dice que Démeter bajó al inframundo a rescatar a su hija secuestrada por Hades.) Los misterios dionisíacos se articulaban también en esta trama, ya que en cierta fase de las ceremonias Dionisio se asimilaba a Hades.

Como lo advierte W. Otto, en la Grecia antigua el dios Dionisio regía y residía en los jugos de los frutos, especialmente el vino, pero también en las **semillas de todos los seres vivos**.

> De ahí se deriva la costumbre de pasear en su culto un **falo** y de coronarlo. El papel de este símbolo de la **fuerza generatriz** en las fiestas es por todos conocido.[22]

Su lugar en la cultura se remonta al proceso generativo inherente a la vida y al crecimiento de los seres animados. En palabras de Lacan, era un semblante que nombra el saber supuesto de la fecundidad, ofrecido a la adoración en las religiones de misterios.[23]

---

[20] Gordon Wasson, R., Hofman A., A. P. Ruck. (1995) *El Camino a Eleusis.* México: Fondo de Cultura Económica.

[21] Se piensa que estimulados por una sustancia proveniente del cornezuelo de la cebada.

[22] Otto, W. (2006). *Dionisio, Mito y Culto.* Madrid: Siruela. Resaltado nuestro.

[23] Lacan, J. (2006). *El Seminario. Libro 18.* Clase del 9/6/71. Buenos Aires: Paidós.

Su valor no se reduce solamente a la figuración del miembro viril, ya que su sentido es más amplio –como revela la historia de la cultura en Occidente– e involucra la dimensión de la potencia, del saber y de la vitalidad. Esta cuestión se refleja ampliamente en la diversidad de connotaciones que adquiere en la perspectiva de Lacan.

En los albores de lo que se considera la cultura occidental (Grecia y Roma antiguas), el falo también cuenta en la estructuración de las relaciones sociales, no solo como símbolo de supremacía sexual, ya que en estas sociedades el sexo no está disociado del rol que se ocupe en la trama vincular (como se señala en otro artículo de este capítulo);[24] pero más allá de esta dimensión "terrenal", en su función religiosa también funcionaba como representante de un hongo (*Miké*), símbolo del renacer de la vida después de la muerte. Es de destacar la recurrencia de significaciones y sentidos ligados a la fortaleza vital, el renacimiento y la fecundidad.

A. Eidelsztein, en su libro *Las Estructuras Clínicas a partir de Lacan*,[25] comenta cómo el cristianismo –que en su surgimiento fue contemporáneo de los cultos paganos mencionados– incorporó en su dogma elementos considerados como misterios, como la encarnación, la trinidad, la resurrección y la redención.

Considerando esta genealogía, el falo se ubica en el sistema lacaniano involucrando una modalidad cultural[26] de un elemento impar en la estructura de lenguaje –es decir, la del inconsciente–, ya que Lacan trabaja con las referidas implicaciones mítico-religiosas cuyas resonancias van más allá del papel que cumple en el complejo de castración freudiano.

Elegimos una entre varias citas de Lacan en donde se despliega este alcance:

> En ninguna parte antes, se elevó, en un enunciado de discurso, la referencia al falo, si no es en lugares que se distinguían por el misterio, si no es más que a nivel de la religión que antes del discurso analítico pudo producirse lo que distingue el goce sexual de la relación que éste comanda.[27]

---

[24] Véase el artículo **"El problema de la bipolaridad sexual en Freud y en Lacan"** de M. **Inés Sarraillet en el Capítulo 3 de este volumen.**

[25] Cf. Eidelsztein A. (2001) *Las estructuras Clínicas a partir de Lacan. Vol I.* Buenos Aires: Letra Viva, p. 139.

[26] *Ibid.* pp. 203/204.

[27] Lacan, J. *El psicoanálisis en su referencia a la relación sexual, el 3 de febrero de 1973.* Trad. R. R. Ponte. Disponible en www.lacanterafreudiana.com.ar.

Recordemos que Lacan busca despejar las neurosis, psicosis y perversiones como formaciones clínicas características de esta cultura "sin proponerse prejuzgar lo que ellas son en otra esfera cultural",[28] por lo tanto las estudia atendiendo a la incidencia de la mitología y el discurso religioso en sus variantes más potentes, como es el caso de la religiosidad griega y judeo-cristiana. En otras formaciones culturales que no caen bajo la órbita de lo que se considera Occidente, otros símbolos adquieren prevalencia, no necesariamente el fálico. Como ejemplo citamos "El arco y el cesto", símbolos de la oposición entre los sexos en el pueblo nómade de los guayakíes en América del Sur. En esta sociedad, la dinámica social y económica de las relaciones entre hombres y mujeres (cazadores y recolectoras) estructura el tiempo y el espacio de los guayakíes y se expresa en la oposición entre el arco y el cesto como signos, medios e instrumentos que delimitan la relación entre dos estilos de existencia en el campo social, organizando la diferenciación de los roles y el vínculo con lo sagrado.[29] La antropóloga Rita Segato[30] subraya la potencia simbólica de estos elementos cuando afirma que en esta sociedad indígena no se casan "dos cuerpos biológicos" –como sucede en nuestra cultura–, sino que se casa el arco con la cesta, más allá de que los cuerpos biológicos sean (ambos o cada uno) femeninos o masculinos.

Los elementos y la lógica del orden simbólico pueden variar en las distintas vertientes culturales y Lacan en su propuesta para el psicoanálisis no lo desconoce. Pero tampoco desconoce que en la mayoría de las sociedades –no solo en las occidentales– ha predominado la dominación masculina, en lo que se refiere al poder y la jerarquía social, como lo demuestran los trabajos de Lévi- Strauss y luego de F. Héritier.

Consignamos dos citas de Lacan en las que expone su posición al respecto:

> Lévi-Strauss demuestra que en la estructura de la alianza, la mujer que define el orden cultural por oposición al orden natural, es el objeto de intercambio, a igual título que la palabra, que es, en efecto, el objeto del intercambio original. Cualesquiera que sean los bienes, cualidades y status que se transmiten por la vía matrilineal, cualquiera que sean las autoridades

---

[28] Cf. Lacan, J. (1981). *El Seminario. Libro 3. Las Psicosis*. Buenos Aires: Paidós, p. 411.
[29] Clastres, P. (1978). *El arco y el cesto,* en "La Sociedad contra el Estado" Barcelona: Monte Ávila.
[30] Segato, R. Conferencia de cierre de las Jornadas sobre Victimología en Facultad de Psicología de la UNLP. 28/9/2018.

que puede revestir un orden llamado matriarcal, el orden simbólico, en su funcionamiento inicial, es androcéntrico. Es un hecho.

Es un hecho que, **desde luego, no dejó de recibir toda clase de correctivos en el curso de la historia, pero no por eso es menos fundamental**, y en particular nos permite comprender la posición disimétrica de la mujer en los vínculos amorosos y, muy especialmente, en su forma socializada más eminente, a saber, el vínculo conyugal.[31]

Planteo entonces la pregunta – *[a C. Lévi-Strauss]* – ¿Y si invierte usted las cosas y se compone el círculo de intercambios diciendo que son los linajes femeninos los que producen hombres y se los intercambian? Al fin y al cabo, ya sabemos que esa falta de la que hablamos en la mujer no es una falta real. Todos sabemos que ellas pueden tener algún falo, los tienen y además los producen, hacen niños, hacen falóforos. En consecuencia, puede describirse el intercambio a través de las generaciones en el orden inverso. Es posible imaginar un matriarcado cuya ley sería- He dado un niño quiero recibir el hombre.

La respuesta de Lévi-Strauss es la siguiente. Sin duda, desde el punto de vista de la formalización, pueden describirse las cosas exactamente de la misma forma tomando un eje de referencia, un sistema de coordenadas simétrico basado en las mujeres, pero entonces habrá un montón de cosas inexplicables, y en particular la siguiente. En todos los casos, incluso en las sociedades matriarcales, el poder es **androcéntrico**. Esta representado por hombres y por linajes masculinos.[32]

Queda claro en estas referencias que Lacan se corre de cualquier marco de perspectiva naturalista y se apoya en las investigaciones de la antropología estructural para pensar el lugar de los hombres y las mujeres en la red de intercambios sociales. Pero tampoco desatiende en su enfoque los cambios históricos y en ningún momento plantea el orden patriarcal como un orden eterno. En esta perspectiva, el androcentrismo caracteriza al orden simbólico en multiplicidad de sociedades estudiadas, pero el orden simbólico como tal no se define por esa modalidad política. El orden simbólico (o significante) es –en la teoría de Lacan– la estructura de lenguaje cuyos elementos se organizan diferencial y opositivamente (en cualquier lengua) y opera como lugar tercero en cualquier caso en

---

[31] Lacan, J. (1984) *El Seminario. Libro 2.* Clase del 8/6/1955. Buenos Aires: Paidós. Resaltado nuestro.
[32] Lacan, J. (1994) *El Seminario. Libro 4.* Clase del 27/2/1957. Barcelona: Paidós. Resaltado nuestro.

análisis. Designado con la letra A, constituye el lugar del conjunto de los significantes, donde se plantea el problema de la verdad de la palabra.

Es necesario diferenciar, por lo tanto, la caracterización que Lacan establece del androcentrismo cultural, del supuesto falocentrismo de su teoría, que desde Derrida hasta Butler (antes mencionada) es denominado críticamente como "falologocentrista".

Lacan aborda este problema taxativamente y responde en forma directa a esta interpelación. Transcribimos su argumento:

> En tal o cual ocasión, ustedes pueden haber pensado, sugerido, **que aquí doy una concepción falocéntrica del deseo.**
>
> **Si hay algo que el falo como significante significa, es el deseo del deseo del Otro**, y por eso adquirirá su lugar privilegiado en el nivel del objeto. No obstante, muy lejos estamos de atenernos **a la posición falocéntrica que me imputan quienes se limitan a la apariencia de lo que estoy articulando.** El verdadero problema, no es ese, sino que el objeto con el cual tenemos que vérnosla desde el origen en lo tocante al deseo no es, en grado alguno, un objeto preformado de la satisfacción instintiva, un objeto destinado a satisfacer al sujeto como su complemento instintivo: el objeto del deseo es el significante del deseo del deseo.
>
> El objeto del deseo —es decir, si ustedes quieren, el objeto *a*, del grafo—, es como tal, el deseo del Otro......[33]

Queda claro que el falo cuenta en el sistema de Lacan en su función significante en relación al deseo del Otro tomado como objeto (*a*) –al menos en una de sus versiones–, se inscribe como término en un sistema de relaciones entre el $, sujeto determinado por la cadena significante, el Otro –como encarnadura de A[34] el orden simbólico–, y el deseo del Otro tomado como objeto (a). En este contexto no participa de ningún modo la envidia al pene ni la amenaza de castración, ya que son expresiones freudianas desestimadas por Lacan abiertamente en muchas de las revisiones y los comentarios de casos clínicos a los que se ha abocado en sus seminarios.

Referimos como ilustración de este punto una de sus consideraciones sobre un caso de Bouvet: "Incidencias terapéuticas de la toma de conciencia de la envidia del pene en la neurosis obsesiva femenina", cuyo

---

[33] Lacan, J. (2014). *El Seminario. Libro 6*. Clase 1/7/1959. Buenos Aires: Paidós, p. 527.
[34] Seguimos la diferenciación entre el A y el Otro planteada por A. Eidelsztein en *op. cit.*, pp. 143 y sigs.

título revela elocuentemente la dirección de la cura en el caso. Lacan se distancia de la posición de Bouvet y también de la de Freud al comentar este material clínico:

> Para el sujeto en cuestión el problema no es, como en el fóbico, por ejemplo, saber si la madre tiene o no tiene el falo, es saber qué efecto produce en el Otro esa x que es el deseo —en otras palabras, saber qué será él mismo, **si es o no es aquello que es el deseo del Otro**. Esto es lo que vemos aparecer en primer plano en este caso. Es precioso que sea a propósito del *logos* encarnado, o sea, del Otro en tanto que el verbo, precisamente, lo marca, como se produzca la sustitución, en este punto y en este nivel, del significante falo. [35]

En estas coordenadas de la teorización lacaniana, la concepción de la cura se orienta —en ciertos casos— a desmontar la posición neurótica que radica en *ser* el falo (φ) de quien encarne al Otro, como degradación imaginaria de Φ (el significante del deseo del Otro), o en el trabajo sobre esta pregunta, así como también a conmover el engaño inherente al conflicto de tenerlo o no tenerlo, cuando la relación "**con el significante puro del deseo** [Φ] se proyecta sobre el órgano" [36] y sobre otros objetos. Desde este punto de vista, el psicoanálisis lacaniano no postula el falo como imagen del pene en un lugar central en la teoría (falocentrismo). La ética que sostiene concierne al establecimiento de una interpretación del deseo como deseo del A, respecto del cual el falo (Φ) opera como significante fundamental. Esta es una de las acepciones más fuertes del término falo en el discurso de Lacan: Significante del deseo, para los dos sexos, o significante del deseo del Otro.

Sin embargo, el uso conceptual del término **falo** en el psicoanálisis de J. Lacan no es unívoco y adquiere distintos valores en función del problema que Lacan estudia cada vez que lo emplea, siempre con respecto al campo discursivo de las neurosis.

F. Balmés, en *Lo que Lacan dice del ser*[37], distingue distintas lecturas del término en la obra del psicoanalista. A continuación las enumeramos y agregaremos unas pocas más. Se podrían diferenciar de este modo una serie de acepciones, sin que esta enumeración agote todas las que aparecen en la enseñanza lacaniana:

---

[35] Lacan, J. (2009). *El Seminario. Libro 5*. Clase del 11/6/1958. Buenos Aires: Paidós. Resaltado nuestro.

[36] Lacan, J. (1991). *El Seminario. Libro 8*. Buenos Aires: Paidós, p. 279.

[37] Balmés F. (2002). *Lo que Lacan dice del ser*. Buenos Aires: Amorrortu, pp. 177-186.

1. Falo como objeto metonímico, que representa en lo imaginario lo que siempre se sustrae.

2. Falo como metáfora del ser del sujeto. Símbolo del deseo de la madre. Da cuenta de la encrucijada neurótica ante la disyuntiva de ser o no ser el falo.

3. Falo como inscripción de la función de la barra resistente a la significación (entre significante y significado) y la barra que atraviesa al $ y al Ⱥ.

4. Falo como significante del significado en general.

5. Falo como la parte perdida del sujeto y por cuya falta todo deberá valer. Toda significación del deseo debe su valor a la equivalencia con la parte perdida de la castración.

6. Falo Φ como significante velado. Articulado a la latencia, opacidad de la cadena significante.

7. Falo φ, como degradación imaginaria de Φ.

Los textos de referencia para esta enumeración son varios. Tal vez los principales y más conocidos y citados por los psicoanalistas y sus comentadores, incluyendo a F. Balmés, sean dos de sus escritos de la década del 50: *La Bedeutung del Falo* y *Cuestión Preliminar a todo tratamiento posible de las psicosis*. Cabe destacar que estos dos artículos canónicos de la obra de Lacan son también los más trabajados y comentados por sus detractores, especialmente los que provienen del campo de los estudios feministas, como ya mencionamos.

Nos detendremos en algunos párrafos de estos textos en los que Lacan establece la articulación entre su concepto del falo y la religiosidad pagana:

El falo es el significante privilegiado de esa marca en que la parte del logos se une al advenimiento del deseo.

Puede decirse que ese significante es escogido como lo más sobresaliente de lo que puede captarse en lo real de la copulación sexual, a la vez que como el más simbólico en el sentido literal (tipográfico) de este término, puesto que equivale allí a la cópula (lógica). Puede decirse también que es por su turgencia la imagen del flujo vital en cuanto pasa a la generación.

Todas estas expresiones no hacen sino seguir velando el hecho de que no puede desempeñar su papel sino velado, es decir como signo él mismo de la latencia de que adolece todo significable, desde el momento en que es elevado (*aufgehoben*) a la función de significante.

El falo es el significante de esa *Aufhebung* misma que inaugura (inicia) por su desaparición. Por eso el demonio del Aidos (*Scham*) surge en el momento mismo en que en el misterio antiguo el falo es develado (cf. La pintura célebre de la Villa de Pompeya).

Se convierte entonces en la barra que, por la mano de ese demonio, cae sobre el significado, marcándolo como la progenitura bastarda de su concatenación significante.[38]

La actual relegación en la sombra de esta función del falo (reducido al papel de objeto parcial) en el concierto analítico no es sino consecuencia de la mistificación profunda en la que la cultura mantiene su símbolo; esto se entiende en el sentido en que el paganismo mismo no lo producía sino al término de sus más secretos misterios.[39]

En las variaciones de la definición del falo que aparecen en estos párrafos resulta evidente que la noción lacaniana de falo se articula a la vitalidad, pero no solamente por la referencia a la imagen turgente del pene, sino también por funcionar como símbolo de la potencia vital y generatriz en su inscripción mítico-religiosa, de allí la referencia a la célebre pintura sobre una ceremonia de iniciación perteneciente al culto dionisíaco en la Villa de los Misterios en las ruinas de Pompeya:

---

[38] Lacan, J. (2008) "La Significación del falo". En *Escritos 2*. Buenos Aires: Siglo XXI, pp. 659-60.

[39] Lacan, J. (2008) "De una cuestión preliminar a todo tratamiento posible de la psicosis". En *Escritos 2*. Buenos Aires: Paidós, p. 531.

En esta escena una joven levanta el velo que oculta un falo erecto y junto a esta imagen otra es flagelada por un *daimon* femenino alado (*aidós*), para Lacan metáfora de la **barra** que cae sobre el significado cuando opera el falo como significante: significante siempre **velado** que designa el conjunto de los efectos de significado.

Siguiendo la clase del 23 de abril de 1958 del seminario Las Formaciones del Inconsciente,[40] contemporánea a este escrito, Lacan propone que la **barra** es uno de los modos más seguros y rápidos de elevar lo no- significante a la función significante.

Para planearlo esquemáticamente, podríamos decir que mientras el significante introduce un hueco en la "plenitud del mundo" (o en otros términos la muerte de la "cosa" por el símbolo), el falo (también como imagen del *phalos*) representa la manifestación del deseo y la turgencia vital, y solamente puede entrar en el significante **desencadenando la barra**.

Es decir, en el campo de la nadificación que introduce el significante, el falo opone como imagen la turgencia vital, y como significante la manifestación del deseo que se produce como **barra** en $. (Conviene aclarar que en francés *barrer* también significa *cerrar* con una barra.)

La barra implica justamente el velo, la opacidad y la latencia del deseo, que como deseo del Otro se introduce vitalizando el campo significante (en su dimensión nadificante y mortífera) por medio de esta marca que es la barra que hace que el sujeto no sea uno y que como efecto surja "el demonio del pudor". Esta operatoria se articula siempre para el campo

---

[40] Lacan, J. (2009). *El Seminario. Libro 5.* Clase 23/4/1958. Buenos Aires: Paidós.

clínico de las neurosis, donde el sentimiento de **pudor** es característico. Cabe señalar que este sentimiento (efecto de la barra que divide al sujeto) en su versión remota no tiene necesariamente referencia a lo sexual, esta connotación se agrega más tarde. En cambio, el vocablo *scham* (alemán) mencionado por Lacan condensa pudor y vergüenza, a diferencia del griego y del latín donde existen dos vocablos diferentes. El término *aidós* (vergüenza, pudor, respeto, honor) para los griegos antiguos designaba, especialmente, como pudor, el sentimiento de respeto ante un dios. *Aidós* al personificarse toma la forma de una diosa, y en el fresco que menciona Lacan un *daimon* femenino que castiga a una joven junto a la imagen del descubrimiento del velo. El pudor en este contexto alude a un recato solemne frente a lo intocable, es decir lo sagrado,[41] en este caso el falo, que en los cultos referidos se caracterizaba por la prohibición de ser nombrado. [42]

En el curso del Seminario sobre la Transferencia, Lacan utiliza otros recursos metafóricos para designar este significante Φ. Lo plantea como el lugar de la **presencia real del deseo** [como deseo del Otro], "en tanto que ella no puede aparecer sino en los intervalos de los que cubre el significante". La "presencia real" es un término tomado esta vez de la doctrina católica y se refiere a la presencia del cuerpo de Cristo en el sacramento de la Eucaristía.[43] Desde esos intervalos la **presencia real amenaza todo el sistema significante**,[44] lo que implicaría otra manera de tematizar el desencadenamiento de la barra.

Se evidencia entonces cómo Lacan recurre a estas referencias históricas para mostrar cómo concibe al falo en tanto significante del deseo, que opera como significante impar por las propiedades específicas mencionadas: manifestación del deseo, potencia vital, desencadenamiento de la barra sobre el sujeto, latencia y aparición del pudor como muestra de la división que el deseo del Otro produce.

En función de esta lógica, la dimensión mortificante predomina con frecuencia en la clínica de las psicosis, en donde no opera el significante fálico que aporta la condición vital y deseante en las neurosis.

---

[41] Cf. Maresca, Silvio (2006). *Aidós*. Disponible en ElSigma.com

[42] Eidelsztein, A. *Op. cit.* p. 139.

[43] Cf. Eidelsztein A. (2008). *Las Estructuras Clínicas a partir de Lacan, Vol. II.* Buenos Aires: Letra Viva, p. 238.

[44] Lacan, J. *El Seminario. Libro 8.* Clase del 26/4/1961. Versión crítica de R. Rodríguez Ponte, p. 20. Disponible en www.lacanterafreudiana.com.ar

Para finalizar es necesario agregar que en diversos textos, conferencias y seminarios la cuestión del falo se encuentra sometida a un tratamiento riguroso, excediendo el alcance conceptual que acabamos de desarrollar.

Mencionaremos sucintamente algunas últimas acepciones del falo en su inscripción en las fórmulas algebraicas y matematizaciones propuestas por Lacan, siguiendo con la serie anteriormente esbozada:

8. Falo (Φ) como significante del goce.

9. Falo (significación fálica) como raíz cuadrada de -1: $\sqrt{(-1)}$: número imaginario.

10. Falo -φ, como inscripción del valor agalmático del objeto a.

11. Falo en la función Φx, como relación del significante con el goce, como obstáculo a la relación/proporción sexual.[45]
    En el mismo contexto de la enseñanza aparece en posición tercera entre dos términos (por ejemplo, de la pareja), tal vez en el mismo lugar que puede ocupar Dios.

12. Falo (Φx) (castración): Operación que tiene como efecto que no se pueda disponer del conjunto de los significantes,[46] caracterización que solo dejamos enunciada señalando su potencia conceptual. La retomamos en el capítulo 6. [47]

Esta enumeración de lecturas por supuesto no es exhaustiva. La lista es reducida –y podría completarse ampliamente– pero permite verificar el valor conceptual novedoso que Lacan le da a un elemento extraído de la teoría freudiana al incluirlo en otro sistema en el cual incorpora condiciones, entre las cuales mencionamos:

1. La recuperación de un campo semántico relativo a una esfera mítico-religiosa en la cual se funda gran parte de la cultura occidental.

2. La adquisición de un valor lógico en la estructura como conjunto de elementos covariantes.

3. Por último, la reducción a una notación (letra): Φ, φ, - φ, Φx, que toma distintos valores según la formalización en la que se inscribe.

---

[45] Lacan, J. (2012). *El Seminario. Libro 19*. Buenos Aires: Paidós, pp. 31- 43.
[46] *Ibid.* p 33.
[47] Véase el artículo **"Comentario acerca de las cuatro formulas de Lacan. Otra lectura posible"**, de M. Inés Sarraillet en el capítulo 6 de este volumen.

Bibliografía

Badinter, E. (2005). XY. *De lidentité masculine*. París: Odile Jacob.

Balmés F. (2002). *Lo que Lacan dice del ser*. Buenos Aires: Amorrortu Ed.

Butler, J. (2018). *Cuerpos que importan*. Buenos Aires: Paidós.

Clastres, P. (1978). "El arco y el cesto", en *La Sociedad contra el Estado* Barcelona: Monte Ávila Ed.

Dorlin, E. (2009). *Sexo, género y sexualidades. Introducción a la teoría feminista*. Buenos Aires: Nueva Visón.

Eidelsztein, A. (2001). *Las estructuras Clínicas a partir de Lacan*. Vol. I. Buenos Aires: Letra Viva.

Eidelsztein, A. (2008). *Las Estructuras Clínicas a partir de Lacan*, Vol. II. Buenos Aires: Letra Viva.

Freud, S. (1976). O.C. Tomo XXII. *Nuevas Conferencias de Introducción al Psicoanálisis*. Buenos Aires: Amorrortu Ed.

Gordon Wasson, R., Hofman A., A. P. Ruck. (1995). *El Camino a Eleusis*. México: Fondo de Cultura Económica.

Lacan, J. (2008). *Escritos 2* Buenos Aires: Siglo XXI Ed.

Lacan, J. (1983). *El Seminario. Libro 2*. Buenos Aires: Paidós.

Lacan, J. (1981). *El Seminario. Libro 3*. Buenos Aires: Paidós.

Lacan, J. (1994). *El Seminario. Libro 4*. Barcelona: Paidós.

Lacan, J. (2009). *El Seminario. Libro 5*. Buenos Aires: Paidós.

Lacan, J. (2014). *El Seminario. Libro 6*. Buenos Aires: Paidós.

Lacan, J. (1991). *El Seminario, Libro 8*. Buenos Aires: Paidós.

Lacan, J, (2006). *El Seminario. Libro 18*. Buenos Aires: Paidós.

Lacan, J. (2012). *El Seminario. Libro 19*. Buenos Aires: Paidós.

Lacan, J. *El psicoanálisis en su referencia a la relación sexual. 3 de Febrero de 1973*. Trad. R. Rodríguez. Ponte. Disponible en www.lacanterafreudiana.com.ar.

Maresca, S. (2006). *Aidós*. Disponible en ElSigma.com.

Otto, W. (2006). *Dionisio, Mito y Culto*. Madrid: Ed Siruela.

Pineda, G. E. (2017). *Machismo y Vindicación. La mujer en el pensamiento sociofilosófico*. Buenos Aires: Prometeo.

Segato, R. Conferencia de cierre de las Jornadas sobre Victimología en Facultad de Psicología de la UNLP. 28/9/2018.

El problema de la bipolaridad sexual en Freud y en Lacan

María Inés Sarraillet

FREUD: Bipolaridad y lógica de clases. (El hombre y la mujer)

Freud considera la sexualidad como un **hecho biológico difícil de asir psicológicamente**, como lo afirma tajantemente en el *Malestar en la cultura*. Es sabido que del intercambio con Fliess obtuvo la teoría de la disposición **bisexual** del "animal humano". Esta bisexualidad basal le permite concebir al in-dividuo como una fusión de dos mitades simétricas, al modo del conocido mito de Aristófanes.[48] Por una parte deseos sexuales masculinos y femeninos coexistirían entonces en un mismo in-dividuo debido a la condición bisexual, y por otra parte el atravesamiento del Complejo de Edipo llevaría a este in-dividuo (en el mejor de los casos) a la consolidación de su ser masculino o femenino, como consecuencia de la diferencia sexual anatómica: afirma que **la anatomía es el destino**,[49] parafraseando a Napoleón, a quien se le atribuye haber aseverado que "el destino es la política", frase bastante más acertada que la freudiana si se tienen en cuenta los aportes de la antropología, la sociología y los estudios de género. En este contexto se inscriben los conceptos de **angustia y complejo de castración, la ecuación fálica pene-niño, la envidia del pene y la antítesis fálico-castrado** como representación de la polaridad sexual a partir de la presencia o ausencia anatómica del atributo fálico.

A partir de estas premisas se derivan conclusiones con respecto a la femineidad como las vertidas en las siguientes citas:

> Con el abandono de la masturbación clitorídea se renuncia a una porción de *actividad*. Ahora prevalece la *pasividad*, la vuelta hacia el padre se consuma predominantemente con ayuda de mociones pulsionales pasivas

---

[48] Cf. Freud, S. (1976). *Obras Completas*, Tomo XXI. *El malestar en la Cultura*, Buenos Aires: Amorrortu Ed. Parte IV.

[49] Cf. Freud, S. (1976). *Obras. Completas*. Tomo XIX, *El sepultamiento del Complejo de Edipo*. Buenos Aires: Amorrortu.

[......] tal oleada del desarrollo, que remueve la *actividad fálica*, allana el terreno a la feminidad [....] Sin embargo, la situación femenina sólo se establece cuando el deseo del pene se sustituye por el deseo de hijo..[50]

Para Freud, este giro culmina en el deseo de recibir un hijo como sustituto del falo, deseo que se cumple acabadamente con la llegada del hijo varón poseedor de un pene.

En esta trayectoria puede haber accidentes que impidan esta salida que es considerada la más exitosa, como por ejemplo:

> (...) en el complejo de masculinidad la niña mantiene su quehacer clitorídeo y busca refugio en la identificación con la madre fálica o con el padre. ¿Qué será lo decisivo para este desenlace? No podemos imaginar otra cosa que un factor constitucional, una porción mayor de actividad, como suele ser característica del macho. (...) en este lugar del desarrollo se evita la pasividad que inaugura el giro a la feminidad.[51]

Estas afirmaciones se derivan del andamiaje teórico freudiano en el que masculinidad y feminidad quedan establecidas como polaridades sexuales de la especie humana (como especie animal) y permiten diferenciar el ser del hombre y el de la mujer en función de esquemas de pares antitéticos constituidos en los distintos estadios libidinales (oral, anal, fálico).

A partir de este desarrollo, con algunos matices, recaudos y salvedades –e incluso con fuertes cuestionamientos a este par opositivo–, la masculinidad queda identificada al sujeto, la actividad y la posesión del pene; y la feminidad, al objeto y a la pasividad, de modo que se resuelve exitosamente únicamente con la maternidad, como se desprende del conjunto de su obra y se lee claramente en las citas antedichas.[52]

Entre otros autores, Rithée Cevasco –en su libro *La Discordancia de los sexos*– señala cómo Freud declara que el abrochamiento entre masculinidad/actividad y feminidad/pasividad no es válido pero aun así no deja de caer frecuentemente en él.[53]

---

[50] Freud, S. (1976) *Obras Completas*. Tomo XXII. Conf. 33, "La feminidad", en "Nuevas Conferencias de introducción al psicoanálisis". Buenos Aires: Amorrortu.

[51] *Ibid.*

[52] Cf. Freud, S (1976). *Obras Completas*. Tomo XIX. *La Organización genital infantil*. Buenos Aires: Amorrortu.

[53] Cf. Cevasco R. (2010). *La Discordancia de los sexos. Perspectivas psicoanalíticas para un debate actual*. Barcelona: S&P pp. 40-41.

Por lo tanto, en el psicoanálisis de Freud dos categorías (o clases) universales se diferencian en función de un atributo (el falo) o su falta, a partir de lo cual cada hombre y cada mujer se definen en su esencia como miembros de su clase. Los polos antitéticos actividad-pasividad acompañan esta diferenciación.

Antecedentes históricos del modelo freudiano de bipolaridad sexual

Es evidente que este modelo de repartición de la diferencia sexual planteado como consecuencia de factores biológico-anatómicos y constitucionales (incidencia de mociones pulsionales con su fuente orgánica) tiene para Freud carácter universal y transhistórico. Cabe señalar que esta posición es fuertemente cuestionada a partir de los estudios históricos y sociológicos que promueven el abordaje de la sexualidad como producción cultural. Desde esta perspectiva se revela que el modelo freudiano construido en la antítesis fálico-castrado y los opuestos activo/pasivo tiene su precedente en ciertas categorías "grecorromanas" que ordenaban los roles sociales en la sociedad antigua (precristiana y en los inicios del cristianismo). En Grecia y Roma antiguas la referencia al falo ordenaba las relaciones sociales, políticas y de dominación en función de la división entre los ciudadanos libres que "penetraban" y no eran penetrados, o sea *activos*, y los esclavos, extranjeros, mujeres y niños como grupo subordinado. Actividad y pasividad definían en este sistema discursivo la polaridad sexual y la organización de los roles sociales. En este contexto ser activo era ser macho (sea cual fuere el sexo de la pareja pasiva), o sea "tomar placer o darlo servilmente", sin necesidad de definir la condición bisexual, homosexual o heterosexual del individuo, como sucede en el modelo de Freud y en la cultura moderna en general.

Este paradigma ya funcionaba en la Grecia antigua, como se desprende del análisis histórico de David Halperin:[54] en la Atenas clásica "el sexo no expresaba tanto disposiciones internas o inclinaciones individuales" y servía para posicionar "a los actores en lugares asignados en virtud de su posición política". La penetración representaba una forma de dominación

---

[54] Halperin, D. (2000) "Hay una historia de la sexualidad?", en *Grafías de Eros*. Buenos Aires: Edelp.

por parte de los ciudadanos adultos con respecto a los no-ciudadanos: esclavos, mujeres, extranjeros y niños. En este sistema el falo no siempre se asimila a un pene, se inscribe con un significado cultural que indica actividad, poder y supremacía en la esfera social, de manera que "el discurso sociosexual" queda estructurado por la presencia o ausencia del falo.

Según este autor, estas sociedades no comprendían la sexualidad como una esfera separada, ni la conducta sexual reflejaba una "sexualidad individual", se organizaba en función de la vida pública y no formaba parte de la identidad del individuo.

Más tarde, en el Imperio romano se profundizó esta manera de establecer los vínculos sexuales y sociales. En esta sociedad no era bien visto que un ciudadano libre tuviera actitudes serviles y pasivas, independientemente de cuál fuera el sexo del objeto sexual. Lo despreciable era la falta de virilidad, no el gusto por alguien del mismo sexo.

Según Paul Veyne,[55] en la Roma antigua no se producía la pregunta acerca de si la gente era o no homosexual o heterosexual.

Queda claro en estas investigaciones que la oposición que organiza la polaridad sexual en el modelo teórico freudiano, que reparte los sexos en dos clases aristotélicas distinguidas por la presencia o ausencia del falo, tiene una historia precisa y fechada en la cultura occidental, y ha pasado a la teoría psicoanalítica como un elemento articulado a conceptualizaciones modernas respecto de la sexualidad que difieren de las grecorromanas, en tanto lo sexual se piensa como manifestación de lo más íntimo de cada uno y reveladora de la esencia individual. En términos de Freud, un hecho biológico con derivaciones y consecuencias psíquicas, entre las cuales podemos ubicar –además de la envidia al pene en la mujer– el superyó femenino más débil, la degradación de la vida amorosa en el varón –como separación de la corriente sexual y la tierna repartidas en dos objetos– y otras ramificaciones. Estos argumentos son refutados por los estudios feministas y las teorías de género que los sitúan como preconceptos culturales elaborados como mitos científicos.[56]

---

[55] Veyne, P. (2010). "La Homosexualidad en Roma" en *Sexualidades Occidentales* de Ph. Ariés y A. Béjin. Buenos Aires: Nueva Visión.
[56] Virgine Despentes, en su libro *Teoría King Kong*, busca demostrar que la clásica división entre la corriente tierna y la sensual que describe Freud para la sexualidad masculina es una construcción cultural. Cf. Despentes Virgine (2007). *Teoría King Kong*. Tenerife: Editorial Melusina.

Lacan: Estructura, conjunto y diferencia.
(Un hombre-Una mujer)

El tratamiento freudiano de la diferencia sexual es criticado fuertemente por Lacan, especialmente las nociones de complejo de castración – articulado a la amenaza de castración– y la envidia del pene.

Dejaremos de lado la enorme complejidad que entrañan las distintas versiones conceptuales que adquiere el operador del **falo** en la obra de Lacan (falo simbólico, imaginario, significante impar, semblante tomado de las religiones de misterios que representa el saber supuesto de la fecundidad, etc.), que es connotado con la letra Φ en su álgebra.[57] Solo destacaremos que propone sustituir el complejo de castración por una versión lógica: "la introducción de una falta, de un "menos" de orden lógico que organiza la sexualidad para el hombre y para la mujer"[58] y refuta la idea de envidia al pene afirmando que "a la mujer no le falta nada".[59]

Este punto de vista se sostiene en muchos de sus desarrollos, referimos dos citas a modo de ejemplo:

> En la teoría freudiana el Falo resulta un representante inadecuado en tanto se concibe a la mujer a partir de no tenerlo...[60]

> La función llamada del falo vuelve insostenible la bipolaridad sexual.[61]

Lacan cuestiona también con insistencia la identificación de la masculinidad con la actividad y la feminidad con la pasividad, y se divierte con la inversión de los polos aseverando que en el trabajo, la casa y en la relación sexual la activa es la mujer, "la que trabaja duro":

> Y también estoy seguro de divertirlos mostrándoles lo que se llama activo, si es allí que Uds. se fundan, ya que es moneda corriente, es así que el "pequeño queridito" es activo. ¡En la relación sexual me parece que más bien es la mujer la que trabaja duro! [......] pero, en una vida, llamémosla simplemente lo que es, lo que ella es por todos lados después de que tuvo lugar nuestra gran subversión cristiana, y bien, el hombre se aprovecha de

---

[57] Véase el artículo "La cuestión del falo en Lacan" en el capítulo 3 de este volumen.

[58] Lacan, J. (2008). *El Seminario. Libro 16*. Clase del 12/3/1969. Buenos Aires: Paidós.

[59] Lacan, J. (2006). *El Seminario. Libro 10* Clases del 20/3/1963 y 27/3/1963. Buenos Aires: Paidós.

[60] Lacan, J. (2006). *El Seminario. Libro 16*. Clase del 12/3/1969. Buenos Aires: Paidós.

[61] Lacan, J. (2009). *El Seminario. Libro 18*. Clase del 17/2/1971.Buenos Aires: Paidós.

la mujer; ella muele, tritura, cose, hace las compras [......] Entonces, respecto de lo que es activo y pasivo. Permítanme. Es verdad que él caza. No hay de qué reírse. Es muy importante....Pero, ya que hace reír eso de la caza... si, no sé... no sé si no es del todo superfluo ver justamente en esto una virtud del hombre, la virtud, justamente por la cual muestra lo que tiene de mejor: ser pasivo.[62]

Estas pocas referencias muestran cómo Lacan plantea una inversión respecto del psicoanálisis de Freud que afecta sus fundamentos. En consonancia con la propuesta del método estructural, cuestiona la idea de "hombre" en sentido antropológico (seres humanos) y toma como punto de partida el concepto de inconsciente como sinónimo de estructura de lenguaje (en términos de Lévi-Strauss y la fonología). Desde esa perspectiva no trabaja ni con la categoría de "hombre" en sentido genérico y universal ni presupone la existencia de hombres y mujeres en términos sexuados, concebidos por fuera de las lenguas y culturas que habitan.[63] Rechaza totalmente lo que denomina el **"en sí del ser hombre o ser mujer"**. [64]

El carácter estructural de la cadena significante implica que cada término significante de la cadena se defina por el inter-juego del conjunto de los términos, de modo que para cada caso de análisis en el campo de la neurosis se postule que no hay acto (como repetición significante) que conlleve la posibilidad de decir "soy hombre" y "soy mujer", lo que llevaría a sostener la ilusión psicologista de la identidad del sujeto (*moi*). Esta posibilidad ilusoria implicaría suponer que el significante se signifique a sí mismo, lo cual es imposible en esta perspectiva, cuestión que se demuestra en la falla de una aparente tautología como "la guerra es la guerra", en donde el efecto de la repetición del mismo término altera la mismidad del sentido: (S1-S2).

Se podría afirmar que, a grandes rasgos, el sujeto lacaniano surge en cambio como efecto del inter-juego significante y se reduce al tema producido a partir de la operación analítica en el campo de las neurosis.

---

[62] Lacan, J. (2008). *El Seminario. Libro 19*. Clase del 17/5/1972. Buenos Aires: Paidós.

[63] E. Badinter señala que los rasgos que se consideran propios de una supuesta "naturaleza masculina", como la actividad y la agresividad, constituyen un mito. En la pequeña sociedad de los semai en la Malasia Central los varones se muestran pasivos y tímidos porque la agresividad es la mayor de las calamidades para este pueblo, y la frustración del otro el mal absoluto. Cf. E. Badinter (1992) *XY, De l'identité masculine*. París: Odile Jacob. p. 49.

[64] Lacan, J. *El Seminario. Libro 14*. Clase del 6/7/1967. Inédito.

Como plantea A. Eidelsztein, el sujeto lacaniano se entiende por lo que designa el término *sujet* en francés: el **asunto, tema o materia**, como sujeto dividido (\$) entre S1 y S2, entre 0 y 1 entre el *parlêtre* y el Otro.[65]

En este contexto, hombre y mujer como significantes se definen en su relación que está marcada por la incidencia de las instituciones culturales. En esta relación, que opera como relación *entre* significantes, un término se define por oposición diferencial al otro (y al conjunto de los otros), de modo que lo que un término puede significar o "ser" varía en función del resto del sistema. Si contamos hombre y mujer como dos significantes, nada se sabrá sobre ellos si no se analiza el conjunto de la red que los sujeta, incluyendo el lugar tercero de las instituciones, Dios, la sociedad, etc., como se indica en la cita siguiente en donde Lacan comenta el tema de la identidad de género:

> Lo que define al hombre es su relación con la mujer e inversamente. Nada nos permite abstraer esas definiciones del hombre y la mujer de la totalidad de la experiencia hablante, incluso de las instituciones donde éstas se expresan, por ejemplo el matrimonio.[66]

Para decirlo de otro modo: el psicoanálisis de Lacan sostiene que no hay acto sexual que permita fundar la partición de los "roles" del hombre y la mujer.[67] Así como rechaza la noción de *hombre* en sentido antropológico, rechaza los términos genéricos y universales de La Mujer y El Hombre consignados con mayúscula. Esta toma de posición va en sentido contrario a cualquier pensamiento que parta de esas categorías para sostener y perpetuar un modelo de organización social. Como ejemplos de este punto de vista tan propio de la filosofía y la ciencia de nuestra cultura, mencionaremos la posición de dos autores muy distantes entre sí: la de Proudhon (referenciado por Lacan en el Seminario 2) y la del mismo Freud (en la lectura de T. Lacqueur).

Proudhon, pensador políticamente revolucionario, sostiene una postura marcadamente androcéntrica. Lacan indica cómo busca fundar el matrimonio en un pacto simbólico –una jurisdicción– en donde el amor

---

[65] Eidelsztein, A. (2008). *Las Estructuras Clínicas a partir de Lacan*. Vol. II. Buenos Aires: Letra Viva Ed., p. 48.

[66] Lacan, J. (2009). *El Seminario. Libro 18*. Clase del 20/1/1971. Buenos Aires: Paidós.

[67] Lacan, J. *El Seminario. Libro 14*. Clase del 14/6/1967. Inédito: "No hay acto sexual porque somos incapaces de articular sus afirmaciones resultantes. Esto no quiere decir que no haya sujetos que puedan decir 'soy hombre' y 'soy mujer'. Pero nosotros, *analistas, no somos capaces de decirlo*".

de La Mujer (con mayúsculas) se dirige al Hombre (con mayúsculas) como encarnación de Todos los Hombres, más allá de los seres individuales, y El Hombre ama en La Mujer a Todas Las Mujeres, apuntando al sostenimiento del orden social:[68]

> El apóstol ha dicho: Que cada uno de vosotros tenga su mujer. Yo añadiría: que cada hombre ame todas las mujeres en su esposa, y que cada mujer ame en su marido a todos los hombres. Es así que conocerán el verdadero amor y que la fidelidad les resultará dulce. Pues el amor universal tiende por esencia a realizarse en la universalidad: si el hombre y la mujer que se casan, parecen salir de la indivisión, es sólo en cuanto a la cohabitación y a los deberes; por lo demás, es decir por el ideal, quedan en la comunidad.[69]

En el psicoanálisis de Freud, como destacamos, estas categorías (o clases) universales se diferencian en función de un atributo (el falo) o de la falta de este, a partir de lo cual cada hombre y cada mujer se definen en su esencia como miembros de su clase. Y con esta dicotomía la teoría freudiana también contribuye al sostenimiento de un sólido entramado de prejuicios esencialistas en los que la subordinación de la condición femenina a la realización de la maternidad es requerida para asegurar la continuidad de la especie y el desarrollo de la civilización, desde un punto de partida completamente distinto al de Proudhon. Siguiendo el análisis de T. Lacqueur:

> La aceptación del paso del clítoris a la vagina por parte de la mujer significa también aceptar el rol social femenino que sólo ella puede llenar".... Freud es un producto del biologicismo del siglo XIX, que postula dos sexos con órganos y fisiología distintos, y de un evolucionismo que garantiza la adaptación de las partes genitales a la relación heterosexual.[70]

---

[68] Lacan, J. (1984) *El Seminario. Libro 2.* Clase 21. Buenos Aires Paidós.
[69] Proudhon, P-J. *Amor y Matrimonio.* Cap VII. La familia. http://www.antorcha.net/biblioteca_virtual/filosofia/matrimonio/7.html
[70] Laqueur, T. (1994). *La construcción del sexo. Cuerpo y género desde los griegos hasta Freud.* Madrid: Ed. Cátedra.

La relación como *asunto* (*affaire*)

En su lectura estructural, Lacan se posiciona en contra de estos planteos. Diluye la dicotomía de tipos ideales correspondientes a La Mujer y El Hombre postulando que

> La cuestión del objeto interesado en el acto sexual, es introducir la pregunta de saber si este objeto es el Hombre o bien un hombre, La Mujer o una mujer... [71]

La sustitución del artículo definido **El** o **La** por el adjetivo numeral **un**, **una** se produce sin que un hombre o una mujer se inscriban como miembros de una clase tipificada por cierta cualidad, ya que se opera desde coordenadas no totalizantes ni entificadoras que impliquen un Universal que haga Uno. Queda por aclarar si con decir *"un* hombre*"* o *"una* mujer*"* (en este último la expresión tiene una ocurrencia mayor en la enseñanza de Lacan)[72] estamos aludiendo a una **individualidad** singular o la **particularidad** de una posición en términos discursivos, que podría nombrarse como *dichombre* o *dichomujer*, como se especifica en L'Etourdit. Elegiremos esta segunda hipótesis, ya que **hombre** y **mujer** en su estatuto de significantes no pueden concebirse desde la lógica de clases, en la que una clase se define por las propiedades o atributos de sus miembros, como fálico o castrado en la perspectiva freudiana. Esta atribución, como venimos destacando, implica una generalidad y delimita una esencia: la clase de los hombres y la de las mujeres, por ejemplo, y entre las dos clases puede producirse un "apareamiento", a partir de la correspondencia bi-unívoca entre ambas, consideradas como dos universales contrarios: todo lo no-hombre es mujer.[73] Este aparejamiento implicaría un modo de inscripción de la relación sexual que sin embargo en la red conceptual de Lacan se formula como imposible de escribir en términos lógico-matemáticos, también tematizada como **la imposibilidad de la relación proporcional** entre dos términos que se produce en el caso de la proporción áurea, que arroja un número inconmensurable. Consignaremos solamente una de

---

[71] Cf. Lacan, J. *El Seminario. Libro 14.* Clase 24/5/1967. Inédito.

[72] Lacan utiliza con mayor frecuencia la expresión "una mujer", entre otras razones para recrear la pregunta de Freud "qué quiere la mujer", sustituyéndola por "qué quiere una mujer".

[73] La "sex ratio" en biología es justamente *la proporción sexual* entre machos y hembras en una determinada población, que en general tiende a 1/1.

las tantas ecuaciones en las que Lacan lo trabaja: Entre el 1 (A) –como pensamiento unificante de la pareja– y el *a* (como producto de la cópula precedente),[74] "no hay copulación o proporción", ya que de la repetición de la operatoria surge otra vez la diferencia o el resto (*a*) que adquiere el valor 0,618. 1/a= 1+a/1: no se obtiene la proporción exacta, siendo el resultado un número inconmensurable (1,618…), conocido como número de oro.

La expresión que Lacan elige, como dijimos: *una* mujer, *un* hombre, está connotada por este adjetivo *numeral*: "un" o "una" evitan la generalización y son compatibles con el abordaje matemático que Lacan utiliza: la teoría de conjuntos. Recordemos que Lacan concibe la estructura como "conjunto de elementos covariantes" recurriendo a este tipo de matemática. Prefiere justamente esta teoría a la lógica de clases, ya que, en la noción de conjunto, los elementos de este solo cuentan en tanto **uno** "a partir del uno de la repetición y la diferencia".[75]

La teoría de conjuntos, a diferencia de la lógica de clases aristotélica, incorpora la existencia del conjunto vacío, que Frege utiliza para fundar el surgimiento del uno –y la serie de los números naturales– partiendo del concepto de no identidad consigo mismo: $x \neq x$, o sea la diferencia, tal como refiere y desarrolla G. Mascheroni en su libro *Los Neologismos de Lacan* [76] y donde señala –siguiendo a Lacan en su seminario 19, clase 4– que es interesante destacar que al interrogar al número entero e intentar su génesis lógica Frege haya arribado nada menos que a fundar el número uno sobre el concepto de inexistencia.

El uno de la repetición y la diferencia entonces queda establecido como inscripción de una falta (de identidad), y justamente desde esta lógica se explicaría la sustitución del artículo definido *El o La* por los adjetivos numerales *una o un*, para caracterizar los elementos de la red significante.

Si en la teoría de Lacan los sintagmas **un hombre** o **una mujer** no indican singularidades individuales sino **términos de una relación**, se podría pensar, siguiendo esta enseñanza, que esta relación puede ser concebida como **asunto**: El asunto de la relación entre un hombre y una mujer, que

---

74 Lacan, J. *El Seminario. Libro 14*. Clase del 22/2/1967. Inédito.
75 Cf. Lacan, J. *El Seminario. Libro 19*. Clase del 17/5/1972. Buenos Aires: Paidós.
76 Mascheroni G. (2014). *Los Neologismos de Lacan*. Buenos Aires: Letra Viva, pp. 74 y sigs.

Lacan nombra con un neologismo[77] : *Staferla.*[78] *Cette affaire là*, este asunto/affaire que para Lacan hace falta escribirlo del siguiente modo: *Staferla.* Podría interpretarse como *este asunto/affaire allí (là)* donde *eso* habla.

En este asunto/affaire se produce una paradoja lógica:

> Hombre y mujer no tienen nada que ver juntos (Ils nónt rien a voir ensamble. Ils peuve aller ensemble sans avoir rien ensemble...)[79]

Es decir, están juntos sin relación, lo que precisa más específicamente la referida imposibilidad de escribir la relación sexual (en términos lógico-matemáticos). J. L. Nancy plantea esta paradoja (que Lacan aclara que es de la misma índole de los conjuntos que no se contienen a sí mismos) como "lo que aparea una pareja no es una pareja". Se podría pensar que de allí, de la particularidad de este asunto/*affaire,* emergen, por ejemplo, **un** hombre en relación a **una** mujer, teniendo en cuenta que para Lacan, la dimensión del deseo, como deseo del Otro articulado más allá de los elementos significantes que componen la Demanda, siempre radica en una condición particular: Un hombre o Una mujer.[80] En el consabido desarrollo de las cuatro fórmulas, Lacan reservará esta opción para el lado derecho correspondiente a lo femenino.[81]

Desde esta perspectiva, es evidente que Lacan insiste en aclarar que en psicoanálisis hace falta tomar "hombre", "mujer" (y los géneros que surjan: "bisexual" u "homosexual", etc.)[82] como significantes, y por lo tanto uno por uno o una por una, como elementos de *una trama o asunto* en donde se relacionan con otros términos, y que también cuenta como

---

[77] Victor Ruiz Aldana ubica este neologismo entre los acrónimos fonéticos, que en Lacan están formados por al menos una expresión o locución francesa más o menos fijada. Cf. Ruiz Aldana Víctor (2016). *La traducción de los neologismos de J. Lacan.* Disponible en https://repositori.upf.edu p.34.

[78] Lacan, J. *El Seminario. Libro 15.* Clase 27/3/1968. Inédito.

[79] *Ibid.*

[80] En el curso del Seminario 20, *Otra vez,* Lacan aborda el problema de la relación entre *infinitud* y finitud a partir de la noción topológica de *compacidad* para pensar el espacio del goce sexual, y destaca que los conjuntos abiertos que recubren el espacio compacto son finitos y se cuentan uno por uno. No abordamos esta compleja temática en este trabajo. Solo subrayamos que propone pasarlo al femenino: *una por una.*

[81] Véase el capítulo 6 de este volumen.

[82] Cf. Eidelsztein, A. (2015) *Otro Lacan* Buenos Aires: Letra Viva: "...ya que el ser existe como creación del significante y en tanto se habla de él, si no hay acto sexual que pueda producir 'soy hombre' y 'soy mujer' se deduce que lo mismo rige para cualquier otra condición sexuada que se pueda plantear con mayor o menor polémica en la cultura actual: travesti, bisexual, célibe, asexuado, etc.", pp. 228-245 y sigs.

uno: *Cette affaire là.* Las conocidas cuatro fórmulas darían cuenta de este asunto en cualquier material de análisis, como se sostiene en el capítulo 6 de este libro.[83] En tanto estructura significante esta trama se compone de más de dos elementos, ya que contamos por ejemplo al **falo** como introducción de una falta lógica: elemento tercero que para el caso de las neurosis anula la dualidad y la complementariedad unificante.[84]

El sexo como diferencia radical

En este contexto, si hombre y mujer como significantes se definen en su relación (sexual, en tanto imposible de escribir), obviamente se trata de una relación entre significantes, lo que permitiría pensar, siguiendo a J. L. Nancy, que "la relación tiene en lo sexual su exposición íntegra".[85] La "relación" consistiría en la diferencia misma que implica la estructura del significante en tanto definido a partir de la diferencia: un significante consiste en lo que los otros no son. El sexo se caracteriza por ser diferencia pura y del mismo modo se define al significante.[86] La lógica de la imposibilidad de relación sexual, entonces, es la del significante: No hace uno, no se significa a sí mismo, ni se aparea al "copular" con otro significante para producir significación sin resto en la cadena del saber inconsciente, pues consiste en la diferencia misma: solamente es lo que los otros no son.

De allí que Lacan considere al género como "el correlativo de la oposición significante", la "oposición diádica del sistema",[87] que imaginariamente podría tender a hacer de los dos términos uno, o sea el imposible del Eros freudiano. La díada significante es la del saber inconsciente que

---

[83] Cf. Lacan, J. *El Seminario. Libro 19.* Charla en St. Anne 3/3/72, p. 98: "Lo que acabo de mostrar en el pizarrón pretende en efecto sostener mediante una escritura la trama del asunto (*reseau*) sexual".

[84] Cuando Lacan lo escribe como función Fi X, esta falta lógica inscribe el "obstáculo a la relación sexual", que tiene por efecto "que ya no se pueda disponer del conjunto de los significantes", es decir, en las neurosis, el conjunto de los significantes no hace uno, o no se incluye a sí mismo. Otra versión de la pérdida de la identidad.

[85] Nancy J-L. (2001) *El "hay" de la relación sexual.* Madrid: Síntesis.

[86] Lacan, J. El Seminario. Libro 12. Clase del 12/5/1965. Inédito. "El sexo, en su esencia de diferencia radical, permanece intocado y se rehúsa al saber".

[87] Lacan, J. El Seminario. Libro 12. Clase del 12/5/1965. Inédito.

implica que los "significantes copulen de dos en dos"[88] (o sea que al menos se cuentan **cuatro**).

El "sexo", la oposición del sexo, sobre **la que no sabemos nada**, es lo que funda esta oposición diádica del sistema y es equivalente a la marca de la diferencia, de la falta y de la imposibilidad lógica sobre esta misma oposición.

En otras palabras, el saber inconsciente adolece de una falta, que en el contexto del seminario 12 (*Posiciones subjetivas del ser*) Lacan llamativamente nomina "Sexo", el sexo como imposible de saber y como **diferencia radical**.

Por esta razón, para Lacan la estructura de la díada significante no podría pensarse con la lógica de los contrarios, siguiendo a Platón en el *Sofista*,[89] del mismo modo que el no ser no es el contrario del ser, ya que, en primer lugar, el no ser es (es de algún modo, como se demuestra en la dialéctica de Platón, al reflexionar sobre el ser de una imagen a modo de ejemplo); y, en segundo lugar, no se puede sostener que todo lo que no es hombre es mujer, del mismo modo que no puede decirse que todo lo no-grande es pequeño. Lo diferente (*héteron,* otro), que para algunos comentadores es equivalente al reino de las Ideas o Formas en su conjunto, hace al no-ser diferente del ser, pero no como su contrario, sino como diferente. Así el *sexo* como la diferencia radical ocupa para Lacan un lugar similar a lo Diferente o lo Otro –que en Platón introduce el no-ser (que *es*)– fundando la imposibilidad de que dos hagan uno y de dos que sean cada uno "uno" (o "uno mismo").[90]

Jean-Luc Nancy, en el artículo anteriormente referido, lo comenta en términos apropiados y elocuentes al referirse a la distinción de género:

> Lo sexual no es un predicado…Lo sexual es su propia diferencia, o su propia distinción. Distinguirse en tanto que sexo o en tanto sexuado, es precisamente lo que constituye el sexo o la sexuación es… lo que no da

---

[88] Lacan, J. El Seminario. Libro 22. Clase del 11/3/1975. Inédito.

[89] Cf. Platón (2007) *Sofista* en *Diálogos* V.: Barcelona: Gredos. 256ª :"En cada género (Forma, Idea) la naturaleza de lo Diferente (Cómo género), al hacerlo diferente del Ser, lo convierte en algo que no es…pero al mismo tiempo los géneros (Ideas), participan del ser existen y son algo que es".

[90] Lacan se apoya con insistencia en distintas versiones de lo *Otro* en Platón. Una de estas referencias se desarrolla en el artículo **"La mujer como Otro radical en la enseñanza de Lacan"** del capítulo 2 de este volumen.

lugar a su propia entelequia: pues nadie es hombre o mujer sin resto, así como tampoco nadie es homo- o heterosexual sin resto... [91]

La diferencia sexual para Lacan no se inscribe entonces en términos de bipolaridad, no hay dos que hagan uno, ni dos apareados, ni cada uno es uno mismo. Esta lógica de la no-relación o de la pura diferencia es la que se sostiene en afirmaciones lacanianas como "no hay segundo sexo", o el o la *partenaire* "se desvanecen":[92]

> (...) **no hay segundo sexo** una vez que entra en función el lenguaje. O para decir las cosas de otro modo, en lo que concierne a lo que llamamos **heterosexualidad**-término que sirve para decir **otro** en griego-**puede vaciarse en cuanto ser**, para la relación sexual. Precisamente, el vacío que ofrece a la palabra es lo que llamo el lugar del Otro, a saber, ese en el que se inscriben los efectos de la susodicha palabra.

Bibliografía

Badinter (1992). *XY, De l'identité masculine*. París: Odile Jacob.

Cevasco, R. (2010). *La Discordancia de los sexos. Perspectivas psicoanalíticas para un debate actual*. Barcelona: S&P.

Despentes, Virgine (2007). *Teoría King Kong*. Tenerife: Editorial Melusina.

Eidesztein, A. (2008). *Las Estructuras Clínicas a partir de Lacan*. Vol II. Buenos Aires: Letra Viva.

Eidelsztein, A. (2015) *Otro Lacan*, Buenos Aires: Letra Viva.

Freud, S. (1976). *Obras Completas*, Tomos XIX, XXI y XXII. Buenos Aires: Amorrortu Ed.

---

[91] Nancy, J-L. *Op. cit.*
[92] Lacan, J. *El Seminario. Libro 19*. Charla en St. Anne, 3/3/72. El resaltado es nuestro.

Halperin, D. (2000). "¿Hay una historia de la sexualidad?" En *Grafías de Eros*. Buenos Aires: Edelp.

Lacan, J. (1984). *El Seminario. Libro 2*. Buenos Aires Paidós.

Lacan, J. (2006). *El Seminario. Libro 10*. Buenos Aires: Paidós.

Lacan, J. El Seminario. Libro 12. Inédito.

Lacan, J. El Seminario. Libro 14. Inédito.

Lacan, J. (2008). *El Seminario. Libro 16*. Buenos Aires: Paidós.

Lacan, J. (2009). *El Seminario. Libro 18*. Buenos Aires: Paidós.

Lacan, J. (2008). *El Seminario. Libro 19*. Buenos Aires: Paidós.

Lacan, J. El Seminario. Libro 22. Inédito.

Laqueur, T. (1994). *La construcción del sexo. Cuerpo y género desde los griegos hasta Freud*. Madrid: Ed. Cátedra.

Mascheroni, G. (2014). *Los Neologismos de Lacan*. Buenos Aires: Letra Viva.

Nancy, J-L. (2001). *El "hay" de la relación sexual*. Madrid: Síntesis.

Platón. *Diálogos V: Sofista*. Barcelona: Gredos.

Proudhon.P-J. *Amor y Matrimonio*. Cap. VII. "La familia". http://www.antorcha.net/biblioteca_virtual/filosofia/matrimonio/7.html

Veyne, P. (2010). "La Homosexualidad en Roma", en *Sexualidades Occidentales* de Ph. Aries y A. Béjin. Buenos Aires: Nueva Visión.

La mujer: referencias mito-lógicas de la enseñanza de Lacan

Parte 1. La mujer como versión del Padre

María Paula Castelli

Introducción

En este recorrido nos propondremos detenernos particularmente en el texto de Lacan sobre la obra de Wedekind, *Despertar de primavera*, en tanto allí establece un paralelismo entre la mujer y el padre, a partir del análisis del personaje del "Hombre enmascarado".

Recordemos que la obra fue escrita por Wedekind entre 1890 y 1891, en Múnich, subtitulada como "Tragedia infantil". Fue discutida en la reunión científica del 13 de febrero de 1907, de la Sociedad Psicoanalítica de Viena, donde vemos que tanto Freud como sus discípulos destacan el especial reconocimiento de la sexualidad infantil por parte de Wedekind.

Sin embargo, Lacan, en "El despertar de la primavera",[1] se separa de las interpretaciones que allí se discutieron, considerando que en esa instancia se "descifra al revés los signos trazados por Wedekind en su dramaturgia."[2]

Justamente este distanciamiento guarda relación con lo planteado por Lacan en el *Seminario 8*, cuando señala que el padre surge al principio del pensamiento analítico "bajo una forma cuyos rasgos escandalosos se destacan muy bien en la comedia",[3] ubicando al padre en un lugar central con respecto al drama del deseo, en especial a la articulación de la demanda femenina. En el campo del teatro y de las letras, Lacan cita (entre otros autores del siglo XIX y comienzos del siglo XX) a Wedekind, Claudel e Ibsen, como representantes y transmisores de esta temática, vigente en un contexto epocal del que forma parte el psicoanálisis.

---

[1] El 1 de septiembre de 1974, Lacan escribe un texto para el programa de *El despertar de la primavera de Wedekind*, obra dirigida por Brigitte Jaques, en el Teatro Récamier, con motivo del Festival de Otoño de París. La edición contenía el texto de la sesión del 13 de febrero de 1907, de la Sociedad Psicoanalítica de Viena dedicada a la pieza.

[2] Lacan, J. (1988). "El despertar de la primavera". En *Intervenciones y textos 2*. Bs. As. Manantial. p.112

[3] Lacan. J. (2006) *El Seminario. Libro 8*. Buenos. Aires. Paidós, p. 331.

En este marco, podemos decir que Wedekind anticipa en su tragedia un determinado estatuto del padre, delineado por el discurso de la época pero subvertido en la lectura que Lacan hace de la obra alemana.

En estas condiciones históricas, según Lacan, Freud toma de las histéricas que lo convocan con su padecimiento la idea de "poner al padre omnipotente en el principio del deseo".[4] El complejo de Edipo como clave interpretativa en las neurosis sigue así la dirección del planteo de la histeria, lo que implica sostener la figura del padre adorado, caído, rival, etc.

Creemos, entonces, que cuando Lacan se distancia de la interpretación freudiana de la tragedia infantil, tiene la intención de acentuar fuertemente el estatuto del padre desustancializado, en términos de Nombre, de Nombre de Nombre de Nombre, al destacar al personaje del "Hombre enmascarado" en relación a la ex-sistencia del Nombre-del-Padre como puro semblante.

Siguiendo la lectura del texto de Lacan, intentaremos situar el lugar que le otorga a la mujer en relación a este personaje, en la interpretación de la trama.

El despertar de la primavera

En "El despertar de la primavera", Lacan afirma que el Padre no tiene un nombre que le convenga, ya que es el semblante por excelencia. Refiere que en la obra de Wedekind podría ilustrarse con el personaje que se presenta como "El hombre enmascarado", que prejuiciosamente podemos confundir con un hombre, aunque para Lacan no sabemos con certeza si el actor no lleva máscara de mujer. Allí nos dice:

> La máscara sola ex-istiría en el lugar vacío donde pongo *La* mujer. Mediante lo cual no digo que no haya mujeres.

Paso seguido agrega:

---

[4] Lacan, J. (2008). *El Seminario. Libro 17*. Buenos. Aires: Paidós, p. 137.

La mujer como versión del Padre, sólo se ilustraría como Padre-versión,[5] como Perversión.

Cómo saber si, como lo formula Robert Graves, el Padre mismo, el padre eterno de todos nosotros, no es más que el Nombre entre otros de la Diosa blanca, aquella que su decir se pierde en la noche de los tiempos, por ser la Diferente, Otra siempre en su goce-al igual que esas formas del infinito[6] cuya enumeración sólo comenzamos al saber que es ella la que nos suspenderá a nosotros.[7]

Este pasaje nos convoca a preguntarnos: ¿Por qué Lacan estaría ubicando a la Diosa Blanca en el lugar del Padre?

En primer lugar, nos resulta pertinente poder detenernos en la referencia a Robert Graves, *La Diosa Blanca,* en un intento de echar luz sobre esta afirmación tan potente que equipara a la Diosa Blanca con el lugar del Padre.

La intención será extraer algunos desarrollos de la obra de Graves (que resulta sumamente compleja e inagotable para quien no comparte el campo de saber del autor) e intentar comprender el empleo que realiza Lacan al referirse a esta deidad y qué consecuencias se podrían extraer para el psicoanálisis.

La Diosa Blanca de Robert Graves

La tesis de Robert Graves es que

(...) el lenguaje del mito poético corriente en la antigüedad en la Europa mediterránea y septentrional era un lenguaje mágico vinculado con ceremonias religiosas populares en honor a la diosa Luna, o Musa, algunas de las cuales datan de la Edad de Piedra paleolítica, y que este sigue siendo

---

[5] *Père-version,* neologismo en forma de sustantivo por la unión de un guión de las palabras *père* (padre) y *version* (versión). En francés resulta homófono de *perversion* (perversión). En el *Seminario 23* Lacan afirma que "perversión no quiere decir más que versión hacia el padre". Pasternac M. y N. (2003) *Comentarios a neologismos de Jacques Lacan.* D.F. Epele, p. 233.

[6] Sobre la cuestión de lo infinito y la mujer, véase "**La perspectiva de Lacan respecto de la mujer como figura del Otro en la cultura**", de María Inés Sarraillet, Cap. 1, y "**Lo femenino como Lo Otro**", de Gabriela Mascheroni, Cap. 2, de este volumen.

[7] Lacan J. (1988). "El despertar de la primavera". En *Intervenciones y textos* 2. Buenos Aires: Manantial, p. 112.

el lenguaje de la verdadera poesía (...) Ese lenguaje fue corrompido al final del periodo minoico cuando invasores provenientes del Asia Central comenzaron a sustituir las instituciones matrilineales por las patrilineales y remodelaron o falsificaron los mitos para justificar los cambios sociales.[8]

La Diosa Blanca resulta así una deidad proteica y terrible que ha conocido muchos nombres: Astarté o Luna (entre otros), tiene un lugar en toda religión y demología, y es necesaria y fatal para los poetas a quienes inspira y destruye.

En la antigua Europa y Oriente Próximo se adoraba a la Diosa de los "Mil Nombres", originariamente en el Mediterráneo y en Gran Bretaña. Se trataba de una deidad femenina, mil veces más generosa y cruel que cualquier dios masculino, denominada Diosa Luna Triple, que representaba las tres facetas femeninas: la doncella, la madre y la anciana.

Fue hacia el 400 a. C., con la invasión de pueblos de Asia Central que creían en la supremacía de un dios masculino, que la Diosa Blanca fue relegada a un segundo plano, con lo cual se instauró una nueva dinastía patriarcal[9] que repudió la soberanía de la Gran Diosa y falsificó los mitos para justificar los cambios sociales.

---

[8] Graves, R. (1970). *La Diosa Blanca. Historia comparada del mito poético.* Buenos Aires: Losada, p.10.

[9] Si bien encontramos en Graves la denominación "épocas matriarcales", o "etapa de transición del matriarcado al patriarcado", cabe aclarar que se entiende por **matriarcado** a un tipo de sociedad en la cual las mujeres tienen un rol central de liderazgo político, autoridad moral, control de la propiedad y de la custodia de sus hijos. Pero lo cierto es que la existencia de comunidades de este tipo a lo largo de la historia de la humanidad ha sido, y sigue siendo, un asunto muy controvertido.

Siguiendo algunas lecturas, encontramos, por ejemplo, que Simone de Beauvoir retoma la importancia que han adquirido las deidades femeninas señalando que "las grandes épocas patriarcales conservan en su mitología, monumentos y tradiciones, el recuerdo de un tiempo en que las mujeres ocupaban una situación muy importante." De Beauvoir, S. (1984) *El segundo sexo.* S.XX, pp. 93-94.

Allí considera que estos hechos han llevado a suponer que en los tiempos primitivos existía un verdadero reinado de las mujeres (hipótesis propuesta por Bachofen, que suponía que había habido matriarcados históricamente fechados y anteriores al patriarcado) y que el paso del matriarcado al patriarcado sería la gran derrota histórica del sexo femenino, lo cual para la autora constituye solamente un mito, ya que –sostiene– el poder político siempre ha estado en manos de hombres.

En el mismo sentido se sitúa Lévi-Strauss cuando afirma que la autoridad pública o social pertenece siempre a los hombres. Considera que el semejante con quien se establecen relaciones recíprocas para el macho siempre es un individuo macho, siendo las mujeres objeto de intercambio, parte de los bienes que los hombres poseen. Dice: "el vínculo de reciprocidad que funda el matrimonio no es establecido entre hombres y mujeres, sino

Sin embargo, la Diosa Blanca no pudo ser sometida en su totalidad y de alguna manera permaneció en las distintas transformaciones que fue sufriendo en los mitos y las religiones que sustituyeron su culto. Desde la mitología griega –a través de Deméter, Perséfone, Hécate, Diana, Hera, Atenea, entre otras– y la galesa –con Cerridwen– hasta la religión judeo-cristiana –pudiéndose pensar en la figura de Eva o la Virgen María–, ha perpetuado su vigencia en la multiplicación de deidades femeninas.

Ahora bien, justamente en este pasaje que tiene lugar en la sustitución de la Diosa femenina por un Dios Universal masculino, Robert Graves se detiene y afirma que:

---

entre hombres por medio de mujeres, las que sólo son la principal ocasión". Lévi-Strauss. (1988) *Estructuras elementales del parentesco*. Buenos Aires. Paidós, p. 160. Luego agrega: "(...) la autoridad política, o simplemente social, pertenece siempre a los hombres y esta prioridad masculina presenta un carácter constante (...)". *Ibid*, p. 161.

En otro texto señalará que: "En el siglo pasado, y todavía a principios del nuestro, una teoría en boga de los antropólogos pretendía que en los primeros años de la humanidad las mujeres mandaban en los asuntos familiares y sociales. De este supuesto matriarcado primitivo se presentaban múltiples pruebas: esculturas principalmente femeninas y la frecuente figuración de símbolos femeninos en las artes de la prehistoria; el lugar preponderante que en la época protohistórica se daba a las 'diosas madres' en la cuenca mediterránea y más allá; pueblos llamados 'primitivos' observados en nuestros días entre quienes el nombre y el estatus social pasan de la madre a los hijos; en fin, numerosos mitos recogidos en todas partes del mundo que ofrecen otras tantas variaciones sobre un mismo tema. Dicen que en los tiempos antiguos las mujeres mandaban a los hombres. La sujeción de éstos duró hasta que lograron hacerse de los objetos sagrados —a menudo instrumentos musicales— de los que las mujeres extraían su poder. Una vez que se convirtieron en los únicos detentadores de estos medios de comunicación con el mundo sobrenatural, los hombres pudieron establecer definitivamente su dominación. Al prestar a los mitos una verosimilitud histórica, se restaba importancia al hecho de que éstos tienen como función principal explicar por qué son así las cosas en el presente, lo que los obliga a suponer que antes eran de otra manera (...) Los progresos de la observación etnográfica pusieron un punto, que por un tiempo se pudo pensar que era final, a las ilusiones del matriarcado. Se vio que, en un régimen de derecho materno, al igual que en un régimen de derecho paterno, la autoridad pertenece a los hombres. La única diferencia es que en un caso quienes la ejercen son los hermanos de la madre y en el otro los maridos". Lévi-Strauss. *Sexualidad femenina y origen de la sociedad*. Letras libres. 2000, año II, n°16, p. 36.

Por su parte, Zafiropoulos afirma que "la teoría de los matriarcados anteriores a la existencia del patriarcado es una teoría falsa, podemos afirmar que esta teoría de la Gran Diosa remite (...) a una suerte de falsa novela sobre los orígenes". Zafiropoulos, M. (2010). *La cuestión femenina, de Freud a Lacan*. Buenos Aires Logos Kalós. p.45

También encontramos que François Héritier sostiene que el culto a la fecundidad femenina no implicaba que las mujeres fueran poseedoras de poder. Héritier F. (2016). *Diferencia de sexos*. Buenos Aires. Capital intelectual, p. 81.

Lo que aflige al cristianismo actualmente es que no es una religión basada sólidamente en un solo mito; es un complejo de decisiones jurídicas tomadas bajo presión política en un antiguo litigio acerca de los derechos religiosos entre los adherentes a la diosa Madre, que en un tiempo, era suprema en el Occidente, y los del dios Padre usurpador.[10]

Para él, entonces, el cristianismo no es más que el resultado de la tensión de ese pasaje de una Diosa femenina de múltiples versiones a un Dios masculino, que se niega a tener trato con diosas, pero que en varios puntos conserva sus mismas propiedades tales como: la sabiduría, la omnipotencia o la autosuficiencia, entre otras, y el nombre en particular, pues el nombre de este nuevo Dios masculino conservará en su escritura tanto el nombre de la Gran Diosa Suprema como su carácter sagrado e **impronunciable**, como ya veremos.

Las diosas y el lenguaje

Nos interesa detenernos en la articulación entre **Deidad femenina y la génesis del lenguaje**, en tanto Lacan insistirá en algunos momentos de su obra en el lazo particular entre la mujer y el lenguaje.

Para ello intentaremos situar el interesante recorrido que Robert Graves realiza en *La Diosa Blanca* en lo que respecta a esta articulación.

En dicha obra el autor hace referencia a que Higinio en su última Fábula[11] hace constar que las Parcas: Cloto, Láquesis y Átropo inventaron, en el sentido de una génesis mítica, las siete letras griegas:

Alpha (Omicron), Upsilon, Eta, Iota, Beta y Tau.[12]

Las Parcas se ubican, para Higinio, como las gestoras míticas de las primeras letras del alfabeto griego.

Recordemos que las Parcas son las diosas del destino. Son tres hermanas hilanderas que personifican el nacimiento, la vida y la muerte. Se encargaban de escribir el destino de los hombres en las paredes de un

---

[10] Graves, R. *Ibid*, p. 619.
[11] Higinio (2009). *Fábulas*. Fábula 277. Los primeros inventores de las cosas. Madrid. Gredos, p. 334.
[12] Cf. Graves, R. *Op. cit.*, p. 284.

enorme muro de bronce y nadie podía borrar lo que ellas escribían. De donde se desprende que la historia de cada sujeto estaba hecha de palabras, que una vez escritas no podían ser modificadas.

Si bien parece que han circulado diferentes versiones con respecto a los orígenes del alfabeto griego, según Graves, Higinio refiere que a las letras iniciales creadas por las Parcas (AOUEIFH) luego se agregaron otras como Omega (O larga) y Eta (E larga).[13]

Por otro lado, en la misma fábula, Higinio ubica a Carmenta[14]– una diosa arcadia perteneciente a la mitología romana y que, a semejanza de las Parcas, predecía el destino por medio de los versos– como la que transformó las letras griegas en quince letras latinas.

En este punto es posible establecer que la figura de la mujer representada en las Parcas, Carmenta y la Diosa Blanca queda en estrecha relación con el lenguaje, las primeras por la escritura imborrable del destino y las mentoras míticas de las primeras letras griegas, la segunda por dar origen a las letras latinas y la tercera por la inspiración y la poesía, cuyo lenguaje estudia Graves. Esta última, la Gran Diosa en su aspecto poético, fue fuente de inspiración y dio lugar a un lenguaje poético en su honor.

Podemos pensar, entonces, que este lazo indisociable que surge entre la mujer y el lenguaje[15], representado en las figuras míticas correspondientes a deidades femeninas, nos permite darle algún sentido a la afirmación de Lacan cuando dice en "La conferencia en Ginebra sobre el síntoma" que:

> Yo, me sentiría bastante inclinado a creer que, contrariamente a lo que le resulta chocante a mucha gente, son más bien las mujeres las que inventaron el lenguaje. Por otra parte, el *Génesis* lo da a entender.[16] [17]

---

[13] Cf. Graves, R. *Ibid.*, p. 363.

[14] Higinio (2009). *Fábulas*. Fábula 277. Los primeros inventores de las cosas. Madrid. Gredos, p. 335.

[15] Véase el "efecto feminizante" en el discurso analítico y la referencia al *dichomujer* en **"Comentario acerca de las cuatro fórmulas de Lacan: otra lectura posible" de María Inés Sarraillet en este volumen.**

[16] Lacan J. (1988). "Conferencia en Ginebra sobre el síntoma". En *Intervenciones y textos* 2.Buenos Aires. Manantial, p. 143.

[17] Se retomará la articulación entre la mujer y el lenguaje en el mito bíblico en **"De la creación: Eva, Dios y el lenguaje". María Paula Castelli en este volumen.**

De la Diosa de los "mil nombres" al Dios impronunciable

En *La Diosa Blanca*, Robert Graves se detiene especialmente sobre "el santo e inefable nombre de Dios", de cuyo desarrollo podemos extraer algunas ideas interesantes en consonancia con ciertos términos del campo psicoanalítico.

Nos dice allí,

> El Señor de la Semana de Siete Días era "Dis", el dios trascendental de los hiperbóreos[18] cuyo nombre secreto le fue revelado a Gwydion[19]. ¿No hemos dado ya con el secreto?[20]

Justamente, según refiere Robert Graves, dicho nombre estaría grabado con siete vocales

OAOUEIY

Que en letras romanas se escribía como

JIEVOAŌ

Refiere que cuando el Nombre fue revelado se constituyó un nuevo sistema religioso y nuevos nombres a las letras, creándose también un nuevo Nombre que permanecería en secreto. Dicho nombre implicaría la sustitución de siete letras por ocho y la prohibición[21] de las letras F y H.[22]

Según parece, a las siete letras originales inventadas por las Parcas

AOUEIFH

---

[18] Los hiperbóreos eran, en la mitología griega, un pueblo que llevaba una pacífica existencia en Hiperbórea, una región situada en las tierras septentrionales aún desconocidas, al norte de Tracia. Se les consideraba los hijos del dios Bóreas, el frío y terrible viento del norte. Eran adoradores del Dios Apolo.

[19] Mago y héroe de la mitología galesa.

[20] Graves R. *Ibid.*, p. 362.

[21] Graves destaca que en el alfabeto Ogham ordinario (alfabeto de origen irlandés), donde se esperaba F y H, están T y B, las consonantes que aparecen en el relato de Higinio. Por ello considera evidente que en Callen (Irlanda) la F y la H estaban prohibidas, del mismo modo que en el alfabeto griego.

[22] Cf. Graves R. *Ibid.*, p. 363.

se les habrían agregado, según Higinio, Omega y Eta por Simónides, quien a su vez suprimió la H aspirada del alfabeto dándole su carácter a Eta.

Graves supone que si esto ha sido así, entonces el óctuple Nombre de Dios que contenía la Digamma F (V) y la H aspirada era tal vez: JEHUOVAŌ.

Ahora bien, la forma anterior de las siete letras JIEVOAŌ recuerda, según Graves, las muchas conjeturas acerca del "Nombre Bendito del Santo de Israel".

Este nombre solo lo podía pronunciar el Sumo Sacerdote una vez al año y en voz baja, y no podía ser escrito. La fórmula oficial desfigurada JEHOWIH o JEHOWAH, escrita de forma abreviada JHWH, pronunciándose como IABE. Este resulta el nombre revisado tomado por los judíos. Los samaritanos lo escribían IAHW y lo pronunciaban IABE.[23]

A su vez, este nombre JIEVOAO era el nombre sagrado de la diosa quíntuple Danu,[24] [25] diosa madre, madre universal de todos los dioses de la mitología celta, una de las posibles versiones de la Diosa Blanca.

Siguiendo el desarrollo de Graves, han aparecido restos arqueológicos que parecerían dar cuenta de la inscripción del nombre sagrado e inefable como la Diosa de la Sabiduría, siendo probable la aparición de la versión de cinco letras IEUOA o el de siete letras JIEUOAŌ. O bien, dado que era la diosa Luna Triple o las Tres Parcas (que inventaron las cinco vocales más la F y la H), el nombre tendría nueve letras JIEHUOV(F)AŌ.[26]

De este modo, se podría deducir que las vocales originales de la Diosa Blanca (AOUEI) aparecerían elididas en el Tetragrámaton JHWH.

Como decíamos antes, se produce entonces una tensión entre el pasaje de una Diosa femenina de múltiples formas a un único Dios universal y masculino. Pero en ese pasaje hay aspectos que se conservan que merecen particular atención, ya que es justamente en esta tensión que podemos destacar algunos paralelismos en tanto remiten a ciertos desarrollos de Lacan en lo que respecta a su lectura de los relatos bíblicos y sus consecuencias para el psicoanálisis.

---

[23] Cf. Graves R. *Ibid.*, p. 364.
[24] Se la consideraba diosa de la literatura, la poesía, la adivinación y la sabiduría. También es la diosa de la fertilidad y la creación, de quien descendían los demás dioses. Llegó a tener representación triple: Dana, Anu y Brigit. Más adelante, ya en época cristiana, fue convertida en Santa Brígida.
[25] Cf. Graves R. *Ibid.*, p. 436.
[26] Cf. Graves R. *Ibid.*, p. 491.

En primer lugar, se podría pensar que en ese pasaje, el Dios universal, masculino y omnipotente de la religión judía "hereda" su nombre de la Diosa Blanca, su antecesora.

Vemos así, en la peculiaridad de la transmisión del nombre innombrable del Dios judío, que son las vocales pertenecientes al nombre original de la Diosa Blanca las que serían elididas en el Tetragrámaton, quedando de algún modo reprimida la diosa/mujer detrás del nombre de Dios/masculino.

Por otro lado, esta sustitución da sustento desde una lógica mítica, a la tesis de Lacan que vincula a *La* mujer con el lugar de Dios.

En el *Seminario 22*, menciona

> (...) Dios es LA Mujer vuelta toda. (...). Ellas no dicen nada, sino en tanto que la-toda, de la que recién he dicho que era Dios, la-toda, si ella ex-sistiera.[27]

Al respecto en el *Seminario 23* encontramos que Lacan nos dice:

> Pero hay otra barra que consiste en barrar, a saber ella es como esta barra: $\overline{\Phi X}$, (...) Ella dice que no hay Otro que respondería como partenaire, siendo toda la necesidad de la especie humana que haya un Otro del Otro. Este es aquél que generalmente llamamos Dios, pero cuyo análisis devela que es muy simplemente *La mujer.* Lo único que permite designarla como *La*, puesto que les he dicho que *La mujer* no existía (...) lo único que permite suponer *la* mujer, es que, como Dios, ella sea ponedora. Pero ahí está el progreso que el análisis nos hace hacer, es percatarnos de que aunque el mito la haga toda salir de una sola madre, a saber de Eva, y bien, sólo hay ponedoras particulares. Y es por eso que recordé en el seminario *Otra vez {Encore}*, parece, lo que quería decir esta letra complicada, a saber el significante de que no hay Otro del Otro.[28]

En esta cita vemos que Lacan localiza a Eva como a una de esas versiones de *La* mujer equiparada a Dios, y siguiendo a Graves podemos pensarla como una versión de la Gran Diosa Madre, ya que Eva a su vez es denominada "la madre de todos los vivientes".

Agrega luego Lacan que

---

[27] Lacan, J. *El Seminario. Libro 22.* Clase del 11/3/1975. Inédito. Versión crítica de R. Rodríguez Ponte. Disponible en https://www.lacanterafreudiana.com.ar
[28] Lacan, J. *El Seminario. Libro 23.* Clase 16/3/1976. Versión crítica de R. Rodríguez Ponte. Disponible en https://www.lacanterafreudiana.com.ar

> (...) *La mujer*, que jamás haya sido –mítica en el sentido de que el mito la ha hecho singular: se trata de Eva, de la que hablé recién– que la única, *La mujer*, que jamás haya sido indiscutiblemente poseída por haber gustado del fruto del árbol prohibido, el de la Ciencia, la *Evie*, pues, no es mortal, {no} más que Sócrates. *La* mujer de la que se trata es otro nombre de Dios, y es en eso que ella no ex-siste, como lo he dicho muchas veces.[29]

Justamente estos pasajes ponen de manifiesto el lugar de Eva como versión de *La* mujer que no existe, pudiéndose pensar a Eva como otro nombre de Dios.

De este modo, Lacan estaría ubicando a *La* mujer en el lugar de Dios en sentido mítico, como aquel que ocuparía el lugar del Otro del Otro que no existe, haciéndola suponer como *toda*, cuando en realidad no podemos sostener más que su particularidad en tanto la mujer es *no-toda*.

Es así que *La* mujer constituye una versión mítica que da existencia al menos a una mujer que haría excepción a la función fálica. En este sentido, *La* mujer sería equivalente a Un Padre que les indicaría a las demás mujeres el lugar donde se podría encontrar un límite impuesto a la función fálica, dándose un conjunto universal (*La* mujer).

Una vez más en relación a las fórmulas de la sexuación, ubicamos que Lacan refiere:

> (...) a lo que pasa del lado de la mujer (...) cuando escribo $\overline{\forall}X: \Phi X$ esta función inédita en que la negación afecta al cuantor que ha de leerse no-todo, quiere decir que cuando cualquier ser que habla cierra filas con las mujeres se funda por ello como no-todo, al ubicarse en la función fálica. Eso define a la... ¿a la qué? -a la mujer justamente, con tal de no olvidar que *La* mujer sólo puede escribirse tachando *La*. No hay *La* mujer, artículo definido para designar el universal. No hay *La* mujer puesto que -ya antes me permití el término, por qué tener reparos ahora- por esencia ella no toda es.[30]

Entonces, esta equiparación entre *La* mujer y Dios nos permitiría situar a *La* mujer como una versión del Padre,[31] remitiendo al neologismo

---

[29] Lacan, J. *El Seminario. Libro 23*. Clase del 18/11/1975. Versión crítica de R. Rodríguez Ponte. Disponible en   https://www.lacanterafreudiana.com.ar

[30] Lacan, J. (1981) *El Seminario. Libro 20*. Buenos Aires. Paidós, p. 89.

[31] Es de destacar que en ciertas culturas no occidentales se ubicaría esta relación, tal como en los "matrimonios entre mujeres" del Golfo de Benín, los cuales llevan a algunas mujeres estériles a casarse legalmente con otra mujer, siempre que la mujer estéril pague al padre de la otra mujer el precio de la prometida. Los niños que nacen de esta unión

Père-version, como padre-versión o versión hacia el padre. Articulación que localizamos cuando Lacan sostiene que el Padre/Dios mismo es el Nombre entre otros de la Diosa Blanca, que recortábamos al inicio, en "El despertar de la primavera":

> (...) el Padre mismo, el padre eterno de todos nosotros, no es más que el Nombre entre otros de la Diosa blanca. [32]

El Hombre enmascarado y el Nombre-del-Padre

Antes de la cita referida al comienzo, Lacan afirma que:

> (...) entre los Nombres-del-Padre existe el del Hombre enmascarado.

> Pero el Padre tiene tantos que no hay Uno que le convenga, si no el Nombre de Nombre de Nombre. No de Nombre que sea su Nombre-Propio, sino el Nombre como ex-sistencia. [33]

Particularmente Lacan menciona en dicho texto que "Wedekind lo dedica a su ficción, considerada como nombre propio".[34]

Es decir que Wedekind dedica el "Hombre enmascarado" a su ficción, la que le da un nombre propio, la ficción se constituye en nombre propio.

De este modo le estaría dedicado el semblante de una máscara, quedando el "Hombre enmascarado" en un lugar de ex-sistencia respecto a la ficción, la que le da un nombre. Tiene su lugar en la ficción y a la vez ex-siste fuera de ella. El nombre propio resulta puro semblante.

Siguiendo a Erik Porge:

---

no pertenecen al marido de la mujer sino al "mari-femelle" (neologismo entre marido y hembra). En esta sociedad Yoruba, la mujer se hace marido (mari-femelle), pudiendo adquirir el suficiente poder como para constituir un linaje y convertirse en ancestro. Dice Zafiropoulos que en un país patrilineal puede ocurrir que una mujer ocupe el lugar de un patriarca, como las doncellas de Roma antigua que heredaban el lugar de un padre muerto y pasaban a ser *pater familias*. Zafiropoulos, M. (2010). *La cuestión femenina, de Freud a Lacan*. Buenos Aires. Logos Kalós, p. 15.

[32] Lacan J. (1988). "El despertar de la primavera". En *Intervenciones y textos 2*. Buenos Aires. Manantial. p. 112.

[33] *Ibid.*, p. 112.

[34] *Ibid.*, p. 112.

La ex-sistencia del hombre enmascarado, del Nombre-del-Padre, para Wedekind, depende de la ficción que lo nombra, que produce de él una versión sin abolir por ello su ex-sistencia. [35]

Sabemos que al final de su enseñanza Lacan denominará a los tres registros –Real, Simbólico e Imaginario– como nombres del padre.[36]

Tal vez esto permita pensar la cita de Lacan de más arriba cuando se triplican los nombres con la expresión "Nombre de Nombre de Nombre".

Para acercarnos al problema, apreciamos que Lacan dedica un privilegio especial a las referencias bíblicas en su discurso sobre los Nombres del Padre. En particular la manera en que Dios responde a Moisés cuando este lo interroga por su nombre. Esto es, cuando Moisés le pregunta a Dios:

> Moisés dijo a Dios: "Si me presento ante los israelitas y les digo que el Dios de sus padres me envió a ellos, me preguntarán cuál es su nombre. Y entonces, ¿qué les responderé?".
>
> Dios dijo a Moisés: "Yo soy el que soy". Luego añadió: "Tú hablarás así a los israelitas: 'Yo soy' me envió a ustedes".[37]

Pero ¿Dios le ha revelado su nombre? Cuestión que ha dado a múltiples discusiones sobre el nombre sagrado de Dios.

Como decíamos antes, el nombre sagrado e impronunciable derivado de la Diosa Blanca aparece representado por el Tetragrámaton YHVH.

Si nos ajustamos al enunciado de Dios, la denominación YHVH guarda una aproximación con la tercera persona del verbo *hyh, hayah*, "ser", es decir: "él es" articulado al "yo soy" de *èhiè ashèr èhiè*. De ahí que se haya podido traducir la frase: "yo soy el que se llama" –o "que es"– "yo soy".

Para hablar de él se dirá "yo soy" o "él es" en tercera persona. Resulta así la forma próxima a la palabra YHVH.[38] Dios, de este modo, se niega a decir su nombre y a revelar su identidad, pero podemos decir que a la vez

---

[35] Porge, E. (1998). *Los nombres del padre en Jacques Lacan*. Buenos Aires. Nueva Visión, p. 165.

[36] Lacan llamará a cada registro como nombres del padre, "Y bien, los nombres del padre, es eso: lo Simbólico, lo Imaginario y lo Real en tanto que en mi sentido, con el peso que he dado recién a la palabra sentido, es eso los nombres del padre: los nombres primeros en tanto que nombran algo". *El Seminario. Libro 22*. Clase del 11/3/1975. Inédito. Versión crítica de R. Rodríguez Ponte. Disponible en   https://www.lacanterafreudiana.com.ar

[37] http://www.bibliacatolica.com.ar/exodo-3.html

[38] Porge, E. *Op. cit.*, p. 173.

revela su misterio, en tanto su negativa da cuenta de que se trata de un Dios de Palabra.

Dice Lacan: "el único sentido para acordar a este *Soy* es ser el *Nombre Soy*".[39] "Yo soy" es entonces el nombre de Dios. Más adelante dirá que justamente ese lugar de Dios-el-Padre es el lugar designado como Nombre-del-Padre.[40]

En el *Seminario 3* nos adelanta:

> Un otro que se anuncia como *Yo (Je) soy el que soy es*, por este solo hecho, un Dios más allá, un Dios escondido, un Dios que en ningún caso descubre su rostro.[41]

De esta manera, si nos remitimos al "Yo soy el que soy", tenemos que esta frase es proferida por un Dios que preferentemente oculta su identidad, se presenta como escondido. Revela su existencia al mismo tiempo que oculta su identidad. Rehúsa a dar una respuesta, se demuestra en una negativa a responder a la pregunta de Moisés por su ser. Pero esta enunciación da cuenta de un agujero, de un agujero en lo simbólico.[42]

Siguiendo el desarrollo de Erik Porge, se puede plantear que el nombre de Dios obedece a una estructura tripartita. Adonay o cualquier otro nombre usual de Dios sería el nombre del nombre sagrado YHVH de Dios, es un nombre de (nombre de nombre). La impronunciabilidad de su nombre sería tributaria de esta triplicidad. El YHVH da cuenta de esa impronunciabilidad que es la metáfora de un agujero en el nombre de Dios.[43]

Retomando entonces, en relación al nombre de Dios como impronunciable y secreto que se escribe YHVH, encontramos en *El lenguaje y la muerte* que Agamben dice que el grama YHVH resulta una negación y exclusión de la voz, se escribe pero no se lee. Está prohibido pronunciarlo. Dice allí:

---

[39] Lacan, J. (2010). *De los Nombres del Padre*. Buenos Aires. Paidós, p. 91.

[40] Lacan, J. (2012). "La equivocación del sujeto supuesto saber". En *Otros escritos*. Buenos Aires. Paidós, p. 357.

[41] Lacan, J. (1984). *El Seminario. Libro 3*. Buenos Aires. Paidós, p. 411.

[42] Véase **"Lo imposible, invariante fundador de lo que existe" de Gabriela Mascheroni, en el Cap. 5 en este volumen.**

[43] Porge, E. *Op.cit.*, p. 184.

Como nombre innombrable de Dios, el grama es la última y negativa dimensión de la significación, experiencia no ya de lenguaje, sino del lenguaje mismo, es decir, de su tener-lugar en el quitarse la voz.[44]

Aparece la distinción de un lugar donde se localiza algo del orden de lo inabordable por el significante, lo innombrable, de un vacío, como imposibilidad lógica, lugar que es diferencial pero en relación al lenguaje. Se puede escribir pero no pronunciar.

Esto nos lleva al problema lógico del nombre del nombre trabajado por Agamben en *La potencia del pensamiento*. Allí plantea el problema de la autorreferencia, el del nombre del nombre. La cuestión es si el nombre de un objeto puede ser nombrado sin perder a su vez, con esto, su naturaleza de nombre, para convertirse en un objeto nombrado.

Siguiendo a Frege, cuando nombramos un concepto, este deja de funcionar como concepto y se presenta como objeto. Es decir, un término no puede denotar algo y a su vez denotar que eso lo denota.

Por esta razón, Agamben dirá que "el nombre del nombre no es el nombre", situando que en la misma dirección lo plantea Wittgenstein (*Tractatus*, prop.4.121):

Lo que *se* expresa en el lenguaje, *nosotros* no podemos expresarlo a través del lenguaje.[45]

Con lo cual el lenguaje no puede nombrarse a sí mismo.

Si quiero nombrar el nombre, no podré distinguir entre la palabra y la cosa, entre el concepto y el objeto, entre el término y su denotación.[46]

Entonces, no hay metalenguaje, no hay nombre para el nombre. Se genera así un lugar vacío en la estructura. Por eso podemos articular el Nombre-del-Padre al "Hombre enmascarado", de quien se desconoce su identidad (como Dios) y que además esta redoblado por la máscara que ocultaría un lugar vacío.

Lacan invita a considerar que el Dios del monoteísmo occidental, ese "Dios escondido", se caracteriza por su condición de puro nombre que nombra otro nombre, sin que se pueda sostener una referencia extralingüística. Dios se sostiene como nombre del lenguaje.

---

[44] Agamben G. (2003). *El lenguaje y la muerte*. Madrid. Pre-textos, p. 57-58.

[45] Agamben, G. (2007). *La potencia del pensamiento*. Buenos Aires: Adriana Hidalgo editora, p. 455.

[46] Castelli, M.P. (2013). "Sobre una lectura posible del nombre propio en la enseñanza de Lacan". *El rey está desnudo*. Año 6. N°6. Buenos Aires. Letra Viva.

Entonces el padre como nombre es sin Un Nombre, por eso es Nombre de Nombre de Nombre. De allí la conveniencia de la metáfora del "Hombre enmascarado", quien como Dios es puro nombre.

Por ello Lacan afirmará que "La nominación, es la única cosa de la cual estemos seguros que eso hace agujero".[47]

Simplemente mencionamos que será el cuarto anillo el que Lacan identificará con el Nombre-del-Padre, ya que solo su presencia podrá diferenciar Real, Simbólico e Imaginario,[48] poniendo en evidencia la estructura cuatripartita de los nudos.

Ya nos adelantaba Lacan en el *Seminario 3:*

> ¿Dónde está el padre ahí adentro? Está en el anillo que permite que todo se mantenga unido.[49]

Entonces, ubica al Nombre-del-Padre como cuarto anillo, como uno en más en tanto ex-sistencia. Así volvemos a ubicar el lugar de la ex-sistencia con respecto a un agujero como imposible lógico, idea que entendemos metaforiza el "Hombre enmascarado", en tanto el Nombre de Nombre de Nombre es un agujero, no es nadie, la máscara recubre un vacío que no puede ser asignado a nadie.

Si volvemos a "El despertar de la primavera", Lacan nos dice que

> La máscara sola ex-sistiría en el lugar vacío donde pongo *La* mujer. Mediante lo cual no digo que no haya mujeres.[50]

En este pasaje podemos leer que este agujero, que recubre la máscara en tanto el Nombre de Nombre de Nombre, es un lugar vacío; sería el lugar de *La* mujer que no existe, un lugar vacío también, en tanto es imposible

---

[47] Lacan, J. *El Seminario. Libro 22.* Clase del 15/4/1975. Inédito. Versión crítica de crítica de R. Rodríguez Ponte. Disponible en   https://www.lacanterafreudiana.com.ar

[48] En la clase del 11-02-75 del *Seminario. Libro 22,* dice Lacan "Este año formularé, si puedo decir, la cuestión de saber si, en cuanto a eso de lo que se trata, a saber el anudamiento de lo Imaginario, de lo Simbólico y de lo Real, sería necesaria esta función suplementaria en suma, de un toro más, aquel cuya consistencia habría que referir a la función que se dice del padre. (...) Nuestro Imaginario, nuestro Simbólico y nuestro Real quizá están para cada uno de nosotros todavía en un estado de suficiente disociación para que sólo el nombre del padre haga nudo borromeo y haga mantener junto con todo eso, haga nudo de lo Simbólico, de lo Imaginario y de lo Real".

[49] Lacan, J. (1984). *El Seminario. Libro 3.* Buenos Aires. Paidós, p. 454.

[50] Lacan, J. (1988). "El despertar de la primavera". En *Intervenciones y textos 2.* Buenos Aires: Manantial, p. 112.

el sostenimiento del universal para la mujer que resulta *no-toda*. Como dice Lacan, solo el mito le da existencia.

El nombre de Dios en la Santísima Trinidad

Para finalizar, nos parece interesante destacar que, en *La Diosa Blanca*, Graves sostiene que la Santa Trinidad era pre-cristiana, fundada en la visión de Ezequiel que se componía de los tres elementos principales del Tetragrámaton:

La Primera Persona era el verdadero Creador, el Padre de todo que dijo "Haya luz", representado por la letra H.

La Segunda Persona, el hombre espiritual como imagen de Dios, el hombre que se abstenía en una paz completa de los peligrosos placeres de la creación falsa y estaba destinado a reinar en la tierra eternamente; lo representaba la F (W en hebreo).

La Tercera Persona comprendía las seis letras restantes del nombre. Estas letras eran las vocales originales de la Diosa Blanca, A O U E I.

La Tercera Persona era, por consiguiente, andrógina: "virgen con hijo", concepto que aparentemente explica la reduplicación de la letra H en el Tetragrámaton J H W H. [51]

Dice Graves:

> Esta Trinidad es un Dios indivisible, porque si se omite una sola letra el Nombre pierde su poder, y porque los tres conceptos son interdependientes.[52]

Curiosamente, en esta diferenciación de la Santísima Trinidad, articulada al nombre de Dios, se replica cierto paralelismo con los tres registros (donde la Primera persona podría ser lo Real, la segunda lo Imaginario y la tercera lo Simbólico). Nuevamente aparece la lógica de tres que hacen uno, donde cada uno no es sin el otro. Relación lógica que resulta ubicable en las propiedades del nudo borromeo.[53]

En la clase del 10- 12-74 del *Seminario 22*, dice Lacan:

---

[51] Cf. Graves, R. *Op. cit.*, pp. 608-9.
[52] Graves, R. *Op. cit.*, p. 609.
[53] Véase **"De la creación: Eva, Dios y el lenguaje"**. M. Paula Castelli, Cap. 4, en este **volumen.**

La definición de nudo borromeo parte de tres, a saber que si de tres ustedes rompen uno de los anillos todos los otros están libres, es decir que los otros anillos son liberados (...)

(...) no será menos verdadero que el nudo borromeo, cualquiera el que sea, tiene como límite inferior el número tres, que es siempre el número tres que el nudo borromeo llevará la marca de tres.[54]

Posteriormente encontramos una referencia a la trinidad antes mencionada en articulación con el nudo borromeo:

(...) ella me ha conducido a esta trinidad infernal -llamémosla por su nombre- esta trinidad infernal de lo Simbólico, de lo Imaginario y de lo Real. (...) es sin duda ahí que adquiere ilustración lo que he llamado la verdad, la verdad de una cierta religión para la cual yo destacaba que no es completamente por azar que ella llegue a una noción divina que sea una trinidad, esto contrariamente a la tradición sobre la cual ella misma se enraíza...[55]

Es decir, la versión mítica de la Santa Trinidad tiene su génesis en el nombre de Dios (que contiene el nombre de la diosa), que guarda entre sí una relación de necesariedad de los términos para sostener la unidad del conjunto.

Por su parte, "la trinidad infernal" de Lacan sostiene los tres registros anudados en su propiedad borromeica, siendo en otro momento el Nombre-del-Padre mismo el que haga posible la existencia de dicha propiedad.

---

[54] Lacan, J. *El Seminario. Libro 22*. Clase del 10/12/1974. Inédito. Versión crítica de R. Rodríguez Ponte. Disponible en https://www.lacanterafreudiana.com.ar
[55] Lacan, J. *El Seminario. Libro 22*. Clase del 18/2/1975. Inédito. Versión crítica de R. Rodríguez Ponte. Disponible en https://www.lacanterafreudiana.com.ar

Bibliografía

Agamben, G. (2003). *El lenguaje y la muerte*. Madrid: Pre-textos.

Agamben, G. (2007). *La potencia del pensamiento*. Buenos Aires: Adriana Hidalgo.

Castelli, M.P. (2013) "Sobre una lectura posible del nombre propio en la enseñanza de Lacan". *El rey está desnudo*. Año 6. N°6. Buenos Aires: Letra Viva.

De Beauvoir, S. (1984). *El segundo sexo. Los hechos y los mitos*. Buenos Aires: Siglo Veinte.

Gárate, I. y Marinas, J.M. (2003). *Lacan en español*. Madrid: Biblioteca Nueva.

Graves, R (1970) *La Diosa Blanca. Historia comparada del mito poético*. Buenos Aires: Losada

Héritier, F. (2016). *Diferencia de sexos*. Buenos Aires. Capital intelectual.

Higinio (2009). *Fábulas*. Fábula 277. Los primeros inventores de las cosas. Madrid: Gredos, p. 334.

Lacan, J. *El Seminario. Libro 22*. Versión crítica de R. Rodríguez Ponte. Disponible en https://www.lacanterafreudiana.com.ar

Lacan, J. *El Seminario. Libro 23*. Versión crítica de R. Rodríguez Ponte. Disponible en https://www.lacanterafreudiana.com.ar

Lacan, J. (1988). "Conferencia en Ginebra sobre el síntoma". En *Intervenciones y textos 2*. Buenos Aires: Manantial.

Lacan, J. (1988). "El despertar de la primavera". En *Intervenciones y textos 2*. Buenos Aires: Manantial.

Lacan, J. (1984). *El Seminario. Libro 3*. Buenos Aires: Paidós.

Lacan, J. (2008). *El Seminario. Libro 17*. Buenos Aires: Paidós.

Lacan, J. (1981). *El Seminario. Libro 20*. Buenos Aires: Paidós.

Lacan, J. (2010). *De los Nombres del Padre*. Buenos Aires: Paidós.

Lévi-Strauss, C. (2000). "Sexualidad femenina y origen de la sociedad". *Letras libres*. Año II, n°16.

Martínez Pulido, C. *El matriarcado: una apasionante controversia.* http://www.ragcyt.org.ar/ampliar/el-matriarcado-una-apasionante-controversia/2641

Nunberg H. y Federn E. (1979). Comp. Las reuniones de los miércoles. Actas de la Sociedad Psicoanalítica de Viena. Tomo 1.1906-1908. Buenos Aires: Nueva Visión.

Pasternac, M. y N. (2003). *Comentarios a neologismos de Jacques Lacan.* D.F. Epele.

Porge, E. (1998). *Los nombres del padre en Jacques Lacan.* Buenos Aires: Nueva Visión.

Lévi-Strauss, C. (1988). *Estructuras elementales del parentesco.* Buenos Aires: Paidós.

Wedekind, F. (1991). *Despertar de primavera. Una tragedia infantil.* Buenos Aires: Quetzal.

Zafiropoulos, M. (2010). *La cuestión femenina, de Freud a Lacan.* Buenos Aires: Logos Kalós.

http://www.bibliacatolica.com.ar

Parte 2. De la creación: Eva, Dios y el lenguaje

María Paula Castelli

En el principio creó Dios el cielo y la tierra.
Y la tierra era algo informe y vacío, y las
tinieblas cubrían el abismo (...)
Entonces dijo Dios:
"Que exista la luz.
Y la luz existió.
(...) separó Dios la luz de las tinieblas;
Y llamó Día a la luz y Noche a las Tinieblas (...)[56]
GÉNESIS. CAP.1

Al detenernos en algunos puntos de la obra de Lacan, nos encontramos con la referencia reiterada a categorías pertenecientes al discurso de la religión judeo-cristiana. Esta recurrencia al relato bíblico –y en particular al Génesis– resulta el motivo del presente recorrido, donde se intentará situar el interés que presentan para el psicoanálisis ciertos términos o figuras que Lacan destaca en ese discurso.

Ahora bien, al aproximarnos al tema, surgen ciertas preguntas que permiten enmarcar un camino en el abordaje de la cuestión: ¿En relación a qué conceptos se produce la recurrencia al relato del Génesis? ¿Con qué interés teórico nos remite a ese pasaje de la Biblia? ¿Qué es lo que nos pretende enseñar Lacan con ello? Cuando, por el contrario, se muestra paradójico al expresar que el relato bíblico es "una payasada"[57], "una idea infernal"[58], que surge de una tradición un tanto ingenua[59], "mito más o menos signado por el oscurantismo",[60] ridiculizando tanto el papel como el guión de los actores en la escena.

---

[56] http://www.bibliacatolica.com.ar/genesis-1.html

[57] Lacan, J. (1988). "Conferencia en Ginebra sobre el síntoma". En *Intervenciones y textos 2*. Buenos Aires: Manantial, p. 143.

[58] Lacan, J. *El Seminario. Libro 14.* Clase del 24/5/1967. Inédito.

[59] C.f. Lacan, J. *El Seminario. Libro 22.* Clase del 11/3/1975. Inédito. Versión crítica de R. Rodríguez Ponte. Disponible en https://www.lacanterafreudiana.com.ar

[60] Lacan, J. (1987) *El Seminario. Libro 11.* Clase del 15/1/1964. Buenos Aires. Paidós, p. 17.

Sin embargo, al mismo tiempo nos aconseja su lectura y sostiene la pregunta de "¿por qué no aspirar a que el psicoanálisis nos ilumine al respecto?".[61] Esto nos enfrenta al desafío de intentar articular qué conceptos psicoanalíticos se ponen en juego en la estructura lógica del mito bíblico.

En un primer acercamiento, vemos que cuando Lacan hace alusión al Génesis articula una red conceptual que incluye ciertos términos o ideas tales como: la creación ex-nihilo, el estatuto del lenguaje, el lugar de la mujer en dicha escena y hasta posiblemente los tres registros (Real, Simbólico e Imaginario) en lo que respecta a la nominación.

En el *Seminario 17*, en uno de los tantos pasajes en donde Lacan hace referencia a lo bíblico, menciona al pasar que

> (…) las cosas siempre se repiten dos veces en la Biblia.[62]

Tal vez este dato, en apariencia insignificante, nos brinde una pista en la lectura del sentido que el Génesis puede cobrar para el psicoanálisis. Al menos nos permite establecer un orden en la lógica de su lectura.

Esta idea la podemos encontrar en el despliegue que realiza Lacan en la primera clase del *Seminario 23* cuando, en primer lugar, cuestiona fuertemente la existencia de un orden natural por fuera del lenguaje. Allí sostiene que la naturaleza "se especifica por no ser *una*" y solo puede ser abordada desde un "procedimiento lógico", en tanto no existe un orden natural por fuera de lo simbólico.[63] Luego, a partir de aquí, con la relevancia de la creación en términos simbólicos, nos introduce en la escena de la creación divina, para situar lo que se refiere a la creación ex-nihilo, a partir del significante y la nominación, realizando una articulación entre dos escenas posibles.

Para dar cuenta de esto, Lacan se detiene particularmente en el lugar que Eva tiene en la escena original. En primer lugar, jugará a darle una nueva "nominación", llamándola la *Evie* (E-V-I-E), haciendo referencia a su significado hebreo: "la madre de los vivientes" (*havah*: viviente). Esta denominación podría suponer una condensación entre *Eve* (Eva) y *les vies* (vidas).

---

[61] *Ibid.*

[62] Lacan, J. (2008). *EL Seminario. Libro 17*. Clase 15-04-70. Buenos Aires: Paidós, p. 148.

[63] Lacan, J. *El Seminario. Libro 23*. Clase del 18/11/1975. Versión crítica de R. Rodríguez Ponte. Disponible en https://www.lacanterafreudiana.com.ar

Ahora bien, Lacan nos deja en claro que el estatuto de Eva es muy distinto al de Adán en la creación, precisamente porque sitúa que Eva es la primera viviente que habla y lo hace justamente con la serpiente. Y es en este punto que Lacan refiere que se redobla la creación a partir de este "palabrerío" de Eva con el reptil.

Siguiendo su planteo, podríamos ordenar el relato del *Génesis* en dos escenas articuladas entre sí, una **primera escena** que ubica a Dios con la creación de Adán y Eva y la instauración de la prohibición de su parte y una **segunda escena**, que tiene por protagonistas principales a Eva y a la serpiente en el jardín del Edén.

Es aquí que podemos situar la duplicidad referida por Lacan cuando plantea esta escena como el doble de la primera, la cual tiene como protagonista a Dios creador. Claro está que ambas escenas se encuentran articuladas íntimamente, conformando una trama discursiva en la que una no puede leerse sin la otra.

Siguiendo esta hipótesis de lectura, podemos pensar que Eva aparece como el nexo lógico articulador entre ambas escenas... ¿Por qué? Porque es Eva quien toma la palabra, como *"parlêtre"* en los orígenes de la creación. Es la primera en hablar después de Dios, tentada en la interlocución con la serpiente que le dice no solo que las cosas no son como Dios las enunció, y abre así una dimensión de la falta, sino que podrán acceder al discernimiento propio del bien y del mal, usurpando así un privilegio exclusivo de Dios. De este modo se anuda el pecado original a la falta, a la falla, al falo.

No podemos obviar que aquí la serpiente supo despertar en Eva el deseo de saber.

Retomando entonces la lógica del Génesis, las dos escenas quedarían del siguiente modo:

–Una **primera escena** estaría ubicada en el acto de la creación de Dios, a partir del "fiat lux" ("Hágase la luz")[64] constituyéndose como el primer hablante que inscribe un orden de oposición significante: separa la luz de la oscuridad, el cielo de la tierra, el día de la noche.

Ahora bien, Lacan nos dice en *el Seminario 22* que esta nominación inaugural no es una nominación simbólica, sino que es la emergencia

---

[64] En este punto es interesante destacar, siguiendo a Robert Graves en *Los mitos hebreos*, cómo las Sagradas Escrituras se encuentran inspiradas en escrituras tradicionales de pueblos antecesores. Tal es el caso del Poema de la Creación acadio que remite a la creación por la palabra y comienza del siguiente modo: "cuando en lo alto el cielo aún no había sido nombrado", p. 30.

misma de lo Real a partir de lo Simbólico. Siendo posible considerarla como nominación Real, en el sentido del acto de decir, "que se diga", "Que exista la luz y la luz existió", se trataría de la ex-sistencia del decir respecto del dicho.

Dice Lacan en el *Seminario 22:*

> (...) en tanto que en lo Simbólico surge algo que nombra -vemos eso en los comienzos de la Biblia, salvo que no se observa esto: que la idea creacionista, el *fiat lux* inaugural, no es una nominación. Que sea de lo Simbólico que surja lo Real —es eso la idea de creación— no tiene nada que ver con el hecho de que en un segundo tiempo el mismo Dios da su nombre a cada uno de los animales que habitan el Paraíso.[65]

Posteriormente sabemos que Dios encomendó a Adán la tarea de nombrar las cosas creadas. Lo cierto es que Adán, a cargo de esta nominación —que podríamos pensar como Imaginaria—, no aparece en ningún momento del relato bíblico pronunciando palabra alguna.

Pero justamente es a partir del pecado, de la inscripción de una falta, que la creación se redobla en

–Una **segunda escena** donde Eva, en el diálogo con la serpiente –y podríamos decir con la "inscripción de la falta"–, da lugar a un nuevo orden significante: se ven desnudos (hombre/mujer), serán a partir de allí mortales (vida/muerte), conocerán el bien y el mal, se crea una nueva oposición significante inexistente en la eternidad divina.

En este sentido, podríamos jugar –de forma metafórica– a sostener que Eva es la "madre" de este nuevo orden simbólico, al que hace alusión su nombre destacado por Lacan ("la madre de los vivientes").[66]

En este punto se reedita la cita recortada en el artículo anterior:

> Yo, me sentiría bastante inclinado a creer que, contrariamente a lo que le resulta chocante a mucha gente, son más bien las mujeres las que inventaron el lenguaje. Por otra parte, el *Génesis* lo da a entender.[67]

---

[65] Lacan, J. *El Seminario. Libro 22.* Clase del 13/5/1975. Inédito. Versión crítica de R. Rodríguez Ponte. Disponible en https://www.lacanterafreudiana.com.ar

[66] Castelli, M-P. y Saraillet, M-I. "La nominación como herejía (hérésie) lacaniana". En https://elreyestadesnudo.com.ar/wp-content/uploads/2017/05/Revista-El-Rey-Nro-11.pdf.

[67] Lacan, J. (1988). "Conferencia en Ginebra sobre el síntoma". En *Intervenciones y textos 2.* Buenos Aires: Manantial, p. 143.

Esta articulación nos permite pensar, además, que Eva se ubica en la línea del Dios creador, a partir de situarse en el relato como *"parlêtre"* y crear como él, con la palabra. De aquí que siguiendo a Lacan, Eva, *La mujer*, se constituye como un nombre de Dios.

De esta forma se vuelve a establecer una articulación entre la mujer (aquí encarnada en Eva) y el lenguaje[68] en términos de creación significante.

Al respecto, Lacan utiliza un neologismo para dar cuenta de esta articulación entre el lugar de Dios y la palabra creadora (como decíamos antes, entendiendo a Dios en términos del acto de decir).

En "La Tercera" dice Lacan al respecto,

> (...) Dios es el decir. Sabe muy bien que *diocir*[69] hace que la verdad sea, que decide sobre ella a su antojo. Basta *diocir* como yo.[70]

Y en el *Seminario 20* plantea que:

> El Otro, el Otro como lugar de la verdad, es el único lugar, irreductible por demás, que podemos dar al término del ser divino, al término Dios, para llamarlo por su nombre. Dios es propiamente el lugar donde, si se me permite el juego, se produce el *dios* –el *dior*– el *decir*. Por poco, el decir se hace Dios. Y en tanto se diga algo, allí estará la hipótesis de Dios.[71]

Podemos decir que en estos dos momentos Lacan ubica el lugar de Dios como aquel en donde se produce un decir, en términos del "fiat lux", de una ex-sistencia del decir respecto de lo dicho, nominación donde lo Real emerge de lo Simbólico. Se trata nuevamente de un decir creador.

En este sentido, vemos cómo la mujer queda ubicada en paralelo con Dios, vinculada a la creación significante, tal como lo ilustra Lacan anteriormente, al otorgarle la invención del lenguaje.

---

[68] Véase "La potencia de la literalidad en psicoanálisis", de Rosella Villa Pusineri y Juliana Zaratiegui, en este volumen.

[69] *Dieure*, neologismo en forma de sustantivo por condensación de *dieu* (dios) y *dire* (decir). Da lugar a "di-o-cir". Pasternac M. y N. (2003) *Comentarios a neologismos de Jacques Lacan*. México: Epele, p. 98.

[70] Lacan, J. (1993). "La Tercera". En *Intervenciones y textos* 2.Buenos Aires: Manantial, p. 77.

[71] Lacan, J. (1995). *El Seminario. Libro 20*. Clase del 16/1/1973. Buenos Aires: Paidós, p. 59.

Ahora bien, si nos detenemos en la articulación de Eva y la nominación, ya encontramos en el *Seminario 2* que al hacer referencia al Génesis se pone en evidencia que

> (…) La nominación constituye un pacto por el cual dos sujetos convienen al mismo tiempo en reconocer el mismo objeto (…) como dice el Génesis (...) si los humanos no se ponen de acuerdo sobre este reconocimiento, no hay mundo alguno (...)[72]

Justamente ese pacto, en el que metafóricamente se ubicaría a Eva como la madre de los vivientes, da lugar a la creación de un universo simbólico, de un mundo posible hecho de palabras.

Siguiendo a Lacan, el Génesis no relata más que la creación por la palabra, a partir de la nada, nada más que de significantes.

> Es decir que la causa material es el pote, creación indiscutiblemente divina como toda creación de la palabra, y a la que se reduce estrictamente lo que está dicho en el texto del Génesis (...)[73]

De esta articulación se desprende que cuando Lacan enuncia que el Génesis está lleno de sentido y que se trata de "limpiarlo" de ese sentido, lo que nos podría estar diciendo es que de este relato mítico tendremos que rescatar su estructura lógica, en términos de creación ex-nihilo, dejando caer el sentido novelesco del relato.

A su vez, vemos que esta idea también parece revelarse en el "Posfacio al Seminario 11", cuando dice:

> (...) lo que se impone del texto del Génesis, es que *ex-nihilo* nada se crea sino el significante. Lo que va de suyo puesto que en efecto eso no vale más.
>
> El inconveniente es que de ello dependa la existencia, o sea, aquello cuyo único testigo es el decir.[74]

Claramente, es el decir el que da lugar a la existencia. El Génesis da cuenta de un decir fundante en la palabra de Dios como *Dieure* (*diocir*).

---

[72] Lacan, J. (2006). *El Seminario. Libro 2*. Clase 16-03-55. Buenos Aires: Paidós. p. 257.
[73] Lacan, J. *El Seminario. Libro 13*. Clase del 8/12/1965. Inédito.
[74] Lacan, J. (2012). "Posfacio al Seminario 11". En *Otros escritos*. Buenos Aires. Paidós, p. 532.

Una nueva duplicación: Eva-Lilit

*La serpiente (...) dijo a la mujer: "¿Así que Dios les ordenó que no comieran de
ningún árbol del jardín?
La mujer le respondió: (...) respecto del árbol que está en medio del jardín, Dios
nos ha dicho: "No coman de él ni lo toquen, porque de lo contrario quedarán
sujetos a la muerte".
La serpiente dijo a la mujer: "No, no morirán.
Dios sabe muy bien que cuando ustedes coman de ese árbol, se les abrirán los ojos y
serán como dioses, conocedores del bien y del mal".
Cuando la mujer vio que el árbol era apetitoso para comer, agradable a la vista y
deseable para adquirir discernimiento, tomó de su fruto y comió; luego se lo dio
a su marido, que estaba con ella, y él también comió.
Entonces se abrieron los ojos de los dos y descubrieron que estaban desnudos (...)*[75]

Génesis. Cap. 3

Retomando el señalamiento de Lacan acerca de la lógica de la duplicación en el discurso bíblico, no parece menos interesante el hecho de destacar que las mujeres son dos en dicho relato: Lilit y Eva. Siendo casualmente la primera suprimida, "reprimida",[76] en la trama bíblica conocida.

Lilit fue la primera mujer creada por Dios para acompañar a Adán. Esta mujer/demonio[77] fue creada con el mismo material que aquel, con quien también tuvo hijos. Según se dice, Lilit no habría aceptado acceder a ciertas exigencias sexuales de Adán, por lo que encolerizada pronunció "el nombre mágico de Dios" y abandonó a su compañero al invocar a Yahveh. Esto motivó que Dios se pusiera al trabajo de darle una nueva mujer a Adán, pasando por varias versiones hasta llegar a la conocida Eva.

---

[75] http://www.bibliacatolica.com.ar/genesis-3.html

[76] Su referencia en la Biblia se reduce a una única mención en Isaías 34: 14: "Las fieras del desierto se juntarán con las hienas, los sátiros se llamarán unos a otros. Allí también descansará Lilit y tendrá un lugar de reposo".

https://www.lasantabiblia.com.ar/isaias/34.html

[77] El nombre Lilit procede del término asirio-babilónico *lilitu*, "demonio femenino o espíritu del viento". Graves, R. y Patai, R. (2015). *Los mitos hebreos.* Buenos Aires: Alianza, p. 97.

Una versión más ampliada del mito de Lilit relata que, en venganza, esta se convierte en serpiente y provoca la ruina de Adán y Eva.

Tomando esta versión del mito no solo se redoblan los personajes femeninos, sino también la lectura de Lacan que ubica a la mujer como *"parlêtre"*. Con este nuevo personaje bíblico, se sitúa entonces a *La* mujer Eva/Lilit como versiones de Dios, quedando una vez más la mujer vinculada al nombre indecible de Dios, tal como Graves lo articula con la Diosa Blanca.

A modo de conclusión

En estos recorridos hemos pretendido situar que Lacan no duda en recurrir a los mitos para dar cuenta de conceptos fundamentales de su teoría, por ello resulta pertinente detenerse a ubicar cuál es la lógica de su inclusión en los distintos contextos discursivos donde los incorpora.

La referencia a la Diosa Blanca permite ubicar a *La* mujer como una versión de Dios en sentido mítico, o como versión del Padre que remite al neologismo *Père-version*.

Este paralelismo se sostiene en la génesis del Dios judeo-cristiano, quien preserva en el pasaje el nombre sagrado e impronunciable de su antecesora.

El detenimiento de Lacan en el nombre particular de Dios como "yo soy" da cuenta de su carácter enigmático, pero fundamentalmente del recorte de un agujero en la nominación, de un lugar vacío en la estructura.

El Padre como Nombre también es presentado como Nombre de Nombre de Nombre, por lo que puede ser concebido entonces como Nombre-de-Dios, en términos de Nombre que no nombra, como puro nombre.

Esto permite ubicar cuál es el verdadero protagonismo del "Hombre enmascarado", el de metaforizar el Nombre-del-Padre como puro agujero, como nombre de nadie.

Esta lógica que Lacan extrae del mito para dar cuenta de ciertos conceptos psicoanalíticos lo sitúa en total discontinuidad con respecto a Freud en lo que hace a la teoría del Padre en la neurosis. El Padre para Lacan no es un individuo de carne y hueso, sino en este caso un nombre vacío, que no puede ser asignado a nadie. Para Lacan, el Padre cuenta como Nombre, y no precisamente como nombre propio de alguien, no se refiere a ningún individuo, aunque haga falta la incidencia discursiva de quien o quienes encarnen el lugar del Otro y que en ese lugar se inscriba su función.

Esta referencia al Padre como Nombre de Nombre de Nombre –que refleja una dimensión oculta, de "máscara", de velo– da cuenta de que el Padre no tiene ningún nombre que le convenga.

Una máscara que vela un vacío, agujero que para Lacan se emparenta con el vacío que deja vacante *La* mujer que no existe. Aquella que solo el mito hace existir.

De esta manera, estos desarrollos podrán orientar la cura no al modo freudiano en la búsqueda del padre idealizado o humillado, tomando al mito edípico como un patrón universal, sino en la lógica estructural que recubren estos términos como parte de una operatoria de conjunto, particular para cada caso.

Por otro lado, entendemos que el recurso al mito bíblico le permite a Lacan ubicar el estatuto de la creación significante a partir de la nada. Esto implica sostener en Lacan una discontinuidad respecto a Freud en lo que concierne a la desestimación de cualquier sustancialización del sujeto. Para Lacan, el sujeto resulta de un acto de creación, el sujeto debe ser creado como existente. Y esa creación es a partir del significante, lo que implica la imposibilidad de sostener una realidad por fuera de lo simbólico o prediscursiva.

> La existencia de la que se trata es la existencia *ex-nihilo*, que se articula íntimamente al acto asignado y correspondiente al padre, "el acto de hacer nacer una existencia de la nada".[78]

Entonces, una de las ideas que subyace a este recorrido es el sostenimiento en el psicoanálisis de una posición creacionista, en tanto ex-nihilo, que rechaza cualquier evolucionismo. Justamente el cristianismo es el que funda la idea de la creación de la nada, como la marca de la obra divina, por lo que en la cultura occidental la función creadora es asignada a Dios como puro significante.

Finalmente, el relato divino nos permite situar una vez más a la mujer en relación al lenguaje, tanto como *"parlêtre"* como en su función creadora por la palabra, lo que ubica nuevamente a la mujer en el lugar de Dios.

---

[78] Eidelsztein, A. (2001). *Las Estructuras clínicas a partir de Lacan*. Volumen 1. Buenos Aires: Letra Viva, p. 136.

Bibliografía

Castelli, M. P. y Sarraillet, M. I. "La nominación como herejía (hérésie) lacaniana". En https://elreyestadesnudo.com.ar/wp-content/uploads/2017/05/Revista-El-Rey-Nro-11.pdf

Graves, R. y Patai, R. (2015). *Los mitos hebreos*. Buenos Aires: Alianza.

Eidelsztein, A. (2001). *Las Estructuras clínicas a partir de Lacan*. Volumen 1. Buenos Aires: Letra Viva.

Lacan, J. (1987) *El Seminario. Libro 11*. Buenos Aires: Paidós.

Lacan, J. (1993). "Conferencia en Ginebra sobre el síntoma". En *Intervenciones y textos 2*. Buenos Aires: Manantial.

Lacan J. (1993) "La Tercera". En *Intervenciones y textos 2*. Buenos Aires: Manantial.

Lacan, J. (1995). *El Seminario. Libro 20*. Buenos Aires: Paidós.

Lacan, J. (2006). *El Seminario. Libro 2*. Buenos Aires: Paidós.

Lacan, J. (2008). *El Seminario. Libro 17*. Buenos Aires: Paidós.

Lacan, J. (2012). "Posfacio al Seminario 11". En *Otros escritos*. Buenos Aires: Paidós.

Lacan J. *El Seminario. Libro 13*. Inédito.

Lacan, J. *El Seminario. Libro 14*. Inédito. Ediciones de la *Association Lacanienne Internationale*, Publicación *hors-commerce*. París, Julio de 2004.

Lacan, J. *El Seminario. Libro 22*. Versión crítica de R. Rodríguez Ponte. Disponible en https://www.lacanterafreudiana.com.ar

Lacan J. *El Seminario. Libro 23*. Versión crítica de R. Rodríguez Ponte. Disponible en https://www.lacanterafreudiana.com.ar

Pasternac, M y N. Pasternac. (2003). *Comentarios a neologismos de Jacques Lacan*. México: Epele.

https://www.lasantabiblia.com.ar/isaias/34.html

http://www.bibliacatolica.com.ar

Mujer, lenguaje y creación

Lo imposible, invariante fundador de lo que existe
Su vínculo a lo femenino

Gabriela Mascheroni

Introducción

> [En referencia al origen del lenguaje] Cuanto más lejos vamos en cuanto a sus efectos, más emerge dicho origen. El efecto del lenguaje es retroactivo, precisamente porque a medida que se desarrolla, manifiesta la falta de ser.[1]

> (…) contrariamente a lo que choca a mucha gente, son más bien las mujeres quienes han inventado el lenguaje. Por otra parte el Génesis lo deja a entender. Con la serpiente, ellas hablan –es decir, con el falo– (…) en tanto (…) para ellas eso es hétero.[2]

En tanto Lacan relaciona la figura de la mujer con la falta en ser y asimismo con la del origen del lenguaje, nos parece pertinente incluir un análisis del funcionamiento de dicha estructura para crear existencia. De esta forma, lo que en Lacan se refiera a la mujer y a lo femenino –y de acuerdo a los desarrollos de todo este libro– cobrará otra luz en la interpretación que podamos darles a dichas afirmaciones en el contexto de su obra, en especial en la vinculación que hace entre lo femenino y la relación a lo Otro, a lo que no hace consistencia, en contraposición a la idea de La Mujer como Otro del Otro –que no existe.

Si la existencia es producto del discurso, si la causa es simbólica, ¿qué lugar tiene el agujero en este sistema? ¿Se trata de una inconsistencia? Si pudiéramos pensarla así, ¿desde qué parámetro lo haríamos? Estas preguntas pueden ser disparadoras del análisis que sigue.

---

[1] Lacan, J. (2008). *El Seminario. Libro 17.* Clase 11. Buenos Aires: Paidós, p. 167.

[2] Lacan, J. "Conferencia en Ginebra sobre el síntoma". 1975. En https://lacanterafreudiana. com.ar/2.5.1.25 "Conferencia en Ginebra sobre el sintoma", 1975. pdf, p. 46.

Lo "imposible" intrínseco al sistema simbólico

> El origen de mi enseñanza es bien simple; está allí **desde siempre**, puesto que **el tiempo nació con lo que está en juego**. En efecto, mi enseñanza es simplemente el lenguaje, absolutamente ninguna otra cosa. [3]

> Toda discusión sobre el **origen del lenguaje** está marcada por una irremediable puerilidad, e incluso por un indudable cretinismo. Siempre se intenta hacer surgir el lenguaje de váyase a saber qué progreso del pensamiento. Es evidentemente un círculo. El pensamiento se dedicaría a aislar todos los detalles de una situación, a cernir la particularidad, el elemento combinatorio. El pensamiento franquearía por sí mismo el estadio de rodeo, típico de la inteligencia animal, para pasar al del símbolo. ¿Cómo es esto posible si primero está el símbolo, que es la estructura misma del pensamiento humano? [4]

> Piensen en el **origen del lenguaje**. Imaginamos que hubo un momento en que, sobre esta tierra, se tuvo que empezar a hablar. Admitimos, por tanto, que hubo una emergencia. Pero a partir del momento en que esa emergencia es aprehendida en su estructura propia, nos es absolutamente imposible especular sobre aquello que la precedió si no lo hacemos mediante símbolos que siempre han podido aplicarse. Lo nuevo que surge parece extenderse siempre en la perpetuidad, indefinidamente, más acá de sí mismo. Con el pensamiento no podemos abolir un orden nuevo. Esto se aplica a todo lo que quieran, incluido el origen del mundo.[5]

La idea principal de la que parte Lacan para construir su teoría, tal como adelantamos en la introducción y se desprende de estas citas, es que no hay realidad pre-discursiva –que el lenguaje y el Otro ya están funcionando desde siempre, asunto sostenido a lo largo de toda su obra de distintas maneras.[6] Si Lacan conserva el prefijo "pre" –de pre-discursiva– es con el propósito de conmover la idea de que habría un modo de acceder a una realidad no afectada por el discurso, es decir, previa.[7] En

---

[3] Lacan, J. (2007). *Mi enseñanza*. Buenos Aires: Paidós, p. 40. El resaltado es nuestro.

[4] Lacan, J. (1999). *El Seminario. Libro 1*. Buenos Aires: Paidós, clase 18. Resaltado nuestro.

[5] Lacan, J. (2010): *El Seminario. Libro 2*. Buenos Aires: Paidós, clase 1. Resaltado nuestro.

[6] Muchas de estas citas y desarrollos sobre el tema se encuentran en *El rey está desnudo* N°5, Eidelzstein, A: "El big bang del lenguaje y el Otro". Buenos Aires: Letra Viva.

[7] Desde este punto de vista, la idea de que no hay realidad pre-discursiva podría ser en Lacan lo que sostiene su antifilosofía, en tanto cualquier realidad es sostenida por nosotros desde el pensamiento.

este sentido y tal como surge de las citas precedentes, la posibilidad de "volver" a una realidad pre-discursiva solo es mítica.[8]

Entonces, en tanto la causa para Lacan es simbólica, también lo real que funde –recortado por lo simbólico, que es primero lógicamente– cambiará de acuerdo a la historia discursiva imperante. Cada discurso y su real –cimiento de lo que existe– serán fundados por lo simbólico de manera sincrónica. Es así que enfatizará que "ustedes y yo somos seres de dos dimensiones, a pesar de la apariencia, habitamos el flat land".[9] Incluso la idea de "ser" es producto del decir; hace falta decirlo para que haya "ser".

Si no hay referencia extralingüística, la materia para nosotros es el lenguaje –o la lengua y el habla (la lengua particular)–, el *moterialismo*. En este sentido, nos conviene preguntarnos entonces **qué es lo real**. Porque creemos mayormente que lo real es la sustancia, lo que podemos comprobar empíricamente. Pero esta idea es solo una consecuencia lógica de un discurso, el sustancialismo, que considera la sustancia como esencia primera, donde el sujeto es el sujeto que existe por sí mismo y donde el lenguaje es una herramienta para conocer la realidad dada.

Lacan va a resaltar que lo real es lo que nos permite aprehender la relación a lo posible, recalcando que los contingentes de lo real, lo que no puede ser, lo necesario, deben ser fundados en una relación simbólica.

> **Lo real es lo que no puede no ser**. Si vemos allí el fundamento de lo real, no tendrá más que operar sobre esas dos fórmulas: lo que no puede no ser; esto es en la instauración de lo posible que surge efectivamente la dimensión de lo real.[10]

Si lo real es una imposibilidad lógica de no ser, entonces **será lo que necesariamente es** –también lógicamente. Por lo tanto podríamos decir que es el fundamento de las cosas, la instauración de lo posible.

Que el discurso crea realidad es aplicable tanto al discurso histórico en general –el sistema de saber que opera y prima en cada época– como al discurso particular, el asunto que nos atañe en un consultorio, producto también de un discurso histórico –el saber del asunto particular cuya trama es el resultado de al menos tres generaciones.

---

[8] Ver para esto la cita de Lacan que figura en la primera página de la introducción.
[9] Lacan, J. *El Seminario. Libro 21*. Clase 3. Inédito.
[10] Lacan, J. *El Seminario. Libro 12*. Clase 18. Inédito. Resaltado nuestro.

Adentrarnos en el desarrollo de esta idea nos permitirá partir de una posición epistémica más acertada para interpretar mejor el valor que tiene su idea de la mujer y lo femenino y las fórmulas de la sexuación que escribe Lacan –así como el resto de sus formulaciones–, lo que resulta pertinente para el abordaje de este libro.

Lo real en los discursos históricos generales

Decíamos que lo real no será el mismo en todos los discursos, es decir en distintas legalidades; para cada discurso histórico general o particular el real será otro. Para nosotros y en nuestra época, después del sujeto de la ciencia, lo real –según Lacan– es lo imposible –a partir de la maniobra de Descartes.

> Si Descartes libera el carro del saber de esas verdades eternas, de las cuales se desembaraza sobre el arbitrio divino, ellas podrían ser otras. Este momento es decisivo (....) si todo es posible, nada lo es, y desde entonces es allí lo importante de lo que es omitido en nuestra apercepción, la apercepción filosófica del punto de partida de Descartes. Desde entonces **lo real es lo imposible**. Todo es posible salvo lo que está aquí desde entonces –lo posible–, y no se funda más que en su imposibilidad.[11]

A partir del momento en que se ponen en duda todas las verdades que hasta entonces imperaban, lo que pasa a existir como posible va a ser producto del pensamiento luego de haberse topado con ese imposible lógico. En tanto si todo es posible, nada lo es, la creación de existencias partirá de la nada mediante un saber progresivo y provisorio –no totalizable. La instauración de lo posible surge de esta dimensión de lo real. Agregaremos que esto confluye con la aparición de la ciencia moderna, donde pasan a tener existencia cosas que no eran vistas empíricamente; se empiezan a escribir existencias celestes en el universo cuyo establecimiento está basado en fórmulas matemáticas.

Lo que caracteriza a este sujeto de la ciencia[12] –además de un rechazo de todo saber– es, como correlato de esto, un amarre al ser (que vela la

---

[11] *Ibid. Op. cit.*

[12] Según sostiene Lacan en (1985), *Escritos 2*: "Subversión del sujeto y dialéctica del deseo en el inconsciente Freudiano". Buenos Aires: Siglo Veintiuno.

división estructural) –también por lo que quedó operando en el pensamiento occidental de la maniobra de Descartes: "luego soy". Es decir que la nueva posición del sujeto respecto del "saber" y del "ser" se resume en que el Ser ya no se piensa dado, ni por Dios ni como causa de sí, sino que se concibe adviniendo como efecto del cogitar, del pensar, por lo cual pasa a pensarse como existir.

Lo interesante de esto es que lo real para el sujeto de la ciencia será una imposibilidad lógica, pero ¿no podríamos decir que para todos los discursos también opera el vacío, el agujero, lo incognoscible, en el origen de la creación, es decir, de lo posible? ¿No es esto lo necesario lógicamente para que opere el sistema simbólico fundando existencia, y, en tanto tal, necesario para todo discurso, aunque esto quede evidenciado a partir de que saber y verdad quedan separados?

> Por definición, **lo real es pleno**. Si introducimos en lo real la noción de privación, es porque ya lo hemos simbolizado suficientemente, incluso plenamente. Indicar que algo no está, es suponer posible su presencia, o sea introducir en lo real, para recubrirlo y para excavarlo, el simple orden simbólico.[13]

El saber –no sabido por el hombre– que en Occidente estaba puesto, antes del advenimiento del sujeto de la ciencia, en la figura de Dios, se trataba de un saber que no era cuestionado y que servía de garantía; pero cabe resaltar, en lo que atañe a este trabajo, que no había acceso a ese su saber y que Dios, creador de existencia, se sostenía en la imposibilidad de ser conocido, incluso de que tuviera un nombre. ¿No podríamos pensarlo como un agujero lógico que sostiene el paradigma?

> (…) contrariamente al uso que se hace de que lo real es lo diverso; lo real, desde siempre, yo me he servido de esta función original para decirles que **lo real es el que introduce lo mismo**,[14] o más exactamente lo real es lo que aparece siempre en el mismo lugar. ¿Qué quiere decir esto sino que la sección de corte, dicho de otro modo, el significante es lo que nosotros hemos dicho?: siempre radicalmente distinto a sí mismo (A |desigual| A; A no es idéntico a A); ninguna manera de hacer aparecer lo mismo, sino del lado de lo real.[15]

---

[13] Lacan, J. (2005). *El Seminario. Libro 4*. Buenos Aires: Paidós, clase 13.
[14] El resaltado es nuestro.
[15] Lacan, J. *El Seminario. Libro 9*. Clase 22. Inédito.

El significante, radicalmente distinto a sí mismo, está sostenido en Lo mismo, en lo real, en lo pleno. Y lo pleno es a su vez lo indiferenciado, donde no opera la discriminación del sistema simbólico, pues es lo que ha quedado lógicamente por fuera justamente para que este funcione. [16]

Estas mismas figuras están sostenidas desde otros discursos respecto de la idea de la Creación:

A. En la cultura china, el Vacío –el cual Lacan se ha interesado tanto en estudiar– estructura todos los niveles de la Creación. El soplo es la unidad de base que estructura todos los niveles de un sistema orgánico; el **tao originario** es concebido como **el vacío supremo de donde emana el Uno**, que no es otra cosa que el aliento primordial. El Uno se divide en dos soplos vitales que son el Yin y el Yang: el primero concierne al principio de la fuerza activa y el segundo al principio de la dulzura receptiva, ambos virtualmente en estado de engendrar los Diez Mil seres. Pero al Dos viene a agregarse el Tres, que es el soplo del Vacío-central, indispensable pues sin ese soplo actuando en el Vacío-central, el Yin y el Yang se encontrarían en una oposición estéril, en una relación fija de oposición. Este vacío intermedio, también un aliento, procede del vacío originario y es necesario para el funcionamiento armonioso del par yin-yang; los sume en un proceso de devenir recíproco, manteniendo relación con el vacío supremo. El vacío-central tiene una función activa, es el que permite el proceso de interiorización y de transformación mediante el cual cada cosa realiza su identidad y su alteridad, y con ello alcanza la totalidad. [17]

Es decir que en los fundamentos de la semiología china el **vacío** es el eje central del pensamiento, **elemento eminentemente vital y activo** que rige el contenido filosófico-religioso como así también el mecanismo de todo conjunto de prácticas significantes: pintura, poesía, música, teatro y también de prácticas relativas al campo fisiológico: la representación del cuerpo humano, la gimnasia Taijiquan, la acupuntura, y hasta interviene el arte militar y el culinario. Respecto de lo nouménico, el vacío es el fundamento mismo de la ontología taoísta. Antes de "cielo-tierra",

---

[16] El modo en que esta operatoria se construye está brevemente explicado más adelante y se darán más citas de referencia.

[17] Cheng, Francoise. *Lacan y el pensamiento chino*. Disponible en https://cuerpo-txts-lacanjacques.wikispaces.com/file/view/Lacan+y+el+pensamiento+Chino+F+Cheng.pdf

es el "no haber", la "nada", el "vacío". [18] Dicho Tao, Dao o vacío es sin forma y sin nombre, infinito e incognoscible; si bien implica el cambio continuo, Laozi sostiene que hay en esa marcha **algo constante que no cambia, y es el Vacío mismo,** Vacío vivificante donde se origina el soplo, de donde lo que es sin-tener Nombre tiende constantemente hacia el-tener Nombre; lo que es sin-tener Deseo tiende constantemente hacia el-tener Deseo. Es decir que **en cuanto hay Nombre, en cuanto hay Deseo, no estamos más en lo constante.**

B.   Respecto de la figura del Dios bíblico occidental: habíamos dicho que lo que crea existencia previamente al sujeto de la ciencia era la figura de Dios, garantía de saber y saber totalizable. Esta figura de Dios trata de una sustancia divina ya existente, no creada, omnipotente y eterna que creó el Universo; se destaca que es incognoscible, no imaginarizable, y que no tiene nombre. La respuesta que en la Biblia Dios da cuando se pregunta por su nombre, "Soy el que soy" –o "Seré el que termine siendo" según las traducciones– no dice nada de lo que es, en términos significantes no significa nada, su "nombre" se trataría de un significante sin significado. Probablemente sea por esta razón que para Lacan la inscripción del Nombre-del-Padre –aludiendo a la dimensión religiosa que tiene tanta operatividad en Occidente y conservando la idea de Creador que involucra para problematizarla y conmover la significación– es la inscripción de la nada, un Nombre –es decir, un no nombre– que permite la creación de existencia, no "lo dado" o "causa de sí".

Además de la idea "Primero fue el Verbo", que nos atañe especialmente, el espíritu de Dios o "soplo" es en muchos pasajes de la Biblia quien da origen a las Escrituras. La idea de soplo divino, caos o indiscriminación y vacío en el origen se destaca también en el discurso religioso bíblico occidental. Figuras a su vez asociadas a la plenitud y al dar vida. [19]

---

[18] Consultar también: Laozi. *Livre de la Voie et de sa vertu (El libro de la vía y de su virtud).* Para esta lectura Lacan consultó varias traducciones, particularmente las de J.J.L. Duyvendak , Jean Maisonneuve, 1987) y de F. Houang y P. Leiris (Le Seuil, coll. "Points", 1979).

[19] Salmos 33: 6. **"Por la palabra del SEÑOR** fueron hechos los cielos, **y todo su ejército por el aliento de su boca";** Génesis 1: 2: **"Y la tierra estaba sin orden y vacía,** y las tinieblas cubrían la superficie del abismo, y el Espíritu de Dios se movía sobre la superficie de las aguas"; Job 33:4. "El Espíritu de Dios me ha hecho, y el **aliento del Todopoderoso me da vida.** Entonces Jehová Dios formó al hombre del polvo de la tierra, y **sopló en su nariz aliento de vida,** y fue el hombre un ser viviente". [versi]1 2:7[/versi]; Juan 1:16: "Pues de su **plenitud** todos hemos recibido, y gracia sobre gracia".

Aun sosteniendo el discurso religioso como origen de la creación –o cualquier otro paradigma de pensamiento que no sostenga que es el lenguaje el que crea existencia–, ¿no les resulta necesario, para dar cuenta de un origen, algo irrepresentable y sin nominación? ¿No es otro modo de llamar al significante de la falta en el Otro en Lacan –A–, necesario para la existencia de los demás elementos de la estructura en juego?

C. La perspectiva filosófica de Emmanuel Lévinas: también resulta pertinente pues aporta la idea de que para que haya existencia y algo discriminado también se parte de un lugar pleno cuyo rastro podrá quedar plasmado en lo que Lévinas vinculará a la otredad. En la constitución del sujeto, *El Mismo* –relacionado con el sujeto, el yo, la mismidad y la identidad– y *El Otro* –lo que queda por fuera de esa discriminación– se originan al mismo tiempo. De ahí que va a proponer la relación a Lo Otro –lo infinito, lo incognoscible– como realización del sujeto.

En el origen lógico del sujeto ubica algo pleno, impersonal y eterno –que llama "Hay", donde, producto de una hipóstasis, comienza la existencia. Resulta interesante ver que, al igual que para Lacan, en este advenimiento del sujeto, hay para él una pérdida –imprescindible para que haya existencia–, queda un resto que hace que el sujeto no sea Uno, que no haya identidad completa, apelando también a las operaciones de alienación y separación, aunque de distinta índole –lo que no desarrollaremos aquí.[20] Lévinas vinculará esa pérdida u otredad con la figura de lo femenino; su pensamiento ya fue ampliado en otro artículo de este libro donde nos enfocamos especialmente en el tratamiento de esta figura de lo femenino.

D. Creación del Universo según la Cábala: La teoría del Tsimtsum deriva de las enseñanzas de Isaac Luria –místico del siglo XVI– y se resume como el fenómeno de contracción divina con el objetivo de permitir la creación. Para responder al problema fundamental de la metafísica de cómo Dios o un ser infinito y una unidad absoluta pudo haber creado un universo finito y múltiple como el nuestro, Luria dice que Dios debió contraerse, remover su ser infinito, creando, como si fuere, "un **agujero en sí mismo dentro del cual el vacío podría existir**". Desde esta idea se podría pensar en todo nuestro universo como una especie

---

[20] Cf. Lévinas, E. (1993). *El tiempo y el Otro*. Barcelona: Paidós.

de agujero en Dios. Esto, además, nos llevaría a considerar la divinidad como **indefinible e incognoscible**, donde toda definición es una profanación. Es por eso que sostienen que comprender el infinito, el Ein-Sof, va más allá de nuestros poderes y que solo es posible, estrictamente, una "docta ignorancia"[21] –término que acuña Lacan para pensar la posición del analista.

Estos son solo algunos desarrollos escogidos entre muchos otros, pero podríamos agregar para poner en consideración: las teorías científicas más consensuadas sobre el origen del Universo como la del "Big Bang" y la del "estado estacionario", que también sostienen –cálculos mediante– una nada o un agujero simbólico como primero, anterior lógicamente a lo que constituye la unidad primera de la que todo parte –es decir, de la nada–, o un universo sin principio ni fin originado también de la nada; la vacuidad ligada al absoluto del pensamiento budista zen –*ku* en japonés o *Shunya* en sánscrito–, figura que posibilita la existencia y el cambio; otros desarrollos en la historia de la filosofía que, al sostener la idea de Ser, piensan sobre su origen o totalidad sin poder dar cuenta de ello o lo sitúan como una totalidad perdida que podría recuperarse justamente mediante el saber[22] –enmascarando así la función originante de la pérdida que se establece en la relación del significante al sujeto; o cualquier teoría que recurra a un mito para dar cuenta del origen de sus desarrollos, denotando de este modo el agujero o vacío simbólico. Y podríamos continuar enumerando o analizando muchos otros discursos.

Entonces, ¿no estaremos en condiciones de decir que Dios, Tao, Espíritu Santo, el Vacío primordial, el Tzimtzum, el "Hay", etc., podrían ser –en otros discursos– otros nombres para el lenguaje creando existencia, así como en nuestra disciplina es el inconsciente –discurso del Otro? Figuras todas que ubican un vacío primero, como veremos a continuación, agujero propio del sistema simbólico que no opera con tiempos evolutivos sino en una sincronía, en tal caso con tiempos lógicos.

---

[21] https://pijamasurf.com/2015/07/tzimtzum-la-creacion-del-universo-segun-la-cabala/
[22] Cuyo representante máximo es Hegel.

De cómo piensa Lacan el agujero
que funda existencia

> Uno imagina que la represión originaria debió ser un agujero. Pero es puramente imaginario. (…) Lo que forma el agujero no es la represión, es lo que está alrededor, y que me he permitido llamar lo simbólico. (…) Frege se esforzó por explicar cómo todo el palabrerío (…) logra algo que puede tomar cuerpo, y en lo real. (…)
>
> ¿Por qué todas las tonterías verdaderamente sin límite de lo que se dice, por qué eso daría acceso a lo real?
>
> Sin embargo, el hecho es que, sin que uno pueda saber cómo ocurre, el lenguaje sabe contar. ¿O es que la gente sabe contar gracias al lenguaje? Esto todavía no ha sido dilucidado. Pero es sorprendente que la escritura no esclarezca la función del número, sino por aquello que llamé -habiéndolo descubierto en Freud- el rasgo unario. Por lo tanto, esta función del número es lo que da acceso, no directamente, a lo real.[23]

El lenguaje lleva implícito el conteo, hace contables las cosas, la discontinuidad propia del sistema simbólico. El **rasgo unario** tendrá la función de corte, que es lo que separa las cosas y les da una entidad.

Recurriendo a Frege, Lacan va a sostener que la existencia del número será producto de un decir, de un enunciado lógico que recorta a los números como existentes, es decir, no serán nada material ni tampoco características de los objetos sino que en la construcción misma de las cosas está el número. Lo mismo aplica para cualquier otra clase objetos. La aparición del número como existencia –recortada por el orden simbólico y junto a él– será posible a través de enunciados lógicos que se rijan por el principio de identidad, tachando/ olvidando que la repetición de la semejanza simbólica es imposible.[24] Frege, buscando la génesis lógica del número, encontrará que el enunciado que puede recortar el conjunto de la inexistencia, distinto de la nada –que ya es concepto– será un argumento que incluye la diferencia ("igual a 0 y distinto de 0"); dicho conjunto

---

[23] Lacan, J. Respuesta de Lacan sobre los nudos y el inconsciente en las Jornadas de la Escuela Freudiana; Los matemas del psicoanálisis. 31/9 al 2/11/76. Disponible en https://www.lacanterafreudiana.com.ar/

[24] Un desarrollo más amplio de esta temática puede leerse en Mascheroni, G. (2014). *El rey está desnudo N°7*: "La existencia en el orden significante está ligada a un problema lógico". Buenos Aires: Letra Viva.

recortado, el conjunto vacío, cuyo cardinal[25] es 0, será origen de todos los demás números.[26] Y este primer "vacío" que no discrimina lógicamente ningún elemento –y que queda por fuera del sistema numérico–, será intrínseco a la estructura que funda existencia. Será por esto que Lacan sostiene que el Uno proviene del 0 (cero).

Para poder fundar el 1 según pasos lógicos, Frege apela al argumento "igual a 0", donde el principio de identidad actúa sin que nada se le oponga y entonces puede recortar el primer elemento: el 0 (cero); el cardinal de ese conjunto será 1. Lo interesante de este conjunto unitario o unario es que está formado por un elemento que es, a su vez, el cardinal de un concepto imposible. Es por el principio de identidad (entre 0 y 0 no hay diferencia) que Frege funda el 1, siendo así el 1 el significante de la inexistencia (0).

Los números se fundan en la repetición de un imposible, determinado por un decir –no es nada de la realidad material o empírica. El principio de identidad recorta elementos que van a contar como existentes, sin tener en cuenta que no hay identidad completa según esta concepción de lo existente.

Queda esclarecido, nuevamente, que lo que queda por fuera de una lógica de existencia será el real que funda y posibilita dicho sistema lógico completo funcionando.

> (…) lo real es lo imposible, no en calidad de un simple tope contra el que nos damos de cabeza, sino el tope lógico de aquello que, de lo simbólico, se enuncia como imposible. De aquí surge lo real.[27]

> Nada existe sino sobre un fondo supuesto de ausencia.[28]

La paradoja de este real –imposible– de los números (agujero estructural del orden simbólico), que participa a su vez de la creación de los demás existentes en tanto habilita la operatividad del sistema diferencial significante, es que, a pesar de ser un vacío pleno y ser "Lo mismo", es recortado por un enunciado que habla de la diferencia. Por su parte, los

---

[25] El cardinal es una propiedad de los conceptos que indican la cantidad de elementos recortados por el conjunto.

[26] No desarrollaremos aquí el programa logicista de Frege. Recomendamos su lectura y estudio.

[27] Lacan, J. (2008). *El Seminario. Libro 17*. Clase 8. Buenos Aires: Paidós.

[28] Lacan, J. (1985). *Escritos 1*. Respuesta al comentario de Hyppolite. Buenos Aires: Siglo XXI.

objetos recortados por el lenguaje a través de enunciados montados en el principio de identidad son desiguales o no unívocos.

Relación que Lacan hace entre el agujero y lo femenino

Donde no hay material simbólico, hay obstáculo, defecto para la realización de la identificación esencial para la realización de la sexualidad del sujeto. Este defecto proviene de hecho de que, en un punto, lo simbólico carece de material, pues necesita uno. El sexo femenino tiene un carácter de ausencia, de vacío, de agujero, que hace que se presente como menos deseable que el sexo masculino en lo que este tiene de provocador, y que una disimetría esencial aparezca. Si debiese captarse todo en el orden de una dialéctica de las pulsiones, no se vería el porqué de semejante rodeo, por qué una anomalía semejante sería necesaria.[29]

Cuando Dora se pregunta ¿qué es una mujer?, intenta simbolizar el órgano femenino en cuanto tal. Su identificación al hombre, portador del pene, le es en esta ocasión un medio de aproximarse a esa definición que se le escapa. El pene le sirve literalmente de instrumento imaginario para aprehender lo que no logra simbolizar.[30]

Nuevamente se advierte que el agujero está íntimamente ligado en Lacan a aquello que lo simbólico no puede aprehender y que, tal como venimos viendo, es sin embargo el posibilitador del sistema simbólico. Sin este agujero no sería posible la identidad ni el funcionamiento del lenguaje. Si esta "inconsistencia" queda ligada a lo femenino será en tanto que el falo es en nuestra cultura el operador en torno al cual se armó la sexualidad como *sexistencia*;[31] la mujer queda así ligada a aquello de lo que nada puede decirse o a lo que no puede ser imaginarizable –también por una ecuación cultural que se sostiene imaginariamente como falo=pene, derivado del pensamiento freudiano. Queda así ligada a la falta en ser, como señalamos al comienzo de este escrito.

---

[29] Lacan, J. (2006). *El Seminario. Libro 3*. Buenos Aires: Paidós, p. 252.
[30] *Ibid.* p. 254.
[31] Término utilizado por Davidson y que se desarrolla en "Posición epistemológica. Problemas a abordar en el libro", introducción de Gabriela Mascheroni para este volumen.

Sin embargo, veremos que este vínculo entre lo femenino y la inconsistencia tampoco puede sustancializarse, es decir, lo femenino no es todo inconsistencia. De *La* mujer, ubicada en el lado "mujer" de las fórmulas de la sexuación, salen dos flechas: una indica su relación con el falo –en el lado Hombre– y la otra con el S (A) –significante de la falta en el Otro– en el lado Mujer. Es decir que se podría llamar Mujer a la posición sexistente discursiva que se ordene a la vez en relación al discurso fálico y a la falta, y Hombre a la que se ordene en relación al falo –bajo una idea universal.

> No es solamente que no hay La Mujer –La mujer se define (…) por medio del ser no-toda–. Y no es del hombre que viene esto (…). Es en sí mismas que son *no-todas*. A saber, que ellas no se prestan a la generalización (…), a la generalización falocéntrica.[32]

Lo que caracteriza la posición histérica, por ejemplo, es una pregunta que se relaciona justamente con los dos polos significantes de lo masculino y lo femenino, formulación que hace con su ser: ¿cómo se puede ser varón o ser hembra? Esto implica, efectivamente, que el histérico tiene de todos modos la referencia, que es cultural. Con su identificación al individuo del sexo opuesto al suyo, interroga a su propio sexo. A la manera histérica de preguntar o. . . o. . ., se opone la respuesta del obsesivo, la denegación: ni. . . ni..., ni varón ni hembra, denegación que se hace sobre el fondo de la experiencia mortal y el escamoteo de su ser a la pregunta, que es un modo de quedar suspendido de ella.[33] El obsesivo precisamente no es ni uno ni otro; puede también decirse que es uno y otro a la vez. Aquí queda esclarecido cómo el modo de ser en el que se sostiene el sujeto moderno es el de la *sexistencia*. Desde esta consideración puede entenderse el "no hay relación proporción sexual", en tanto lo que no puede inscribir el lenguaje es la relación, por incluir este tercer elemento, el organizador falo. Así lo dice Lacan:

> (…) la relación sexual no se puede inscribir, no se puede fundamentar como relación. Es en que la letra, la letra de la que partí para abrir mis *Escritos*, se designa con aquella que ella es y con aquella que ella indica todo lo que el mismo Freud desarrolla, es que si ella guarda algo que es del orden

[32] Lacan, J. (1875). "Conferencia en Ginebra sobre el síntoma". En: https://lacanterafreudiana.com.ar/2.5.1.25 "Conferencia en Ginebra sobre el sintoma", 1975. pdf pp. 25 y 26.
[33] Cf. Lacan, J. *Ibid. El Seminario. Libro 3.* p. 338.

del sexo, no es por cierto la relación sexual, sino una relación digamos sexuada. (…) lo que Freud demuestra, lo que aportó de decisivo, es que por intermedio del inconsciente, entrevemos que todo lo que pertenece al lenguaje tiene que ver con el sexo, está en cierta relación con el sexo, pero precisamente a partir de que la relación no puede, al menos hasta el presente, de ninguna manera inscribirse allí.

La pretendida sexualización por la doctrina freudiana de aquello que resulta de las funciones que pueden llamarse subjetivas a condición de situarlas bien, de situarlas en el orden del lenguaje, consiste esencialmente en que lo que debería resultar del lenguaje, a saber, que de alguna forma cualquiera, la relación sexual pueda inscribirse allí, muestra precisamente, y en los hechos, su fracaso: no se puede escribir. Ustedes ya ven ahí funcionar esto que forma parte de este efecto de desviación, este efecto de división que es aquél con el cual regularmente, siempre tenemos algo que ver... Es "enunciado en el lenguaje", pero justamente eso no es "enunciado", lo que he dicho: es "inscribible" porque lo que se exige para que haya función, es que en el lenguaje pueda producirse algo que es la escritura expresamente como tal de la función, a saber ese algo que ya les he simbolizado más de una vez de la forma más simple, a saber éste: …-fi_mayúscula- en cierta relación con x: … -fi_mayúscula- --> x.

Por consiguiente, en el momento de decir que el lenguaje es algo que no da cuenta de la relación sexual, ¿en qué no da cuenta? Que de la inscripción que es capaz de fomentar, no puede hacer más que esta inscripción, o sea —porque consiste en eso— o sea lo que definí como inscripción efectiva de algo que sería la relación sexual en tanto que ella pondría en relación los dos polos, los dos términos que se titularían hombre y mujer, en tanto que este hombre y esta mujer son sexos respectivamente especificados de lo masculino y de lo femenino, ¿en quién, y en qué? En un ser que habla, dicho de otra manera que, habitando el lenguaje, se encuentra sacando de él ese uso que es aquél de la palabra.[34]

Es decir que si la mujer y/o lo femenino caen en el lugar de un vacío, de una falta, se trata de un vacío que corresponde al sistema simbólico, aquello que el lenguaje no puede escribir –no se trata en Lacan de una falta orgánica. La mujer se ubicaría en el orden significante por fuera de la ley del falo, lo que puede encontrarse por ejemplo en el análisis que hace del cuento "La carta robada" que es la apertura de sus Escritos. Esta asociación que vincula de esta manera lo femenino al objeto *a* está presentada claramente por Lacan en varias oportunidades en su seminario

---

[34] Lacan, J. (2014). *El Seminario. Libro 18*. Buenos Aires: Paidós, pp. 121/122.

sobre la angustia,[35] relación de lo femenino a la figura de la otredad que podemos ubicar en varios de sus textos.

Para finalizar

Si lo real es lo imposible lógico-matemático, para el sujeto de la ciencia se tratará de lo que la fórmula matemática no puede escribir para una determinada legalidad discursiva –lo que alude a su vez a la falta simbólica. En tanto la causa es simbólica, la falta le es intrínseca, no puede no ser. Aun cuando cada discurso histórico general y particular tiene una legalidad distinta y por lo tanto es distinto su real, es interesante advertir que dicho real tiene un parentesco con lo imposible, con un agujero o vacío simbólico que queda por fuera para que el resto del sistema opere, para fundar "lo que hay", aunque no sean pensadas como existencias sino como cosas dadas.

De lo pleno, lo indiscriminado, el vacío, lo que no puede no ser para cada uno de los discursos, surge lo que cuenta, lo discriminado, lo que hay –todo esto leído y causado por lo simbólico, cualquiera sea el paradigma o sistema de saber o pensamiento sobre la realidad que esté operando. El agujero en los distintos discursos da cuenta del lugar lógico propio de la estructura simbólica: no es una simple nada, sino el lugar lógico necesario de cualquier sistema diferencial oposicional, la función del agujero en el sistema simbólico. Si cada discurso que funda existencia sostiene algo inaccesible, podríamos concluir que dicho discurso está fundado por el sistema simbólico, aunque el sistema de saber que sostenga no lo piense como tal; en ese sentido, lo real sería siempre lo imposible para todo discurso o sistema de saber.

> Lo simbólico es simple. No hay oposición a lo simbólico. Está el agujero, el agujero original. Lo simbólico sólo tiene una falsa pareja. Es en la medida en que no hay Otro del Otro, a saber, que el ser y su negación son exactamente la misma cosa, como todo el mundo sabe; los dialécticos se lo dirán enseguida: que el no ser existe puesto que hablamos de ello, eso demuestra hasta qué punto el no ser es exactamente equivalente; gracias a eso precisamente se debe el descubrimiento del psicoanálisis: aunque el ser y el no ser sean la misma cosa, **es necesario que haya un agujero** que sostenga

---

[35] Lacan, J. (2007). *El Seminario. Libro 10*. Buenos Aires: Paidós.

todo junto, y que, en suma, todo eso se resuma a esto: que sólo hay creación, cada vez que decimos una palabra, hacemos surgir de la nada *ex-nihilo* una cosa, es nuestro destino de ser humanos.[36]

Una vez hecho este recorrido que nos permite situar cómo piensa Lacan lo que existe, no sería posible concluir que sus "lados hombre y mujer" sean categorías que armen SER ni consistencias. Deberemos entonces centrar nuestros argumentos en un diagnóstico cultural discursivo y calcular que se trata de una escritura para pensar las posiciones en la sexualidad derivadas de una existencia significante. Recordemos que Lacan sostiene que el discurso crea realidad y que hombre y mujer no son más que significantes.[37]

A este respecto, el "lado Hombre" designará para Lacan aquella posición en la sexualidad que intenta armar ser en un ordenamiento al falo y "lado Mujer" la posición de cualquier hablanser que esté en relación –además de al falo– a esta falta radical del sistema simbólico que le es intrínseca. Desde esta perspectiva, no podemos homologar femenino a inconsistencia, ya que sería otro modo de adjudicarle un ser.

¿No podríamos pensar que si Lacan concibe así las posiciones posibles frente al Ser esté entonces al mismo tiempo sugiriendo una dirección de la cura cuando alguien sufre por un amarre a dicho Ser? En los textos que este libro incluye se podrá apreciar que del lado Hombre Lacan va a ubicar casi todas aquellas figuras que escriben una relación universal y Toda al ser. El lado mujer podría dar cuenta de esa posición en el discurso donde está habilitado el deseo y la causa significante…, es decir, la relación al "entre".

Si lo que existe solamente es pensable en y por el discurso, tanto consistencias como inconsistencias son parte del mismo sistema simbólico, tal como pudimos advertir en todo este recorrido. Es decir que la relación que propone Lacan con lo Otro no deberíamos pensarla como dos consistencias –ya que para Lacan esto sería imaginario–; si fuera así lo Otro se convertiría en otra Consistencia en oposición binaria, que no es coherente con la fórmula que sostiene que para él el imposible del psicoanálisis es que "no hay relación sexual". No me extenderé sobre estos puntos enunciados, pues serán desarrollados en otros artículos de este volumen.

---

[36] Lacan, J. *Sesión de clausura de la Jornada de carteles de la Escuela Freudiana*, 13 de abril de 1975. *Lettres de l'Ecole Freudienne* N° 18. El resaltado es nuestro.
[37] Lacan, J. (2007). *El Seminario. Libro 20*. Buenos Aires: Paidós, p. 44 y p. 52.

En este sentido podríamos pensar que los padecimientos están en relación a una posición que se considera disruptiva frente al saber que se sostiene sobre una idea del ser. Quizá hoy, en tanto *sexistencia*, las posiciones en la sexualidad respondan a las relaciones que se entablan, basadas estas en las ideas que se tienen sobre (o acerca de) lo que es el ser.

Bibliografía

Cheng, F. (2005). *Vacío y Plenitud*. Madrid: Ed. Siruela.

Cheng, F. https://cuerpo-txtslacanjacques.wikispaces.com/file/view/La can+y+el+pensamiento+Chino+F+Cheng.pdf

Eidelzstein, A. (2017). Presentación sobre *La carta robada* de Lacan en Apertura Sociedad Psicoanalítica.

Lacan, J. (1985). *Escritos 1*. Buenos Aires: Siglo XXI.

Lacan, J. (1875). Conferencia en Ginebra sobre el síntoma. En: https://lacanterafreudiana.com.ar/2.5.1.25%20%20%20%20 CONFERENCIA%20EN%20GINEBRA%20SOBRE%20EL%20 SINTOMA,%201975.pdf

Lacan, J. (2005). *El Seminario. Libro 4*. Buenos Aires: Paidós.

Lacan, J. (2006). *El triunfo de la religión*. Buenos Aires: Paidós.

Lacan, J. (2007). *Mi enseñanza*. Buenos Aires: Paidós.

Lacan, J. (2007). *El Seminario. Libro 20*. Buenos Aires: Paidós,

Lacan, J. (2008). *El Seminario. Libro 17*. Buenos Aires: Paidós.

Lacan, J. *El Seminario. Libro 9*. Inédito.

Lacan, J. *El Seminario. Libro 12*. Inédito.

Lacan, J. *El Seminario. Libro 21*. Inédito.

Lacan, J. Respuesta de Lacan sobre los nudos y el inconsciente en las Jornadas de la Escuela Freudiana; Los matemas del psicoanálisis. 31/9 al 2/11/76, en https://www.lacanterafreudiana.com.ar/

Lévinas, E. (1993). *El tiempo y el Otro*. Barcelona: Paidós.

https://pijamasurf.com/2015/07/tzimtzum-la-creacion-del-uni verso-segun-la-cabala/https://es.wikipedia.org/wiki/ Esp%C3%ADritu_Santo

La potencia de la literalidad en psicoanálisis
El discurso analítico y su efecto feminizante

Rosella Villa Pusineri y Juliana Zaratiegui

Este recorrido tiene como horizonte el estudio de la función de lo escrito y la letra en psicoanálisis en su vertiente de creación y en su relación con la mujer y lo femenino.

En el *Seminario 19*, Lacan afirma:

> Por lo demás, la cuestión no es la del descubrimiento del inconsciente, que en lo simbólico tiene su materia preformada, sino la creación del dispositivo en el que lo real toca a lo real, es decir, el discurso analítico. **Esta creación no podía producirse más que por una cierta tradición de la Escritura,** cuya articulación con lo que ella enuncia de la creación queda por sondear (…) **la mujer se encuentra mejor dotada para sostenerse allí porque ella no S'uspeora por el uno,**[38] siendo del otro, para tomar los términos del Parmenides.[39] [40]

La función del escrito en el discurso analítico consiste en el establecimiento de la letra a partir de un tratamiento específico del significante:

> De manera general, el lenguaje no es simplemente el campo donde se inscribió en el curso del tiempo el discurso filosófico, sino que resulta ser un campo mucho más rico en recursos.[41]

Lacan visibiliza con su trabajo sobre la letra un más allá del campo del lenguaje que excede al campo que quedó inscripto por la filosofía. Subraya la materialidad del significante en la medida en que, como letra,

---

[38] El resaltado es nuestro. *S'oupirent* (se uspeoran): neologismo homofónico con *soupirent* (suspiran) y que incluye *ou pire* (o peor).

[39] Lacan, J. (2012): *…O peor. Otros Escritos*. Buenos Aires: Paidós, pp. 574-575. Resaltado nuestro.

[40] Ver el artículo **"La mujer como Otro radical en la enseñanza de Lacan: ¿qué cuestionamiento para la totalidad y para el Uno?"** de M. Inés Sarraillet del cap. 2 de la presente obra.

[41] Lacan, J. (2012): *El Seminario. Libro 20*. Buenos Aires: Paidós, p. 42.

no remite a ningún significado ni a ningún referente. La letra es lo que permite jugar con el lenguaje, realizar combinaciones, traspasos, inventar.

Entonces, despojado de su referencia a la cosa, el significante literalizado adquiere valor y potencia creativa en su estatuto de no-todo. Lacan localiza este modo de escritura del lado derecho de las fórmulas de la sexuación, también nombrado lado femenino o dicho-mujer, cuya formalización presenta entre los seminarios 18 y 20 y en "El atolondradicho", ubicando del lado izquierdo el funcionamiento del significante conforme a la lógica fálica, lado masculino, dicho-hombre, que queda inscripto así junto con el discurso de la filosofía o discurso del ser, que habla del ser.

Como se sostiene a lo largo de este libro, los desarrollos de Lacan se despliegan en contextos socio-históricos en los que este autor releva problemas, conflictos, invenciones, tensiones que serán materia prima para sus argumentos y con los cuales dialoga. En este artículo, abordaremos dos referencias a la literatura, presentes en los seminarios antes citados, en torno al problema de la escritura. Estas son: la literatura mística de los siglos XVI y XVII y la literatura de vanguardia de Samuel Beckett. Se pondrá el acento en la primera, dadas las consecuencias que se extraen de su articulación con otros desarrollos de este volumen.

Estas referencias revisten interés para Lacan por situar un contrapunto con la concepción/uso del lenguaje instaurado por el discurso filosófico, que prima en Occidente, nombrado como "lenguaje del ser", que es "un hablar de", "discurso corriente" que instaura una única visión del mundo, totalizante, unificante, en síntesis, ontologizante.[42] Por el contrario, se puede encontrar en las referencias mencionadas una vertiente performativa del lenguaje, que parte de y crea un agujero, un borde.

La performatividad del lenguaje se sitúa allí donde el lenguaje actúa, es decir que en el mismo momento de la enunciación se produce un acto que crea una nueva realidad, la funda. Barbara Cassin lo resume con una frase fetiche de Gorgias en el Encomio a Helena:

> El logos es un gran soberano que, por medio del más pequeño y del más inaparente de los cuerpos, performa los actos más divinos".[43]

Lacan apoya al acto analítico sobre esta dimensión del lenguaje:

---

[42] Ver Lacan, J. (2012). *El Seminario, Libro 20*. Buenos Aires: Paidós, pp. 43-44.
[43] Cassin, B. (2019): *Elogio de la traducción*. Buenos Aires: Cuenco del plata, p. 39.

Pero entonces queda en pie la pregunta: después de haberles, en este punto, si puedo decir, transformado el objeto *a* en una producción de la cadena del psicoanalista, se produce *a* como un Austin, ¿qué puede querer decir el acto psicoanalítico si, en efecto, el acto psicoanalítico es a pesar de todo el psicoanalista quien lo comete? Esto evidentemente quiere decir que el psicoanalista no es todo objeto *a*, él opera en tanto que objeto a. Creo que ya he articulado bastante hasta el presente el acto en cuestión para poder retomarlo sin más comentarios, **el acto que consiste en autorizar la tarea psicoanalizante…**[44]

En esta cita, Lacan menciona a John Austin, autor que introduce la performatividad del lenguaje en el siglo XX en su libro *Cómo hacer cosas con palabras*;[45] y establece que el acto analítico es aquel que autoriza **la tarea psicoanalizante**, más allá del analista. Es un acto que crea una tarea específica, que no tiene autor, porque no corresponde enteramente al analista, pero tampoco al analizante, se produce **entre**.

La literatura mística

Los trabajos en relación con los místicos desde el psicoanálisis lacaniano contemporáneo subrayan, a nuestro entender, el aspecto de la experiencia inefable, situándola como aquello que queda por fuera del lenguaje y, en ese sentido, toman *místico* como un adjetivo que cobra el valor de lo oculto, lo misterioso, en términos de experiencia singular intransmisible, de forma tal que se pierde el contexto de los místicos a los que refiere Lacan. La mística referida en sus trabajos es fechable y reviste una legalidad específica.

Nos guiaremos por dos citas de este autor. Al finalizar la clase del 20 de febrero de 1973, del *Seminario 20*, dice:

Lo que se intentaba al final del siglo pasado, en el tiempo de Freud, justamente era reducir esta cosa que yo no llamaría en absoluto palabrerío, ni verborrea, todas esas jaculaciones místicas que son, en suma lo mejor que se puede leer —nota al pie de página: *añadir en ellas los Escritos de Jacques Lacan, ¡porque son del mismo orden!*".[46]

---

[44] Lacan, J. *El Seminario. Libro 15*. Inédito. El resaltado es nuestro.
[45] Austin, J. (1990). *Cómo hacer cosas con palabras*. 1990. Barcelona: Paidós.
[46] Lacan, J. (2012): *El Seminario, Libro 20*. Buenos Aires: Paidós, p. 92.

Las jaculaciones místicas, para Lacan, son lo mejor que se puede leer y sus Escritos son del mismo orden de escritura/lectura. Lo que nos vuelve ineludible investigar acerca de la escritura de los místicos.

Algunas de las referencias que se encuentran en Lacan son a Santa Teresa de Ávila y San Juan de la Cruz, de los siglos XVI y XVII, y a Hadewijch de Amberes, del siglo XII, esta última perteneciente a las llamadas "trovadoras de Dios". Nos interesa la dimensión del lenguaje en la que despliegan sus producciones. El objetivo de estas es expresar lo inexpresable, lo imposible de decir, el encuentro con Dios. En este esfuerzo utilizan un lenguaje paradójico: la riqueza se transforma en pobreza, la vida en muerte, el dolor en gozo.

En *Caminemos para el cielo* Santa Teresa dice: "El que llaman de pobreza/ si se guarda con pureza/está lleno de riqueza".

Producen confusiones de términos, de modo que los atributos de uno son acarreados a otro, con lo cual se genera una unión en la que se borran las fronteras y desparecen las oposiciones. Se establece una relación aporística entre los mismos en la que se inaugura una dimensión del lenguaje en que se dibuja una lógica que contempla un ni lo uno ni lo otro.

En *Llama de amor viva*, San Juan de la Cruz dice: "*¡Oh cauterio suave!/* ¡Oh regalada llaga!/ ¡Oh mano blanda! ¡Oh toque delicado,/que a vida eterna sabe,/ y toda deuda paga! /Matando. Muerte en vida la has trocado".

A través de este uso del lenguaje, los místicos intentan dar cuenta del tipo de unión que implica el matrimonio de su alma con Dios.

En la clase del 26 de abril de 1967, del *Seminario XIV*, J. Lacan afirma:

> Los místicos son simplemente menos tontos que los filósofos, al igual que los enfermos son menos tontos que los psicoanalistas, por esta simple razón: que filósofos o psicoanalistas, cuando hay que elegir entre tontería o canallería, eligen siempre la tontería.
>
> Los místicos, entre "a" y "A", lejos de ver el Uno, reencuentran un agujero, y es el único punto en el que ellos me interesan."[47]

Es decir que a Lacan le interesan los místicos en la medida en que sus poesías y narraciones despliegan un saber que incluye un agujero. En la cita manifiesta su interés por los místicos por sobre los filósofos y los psicoanalistas en la medida en que estos dos últimos se quedan con la

---

[47] Lacan, J.: *El Seminario, Libro 14*, clase 14. Inédito.

tontería, es decir con aquel uso del lenguaje que hace ser, que funciona con plenos y vacíos en oposición.

Los místicos cuentan como premisa con que algo no puede decirse y eso los lanza a decir.

El misticismo surge en el seno de la Contrarreforma, respuesta del catolicismo a la Reforma protestante. Nos interesa señalar de esta última, fundamentalmente, que promovió la traducción de la Biblia al bajo alemán moderno, que ampliaba el acceso al pueblo a la lectura de las Sagradas Escrituras, lo que implicaba una relación más directa con la palabra de Dios, sin la intermediación de un Padre que, conocedor del latín y de la ortodoxia católica, ofreciera su interpretación. Como contrapartida, la Iglesia reforzó la ortodoxia y la figura del papa, se instituyó la Inquisición para investigar y juzgar a los acusados de herejía o brujería y se estableció la censura de aquellos libros que cuestionaban el dogma cristiano.

Varios de los místicos tuvieron que defender sus obras ante la Inquisición por encontrarse en el límite con la herejía. Tal es el caso de Teresa de Ávila. Se le cuestionaba que afirmara un encuentro directo con Dios.

Uno de los aspectos más novedosos que presentan las místicas en su época es la invención de un nuevo lenguaje. Es aquí donde, para nosotros, este movimiento revistió el mayor interés para Lacan.

Michel de Certeau señala que la mística es ante todo una práctica de la lengua frente a la teología como discurso de/sobre Dios, la mística es una manera de hablar. Dirá: "la mística es el caballo de Troya de la retórica en la ciudad de la teología".[48]

Algunas consideraciones de M. de Certeau sobre esta práctica del lenguaje:

> *"La mística nace de la mezcolanza de lenguas"*. El fin de la Edad Media se caracteriza por el paso del latín a las lenguas vernáculas. El latín llega a ser el instrumento de lo científico, lengua tradicional y conservadora, y las lenguas vernáculas se despliegan en las ciudades a través de las transacciones comerciales y de una élite laica que sostiene la literatura amorosa, cortesana, crítica, etc. Aún no se habían establecido las lenguas nacionales. Los relatos místicos se escriben en estas lenguas. "Este bilingüismo rompe una

---

[48] De Certeau, M. (2004). *La fábula mística*. México: Universidad Iberoamericana. p.141

identidad".[49] Las lenguas circulan con los viajeros que portan manuscritos e impresos. Europa era un enjambre de palabras inmigrantes, desplazadas y transformables. De ahí que De Certeau afirme que "el hablar místico es fundamentalmente traductor, opera sobre las palabras extranjeras armando **una "suite orquestal" de diferencias"**.

Este bilingüismo introduce una dimensión de lo extraño que es la que permite aprehender la lengua materna como tal y, de este modo desontologizarla.[50]

- "La fuerza de las palabras, crece con su discordia".

- Las frases místicas están armadas con términos discordantes, fusiones inquietantes de las que obtienen su potencia discursiva, crean una nueva realidad en el seno de la religión católica. Otra relación a Dios. Su Dios no es el Dios de la Iglesia. Lo importante de esta práctica es la fabricación.

- *"El lenguaje místico no supone la invención de palabras nuevas, sino de las transmutaciones realizadas sobre palabras ya existentes"*. Un ejemplo que presenta De Certeau es la cita de Teresa de Ávila: "Más habéis de entender que va mucho de *estar* a *estar*". Distingue dos usos del mismo vocablo por la operación que los separa. Lo místico se encuentra en el camino entre un término y otro. Es por esto que Lacan afirma que "Los místicos, entre 'a' y 'A', lejos de ver el Uno, reencuentran un agujero, y es el único punto en el que ellos me interesan".[51]

De Certeau toma los Apuntamientos de Diego de Jesús, introductor de Juan de la Cruz, y presenta el oxímoron como uno de los procedimientos que los místicos utilizaban sobre las palabras.[52] El oxímoron es un tropo, es decir, una de las figuras discursivas por medio de las cuales se da a una palabra un significado que no es precisamente el propio. Por ejemplo, "cautiverio suave" o "música callada". *Tropo* viene del griego *tropos* y quiere decir "hacer girar", vuelta, desviación, conversión, "es la manera

---

[49] Un ejemplo de este tránsito entre lenguas es la relación del Maestro Eckchart en el siglo XIII. En sus sermones introduce la lengua de las beguinas en el lugar del profesor, quien la aprende de ellas para responderles, aun cuando él siga utilizando el latín en sus tratados.
[50] Ver el trabajo de Barbara Cassin (2019) sobre este tema en *Elogio de la traducción*, Buenos Aires: Cuenco de Plata.
[51] Lacan, J. *El Seminario, Libro 14*. Clase 14. Inédito.
[52] Nótese que Lacan sitúa como hablar femenino a la literatura mística de la que participan hombres como San Juan de la Cruz.

en que una palabra se aparta de su significación".[53] Este apartamiento constituye un éxtasis, que implica una "audacia inventora" que crea un orden extraño dentro del orden de la lengua. "El oxímoron viola el código de una manera particular":

> El oxímoron da al traste con el universo de las "semejanzas" (…) mezcla los géneros y perturba el orden. Por otra parte, pertenece a la categoría de los metasememas que remiten a una más allá del lenguaje. Es un deíctico: muestra lo que no dice. La combinación de los dos términos sustituye la existencia de un tercero y lo presenta como ausente, crea un agujero en el lenguaje, corta el lugar de un indecible. Es un lenguaje que tiende a un no-lenguaje (…) En un mundo al que suponemos por completo escrito y hablado –como podríamos decir del mundo de la Iglesia de la Contrarreforma–,[54] y por consiguiente, capaz de expresarse en un léxico, abre el vacío de algo innombrable, apunta a una ausencia de correspondencia entre las palabras y las cosas.[55]

Así, la unidad semántica se rompe. **La palabra mística es una "palabra herida", rasgada, tenemos dos en lugar de uno o uno es dos**, lo que organiza al elemento lingüístico en un corte entre-dos, un entre dicho. Para De Certeau esta constituye la fórmula del **exceso**, ¿un más allá?, sin duda. "Para la frase mística lo que debe ser dicho, no puede serlo sino rompiendo la palabra".

Las frases místicas se sitúan en una retórica del exceso en la medida en que hacen apología de lo "imperfecto". Utilizan términos desemejantes e impropios y desorden gramatical. Se trataría, según De Certeau, en consonancia con la propuesta de Barbara Cassin,[56] de una "barbarización" de la lengua en la cual se propicia un juego con ella, que "resquebraja el orden de los enunciados", y así, se goza de la lengua.[57] "No expresan una experiencia, porque ellas mismas son la experiencia".

Con la caída de la figura de Dios que se produce a partir del siglo XVI, en el umbral del Iluminismo, los místicos no se sienten escuchados por los "maestros", no oyen la voz de Dios. Desde y por ese lugar vacante hablan y escriben su relación a Dios, y así la crean. Como señala F. Collin,

---

[53] De Certeau. *Op. cit.* p. 173.
[54] El entreguionado es nuestro.
[55] De Certau. *Op. cit.* p. 174.
[56] Cassin, B. (2019). *Elogio de la traducción*. Buenos Aires: Cuenco de plata, pp. 26-35.
[57] Ver el análisis que B. Cassin hace del trabajo que Lacan realiza con el *den* de Demócrito en *Jacques el sofista* (2013). Buenos Aires: Manantial, pp. 145-158.

Lacan insiste en afirmar que el Dios de las místicas es un Dios Agujero (*Dieu Trou*), un *"dieur"* (*diocir*) que no es el Dios *"bouche-trou"* (que rellena lagunas, el Dios que explica lo inexplicable como el de Laplace) de la teología. *"Dieur"* es un término que inventa Lacan al cortar y fusionar *Dieu* ("Dios" en francés) y *dire* ("decir"). El Dios de las místicas es un Dios de decir. ¡Lacan habla como mística!

> Dios es el decir. Sabe muy bien que *diocir* hace que la verdad sea, que decide sobre ella a su antojo. Basta *diocir* como yo.[58][59]

Estas consideraciones presentan explícitamente la novedad que representa la escritura de las místicas respecto de la doxa religiosa de los "maestros". En la figura de las místicas que Lacan articula a lo femenino, a La mujer que no existe, queda alojada la invención de un lenguaje que produce éxtasis, exceso. Teresa entrega su cuerpo a ese éxtasis, a ese exceso del lenguaje que produce su escritura y goza. De allí que Lacan desprenda de esta manera de hablar el goce femenino, que se lee como goce discursivo. Como señala B. Cassin: "dime cómo hablas y te diré cómo gozas".[60]

Teresa es obligada a escribir por los letrados para dar cuenta de su relación a Dios, se entrega a dicha escritura, y en ese camino confiesa no saber lo que dice ni desde dónde habla, su hablar es un hablar sin autor. Lo masculino, en cambio, queda del lado de la Verdad y la imposición, el dominio de la lengua por la univocidad del sentido. La escritura mística produce un exceso respecto de esta verdad, produce otra verdad que no es ninguna sino la que siempre queda como excedente de un decir que no deja de no escribirse y que la hace de este modo inconsistente, una y múltiple a la vez. Es una escritura que revela la instancia de la letra.

La literatura de Beckett

Lacan cita a Beckett en contadas oportunidades. No lo cita en sentido estricto sino que se emparenta en la posición que este escritor sostiene en

---

[58] Lacan, J. (1993) *La Tercera*. En *Intervenciones y textos 2*. Buenos Aires: Manantial, p. 77.
[59] Ver el artículo **"De la creación: Eva, Dios y el Lenguaje"**, de M. **Paula Castelli**, en el cap. 4 de la presente obra.
[60] Cassin, B. (2013). *Jacques el sofista*. Buenos Aires: Manantial, p. 170.

relación a la literatura; más específicamente repara en su manera de interesarse por las posibilidades y los límites del lenguaje. En *Lituraterre* dirá:

> Hay que decir, quizás, que estaba harto del basurero al que até mi suerte. Se sabe que no soy el único, para compartirlo, en confesarlo.
>
> Confesarlo [l'avouer] o, pronunciado a la antigua, el haber [l'avoir] que Beckett contrapone al debe que hace del desecho de nuestro ser salva el honor de la literatura y me libera del privilegio que creería tener por mi posición.[61]

En los párrafos de *Lituraterre* citados, Lacan comparte con este escritor irlandés una confesión. En ella se pone en juego el estatuto del desecho y del basurero.

Párrafos antes, y en consonancia con lo anterior, menciona la idea de que la civilización es la cloaca, aludiendo a ideas vertidas en 1967 en Burdeos. Según nuestra investigación, podría referirse a una conferencia dirigida a internos de psiquiatría publicada bajo el título "Mi enseñanza, su naturaleza y sus fines":

> Pero en lo que hace a la ecuación gran civilización = tubos y cloacas, no hay excepción…la ciudad empieza por ahí, cloaca máxima.
>
> Si se diera a este hecho todo su alcance se percibiría la prodigiosa analogía que hay entre el muladar y la cultura.[62]

Y prosigue indicando lo que esto significaría a nivel de las ideas, a nivel de lo que se piensa:

> (…) a eso hay que darle forma… ¿y a que se reduce? A grandes ideas generales…
>
> No crean sin embargo que la cultura es un fin que desapruebo… la cultura alivia de la función de pensar. ¿En qué se piensa? En las cosas que no se dominan en absoluto. Esto es lo que se puede llamar el pensamiento. Lo cual comienza a ser interesante cuando se aporta una solución formalizada.[63]

---

[61] Lacan, J. (2012). *Lituraterre* en *Otros escritos*. Buenos Aires: Paidós

[62] Lacan, J. (2007). "Mi enseñanza, su naturaleza y sus fines". *Mi enseñanza*. Buenos Aires: Paidós, p. 87.

[63] Lacan, J. (2007). *Ibid.*, p. 88-89.

En su "Carta Alemana" de 1937, dirigida a Axel Kaun, Beckett confiesa que su idioma, el inglés oficial, se le aparece como "un velo que debe rasgar para acceder a las cosas que están detrás (o a la nada que está detrás)". Gramática y estilo se le han tornado una mera máscara. **Para que el lenguaje sea usado del modo más eficiente se deberá abusar de él.** Hacerle un agujero tras otro hasta que lo que se esconde detrás, sea eso algo o nada, comience a filtrarse.

Encontramos en este autor una orientación contraria a la de las "ideas generales", definitorias de un universo que aspire a la sistematización. Distinto a las doctrinas realistas de la literatura que acomoda restos y rellena vacíos, doctrina donde la literatura sería un recurso totalizador, se puede encontrar en Beckett una literatura que cuestiona el ser y subvierte el uso del lenguaje, trabaja en su límite, en su borde, es una perspectiva destotalizante.

Beckett toma así el camino hacia esa "literatura de la despalabra" suponiendo que un universo que apela a la des palabra para "ser" es un universo que no tiene definición ni puede apelar a una palabra sistematizadora de sí.[64]

Si el mundo humano es inalcanzable, si no puede leerse e interpretarse de una vez y para siempre ese algo o esa nada en que consiste, se podría suponer en la lectura y escritura un apriori de fracaso que no por ello detiene las constantes re-escrituras y re-lecturas a las que aspira una literatura como la referida. Prima en Beckett lo que los especialistas han nombrado como una "estética del fracaso" que tiene alcance ontológico: "try again, fail again, fail better" (intenta de nuevo, fracasa de nuevo, fracasa mejor).

Para concluir

Entendemos que, con las referencias a las escrituras presentadas en este trabajo, Lacan nos indica que en psicoanálisis es necesario un trabajo con la letra que ponga de manifiesto el borde en el cual lo que se escribe hace letra sin obviar que lo que se bordea es un agujero que, a su vez es condición de posibilidad... En *Lituraterre*, Lacan sostiene:

---

[64] Cerrato, L. (2007). *Beckett. El primer siglo*. Buenos Aires: Colihue, p. 23.

> Si propongo al psicoanálisis la *lettre* como en suspenso, es que muestra allí su fracaso. Y es por eso que lo aclaro: cuando invoco así a las luces, es para demostrar donde hace agujero.
>
> El borde del agujero en el saber, ¿no es eso lo que ella dibuja? ¿y cómo el psicoanálisis, si, justamente lo que la letra dice "a la letra" por su boca, le era necesario no desconocerlo, cómo podría negar que esté, este agujero...[65]

Estas escrituras, que Lacan coloca del lado femenino de las fórmulas de la sexuación como dicho-mujer, dan lugar a una dimensión del lenguaje (*dit-mention*) que evidencia la articulación entre letra-performance-agujero-La mujer que no existe.

Lo femenino ha quedado ubicado en la historia de la cultura de Occidente, al menos desde Aristóteles en adelante, como lo Otro, lo extraño, lo no-Uno. La escritura, tal como la trabaja Lacan, a partir de sus desarrollos sobre la letra, pone en articulación un afuera (éxtasis) de un adentro, un Otro que se manifiesta a partir de la ausencia del Uno, pero que no deja de estar en relación a ese Uno que se ausenta y que se hace presente en el acto de escritura. De Certeau lo expresa con esta frase elocuente: "La mística es el caballo de Troya en la retórica de la ciudad de la teología".[66]

Claramente podemos afirmar que la posición femenina en las fórmulas de la sexuación refiere a una posición discursiva que sostiene un hablar sin autor y sin referencia. Su estopa es la letra en acto que funda, crea a sabiendas de que es una fabricación.

Beckett propone que la eficacia del lenguaje ("logos pharmakon"[67] dirá Cassin) radica en abusar del lenguaje, hacerle un agujero tras otro para evidenciar la nada que está detrás, pero sin dejar de tener en cuenta que esta literatura crea un nuevo valor a partir de aquel que agujerea "la estética del fracaso" que implica un nuevo modo de escribir.

Por último, Lacan asocia el dicho-mujer al discurso analítico,[68] el dicho mujer como performativo, como acto de hablar que ofrece otra satisfacción, distinta a la que se produce del lado de los dichos-hombre, que dan ocasión al sufrimiento neurótico. Una satisfacción que permite gozar de "menos que todo y de más que nada (satisfacción de las

---

[65] Lacan, J. (2012). *Lituraterre* en *Otros escritos*. Buenos Aires: Paidós.

[66] De Certeau. *Op. cit.*, p. 141.

[67] Cassin, B. (2013). *Jacques el sofista*. Buenos Aires: Manantial, pp. 66-90.

[68] **Ver el artículo "Comentario acerca de las cuatro fórmulas de Lacan: otra lectura posible", de M. Inés Sarraillet, en este volumen.**

palabras en acción)". Esta es, para nosotros la potencia de la literalidad en psicoanálisis.

Bibliografía

Beckett, S. (1937). *La carta alemana*. Disponible en http://lafogone-ra.blogspot.com.ar/2011/02/carta-alemana-samuel-beckett-1937.html

Cassin, B. (2012). *Jacques el sofista*. Buenos Aires: Manantial.

Cassin, B. (2019). *Elogio de la traducción*. Buenos Aires: Cuenco del plata.

Collin, F. "Nom du pere. On de la mere: de Beauvoir a Lacan". En *Lectora: revista de dones i textualitat*, N°4, 1998. Disponible en dialnet.uniroja.es

Cerrato, L. (2007). *Beckett: el primer siglo*. Buenos Aires: Colihue.

De Certeau, M. (2004). *La fábula mística*. México DF: Universidad Iberoamericana.

Lacan, J. (2012). *El Seminario. Libro 20*. "Mi enseñanza, su naturaleza y sus fines" en *Mi enseñanza*. Buenos Aires: Paidós.

Lacan, J. (2007). *Mi enseñanza, su naturaleza y sus fines* en *Mi enseñanza*. Buenos Aires: Paidós

Lacan, J. (2012). *Lituraterre* en *Otros escritos*. Buenos Aires: Paidós.

Lacan, J. *El Seminario. Libro 14*. Clase 14. Inédito.

Lacan, J. *El Seminario. Libro 15*. Inédito.

Lacan, J. *El Seminario. Libro 18*. Clase del 12/5/1972. Versión crítica de Ricardo Rodríguez Ponte, disponible en www.lacanterafreudiana.com

Vega García, G. (1982). "La dimensión literaria de Santa Teresa". *Revista de Espiritualidad*. N° 162. Madrid.

La doctrina de la restricción mental
Aporte sobre la relación de la mujer a la verdad y al discurso en psicoanálisis

Juliana Zaratiegui

La doctrina de la restricción mental es un dispositivo utilizado por la casuística que tuvo su auge a fines de la Edad Media y principios del Renacimiento. Sus mayores defensores fueron los jesuitas.

La casuística es un método de razonamiento para analizar dilemas morales. Es una rama de la ética aplicada, que refiere al razonamiento basado en casos y, a menudo, representa una crítica del razonamiento basado en principios o reglas. No comienza con dogmas o teorías ni enfatiza en ellos. No exige a sus cultores un acuerdo previo sobre teorías éticas ni estrategias determinadas. Sus detractores critican sus justificaciones limitadas y sin suficiente razón como los sofismas.

Los casuistas mantuvieron un debate acalorado con los moralistas a principios de la época moderna. El contexto de este era la afirmación de una moral en la que la prohibición de la mentira era incondicional y el secreto, el ocultamiento y el engaño estaban asociados directamente a la mentira.

Los casuistas se apoyaron en Santo Tomás de Aquino, quien aisló el engaño de la esencia de la mentira. A partir de esta propuesta, se desarrolló en el derecho canónico y en la teología moral una casuística que propone estrategias de engaño inocente para aquellos casos en los que el imperativo de la verdad se encuentra en conflicto con otros principios como la justicia, la caridad, la fidelidad, etc.

Los modos de proteger un secreto legítimo eran la utilización de equívocos o la composición de discursos conformados por dos tipos de signos: palabras y gestos. La restricción mental, en este sentido, es una proposición que tensa la relación entre la mentira y la verdad en la medida en que si se la toma en cuenta globalmente resulta falsa; pero si se realiza alguna restricción que se agrega al enunciado mediante alguna cláusula que se retiene mentalmente, resulta verdadera. Se trata de disimular información a través del uso de signos que no son falsos.

Manuel Hernández[69] ilustra esta práctica discursiva con un gesto de la antropóloga Ruth Benedict realizado en el informe de sus estudios de la cultura japonesa que le fuera solicitado por el Gobierno de Estados Unidos con motivo de obtener conocimientos de la cultura del país recientemente dominado. Dicho informe generó mucha controversia en torno a la figura de la antropóloga, quien fuera vista como colaboradora de la política colonialista americana. Sin embargo, tal como lo comenta ampliamente Hernández, la antropóloga deja pistas en su escrito, sin revelar la fuente, acerca de informes donde se encuentra explícitamente expresada la política de colonización a distancia de Estados Unidos, de este modo, filtra una verdad que queda dicha entrelíneas. Desde un discurso que afirma una verdad respecto de la dominación, la cuestiona, la revela y la denuncia.

En *Introducción teórica a las funciones del psicoanálisis en criminología*, de 1950, Lacan sitúa a la restricción mental como una forma cultural por donde se comunica la subjetividad. Otra de estas formas es el Ketman.

En el origen, el Ketman es una defensa mental, un modo de vivir en contradicción que el poeta polaco Milosz interpreta, desde el exilio a Estados Unidos en tiempos de la posguerra. Reflexiona sobre la vida intelectual en regímenes autoritarios. Cuando los intelectuales cayeron bajo la égida del totalitarismo, se vieron obligados a ocultar sus ideas mientras simulaban estar de acuerdo con el régimen. Lo que señala agudamente Milosz es que esta *performance* termina siendo una fuente de identificaciones por las que se termina confundiendo lo que se simula pensar con lo que se piensa.

Estas formas de expresión no hacen, para Lacan, sino "plantear que la sinceridad es el primer obstáculo hallado por la dialéctica del sujeto en la búsqueda de las verdaderas intenciones: el uso primario del habla parece tener por fin disfrazarlas".[70]

Luego en el *Seminario 10*, Lacan les concede a las mujeres "un poquitito de restricción mental".[71] Tal como lo señala Hernández, Lacan utiliza en su enseñanza este modo discursivo, uno de cuyos ejemplos es la proposición citada. Mientras que pareciera que está tratando a las mujeres de tontas, está señalando su relación a la verdad como semi-dicha/no-toda.

---

[69] Hernández, M. "Homenaje desde el psicoanálisis" en *Revista Acheronta*, n°.30, abril de 2018 disponible en www.acheronta.org

[70] Lacan, J. (1985) *Introducción a las funciones del psicoanálisis en criminología*. Buenos Aires: Siglo XXI, p. 132.

[71] Lacan, J. (2007) *El Seminario. Libro 10*. Buenos Aires: Paidós, p. 193.

De hecho, en el párrafo siguiente señala que la mujer comprende mejor el deseo del analista.[72]

Unos párrafos más adelante analiza la posición de Lucy Tower en un caso, y señala la función del deseo del analista operando allí donde Lucy Tower lee su posición en la transferencia críticamente, lo que le permite re-orientar una dirección de la cura que venía resultando fallida. Asocia la función del deseo del analista a una posición crítica que habilita nuevas posibilidades.

Este comentario sobre la estrategia discursiva de la restricción mental busca resaltar cómo Lacan sitúa a la figura de la mujer en Occidente[73] en el lugar de la verdad como medio decir, en el lugar de la crítica y el cuestionamiento a la Verdad como universal. En este mismo sentido puede leerse la posición de la poesía de algunas místicas como Hadewijck d'Amberes, Santa Teresa de Ávila o San Juan de la Cruz que Lacan toma durante el *Seminario 20*. [74]

Bibliografía

Cavaillé, J-P., en Serge Latouche *et al.*, *Les raisons de la ruse*. Artít culo disponible en línea en https://wwwww.cairn.info/les-raisons-de-la-ruse--9782707144614.

Hernández, M. "Homenaje desde el psicoanálisis" en *Revista Acheronta*, nro. 30, abril de 2018 disponible en www.acheronta.org

Lacan, J. (2007) *El Seminario. Libro 10*. Buenos Aires: Paidós.

Lacan, J. (1985) "Introducción a las funciones del psicoanálisis en criminología." *Escritos 1*. Buenos Aires: Siglo XXI.

Mikanowski, J. (2017) *"Ketman" and doublethink: what it costs to comply ith tyranny*. Disponible en http://wwwww.aeon.co

---

[72] *Ibid.*, p. 194.
[73] Cf. capítulo "La perspectiva de Lacan respecto de la mujer como figura del Otro en la cultura", de M. Inés Sarraillet, en este volumen.
[74] Cf. capítulo "La potencia de la literalidad en psicoanálisis", de Rosella Villa Pusineri y Juliana Zaratiegui, en este volumen.

Nota sobre *la préciosité*[75] y el lenguaje

Rosella Villa Pusineri

Las Preciosas constituyeron un movimiento sociocultural y literario de principios del S. XVII. Aprobado y desaprobado con igual intensidad, fecundo y estéril en la misma medida según las miradas de aduladores y detractores; incluso existente o inexistente dependiendo de quienes valoran o ignoran las referencias y los documentos que se derivan de dicha tendencia, tuvo su origen en el contexto socio-histórico de la insurrección francesa conocida como las dos Frondas. En torno al clima de aquellos enfrentamientos entre nobleza y realeza, la Preciosidad verá la luz motivada por el interés de la nobleza de espada en reencontrar y reafirmar sus signos distintivos y su valor social. Al reparo de espacios privados y alejados de las pautas reales, este movimiento inventará, para sostener su estirpe, un modo de vivir, de divertirse, de hablar, de relacionarse, del que surgirá un nuevo orden. Las *bienséances,*[76] el cuerpo de leyes no escritas que regirán esos intercambios sociales, serán, de ahí en más, la garantía de superioridad y el signo distintivo de esta nueva nobleza que ya no se definirá solo por linaje sino por la posesión, comprensión y uso de dichas reglas.

Este modo de vivir tuvo su máxima expresión en la creación literaria surgida de la importancia que cobró en este círculo el arte de la conversación y la expresión teatral. Es de destacar en el movimiento de Las Preciosas el surgimiento de un modo inédito de uso de la palabra que trajo consigo la invención de un sinfín de expresiones.[77]

Antes de ser la preciosidad un movimiento literario, un género, o un espíritu, una manera de sentir o expresar, fue una de las formas más importantes de la vida social del siglo XVII, encarnada en la vida de los Salones o

---

[75] Preciosismo.

[76] Se puede encontrar traducido por *decoro.*

[77] Véase de Antoine Baudeau de Somaize: el *"Grand Dictionnaire des precieuses"* obra publicada en 1660, dedicada a las expresiones y palabras surgidas de este movimiento.

en las calles, donde las preciosas elaboraron un ideal, un arte de vivir que luego se expresó en la literatura y en la práctica.[78]

Según se refiere en trabajos académicos dedicados a dicho movimiento, los estudios sobre esta temática suelen considerar dos vías de análisis: un análisis sociohistórico que apunta a buscar en los textos la confirmación de lo que se encuentra en la sociedad de la época y una mejor comprensión del siglo XVII; y/o un análisis textual, que busca desentrañar sus estrategias discursivas.

La vertiente del análisis que subraya el modo de vivir lo privado como un gesto de oposición al orden establecido suele ser referida en trabajos actuales que ubican al movimiento de las preciosas como portador de ideales precursores de los posteriores movimientos feministas, dada la preponderancia que tomaron allí las mujeres.

Tomamos para esta nota la segunda línea de análisis, centrándonos en las creaciones literarias y discursivas, ya que, al decir de Lacan, es desde el punto de vista de la lengua desde donde este movimiento toma su importancia. Nótese que la particularidad por la cual dichas creaciones son tenidas en cuenta es por el modo en el cual es tratado el lenguaje, más allá de su uso comunicativo, corriente y referencial.

A propósito de esa frase interrumpida, nos falta ahora…, recuerdo algo que me había llamado la atención leyendo Saumaize, que escribió hacia 1660-1670 un Diccionario de las preciosas. Naturalmente, las preciosas son ridículas, pero el movimiento denominado de las preciosas es un elemento tan importante para la historia de la lengua, de los pensamientos, de las costumbres, como nuestro querido surrealismo del cual todos sabemos que no es cualquier cosa, y que seguramente no tendríamos el mismo tipo de afiches si no se hubiese producido, hacia 1920, un movimiento de personas que manipulaban de manera curiosa los símbolos y los signos. El movimiento de las preciosas es mucho más importante desde el punto de vista de la lengua de lo que se piensa.[79]

---

[78] Bezian de Busquets, E. (2005). "La Preciosidad como fenómeno social. Comportamientos y ética de las preciosas en el siglo XVII francés". X Jornadas Interescuelas/Departamentos de Historia. Escuela de Historia de la Facultad de Humanidades y Artes, Universidad Nacional del Rosario. Departamento de Historia de la Facultad de Ciencias de la Educación, Universidad Nacional del Litoral, Rosario.

[79] Lacan, J. (2007) *El Seminario. Libro 3. Las Psicosis*. Buenos Aires: Paidós, pp. 166-167.

El referido movimiento es en ocasiones emparentado con el Manierismo italiano y el Gongorismo en España, el primero caracterizado por su gran artificio verbal de imágenes y antítesis y el segundo por su estilo oscuro, referido por Lacan en relación con su propia forma. En el caso del Preciosismo el lenguaje fue "pulido", se omitían las obscenidades, las groserías, se apelaba a la delicadeza y fineza de la expresión verbal y gestual. En el marco de las reglas de la conversación se esgrimían discusiones, siempre amables y atemperadas, particularmente sobre los sentimientos y las relaciones amorosas. Se hacía uso de la perífrasis, circunloquios y metáforas con intenciones innovadoras y de abstracción. Esta intención inventiva estaba en el seno del llamado *"bel Sprit"*[80] del siglo XVII y formó parte de las derivaciones literarias de la época.

Algunas de las participantes de este movimiento pasaron de la "conversación a la creación", como Mme. de Lafayette, con su novela *La Princesa de Clèves*, o Mlle. d'Scudéry con su novela en capítulos *La Carte du Tendre*.[81]

Representativa de este movimiento es la poesía de Vicent Voiture[82] quien, sin tener aspiraciones literarias, participaba de la vida de los salones haciendo relatos minuciosos y exquisitos de situaciones cotidianas, sirviéndose y forzando fórmulas de la literatura clásica, en ocasiones en prosa, otras en poemas, siendo uno de los protagonistas de aquel estilo de gracia ambigua, donde la acumulación de formas de la poesía clásica con fines de romance podría tener por objetivo la comicidad y viceversa, o bien alternando burla y elogio se llegaba a realizar un elogio aparentando una burla:

En Respuesta a la epístola escrita a Madame de Montausier, sobre un nacimiento, Voiture hace un paradójico elogio del recién nacido burlándose del carácter huraño de Montausier:

C'est un fort dépiteux marmot: Tout du long de la nuit il crie, Et tout le jour est en furie, Fier, opiniâtre et mutin, Aussi farouche qu'un lutin. S'il se fâche, onc il ne s'apaise, On lui déplaît quand on le baise, Il pincé, il égratigne, il mord, Et gronde même quand il dort. Du reste belle créature.

---

[80] Término que en el marco del Preciosismo adquiere múltiples significados, la mayoría de ellos ligados al ingenio.

[81] *El mapa de la ternura.*

[82] Craveri, B. (2007) *La cultura de la conversación.* Capítulo IV. Vincent Voiture, o el ame du rond. Bs. As: Ed. Ciruela.

Et d'une très bonne nature, Et qui le voit bien en effet, Dit que c'est le père tout à fait. [83] [84]

La ambigüedad, el juego de palabras, el efecto inesperado que el texto genera con su intención esquiva han dado lugar a estos modos de escritura que ignoran la pretensión descriptiva y ajustada a una realidad preexistente y, como se dice a continuación, "desplaza la atención del objeto hacia el discurso".

El bel esprit en el siglo XVII fue poco explorado, pero los escritores hacían referencia frecuente a él. A los ojos de sus detractores, era un lenguaje en delirio, que **perdía toda función referencial, un discurso sofístico**, una "ingeniosidad vacía", traducida en construcciones artificiales y muy relacionado con el conceptismo italiano y español. Observamos así que el espíritu asumía multitudes de formas, descripto como una "enfermedad contagiosa", de la cual la preciosidad mundana y la vulgaridad burlesca eran formas de la misma depravación. Es necesario tener en cuenta el antes y después de las obras de Molière. Esta segunda acepción, sin duda correspondió al después. En el artículo Esprit, Voltaire decía "el bello espíritu" es un cartel, un arte que demanda de la cultura una especie de profesión, **que desplaza la atención del objeto hacia el discurso**.[85]

De la cita que antecede subrayamos aquellas características por las cuales este modo de innovar en la lengua no ha sido indiferente para las elaboraciones de J. Lacan con respecto a aquellos modos de hacer con el lenguaje que fundan y se fundan en otros discursos por fuera del discurso corriente,[86] el discurso Otro, el Discurso sexual. Es en esta relación entre discurso y sexualidad que Lacan ubica a las Preciosas como modelo.

Al respecto dirá en *el Seminario 19*:

---

[83] Marín Martí, A. (2001). *Sociedad y literatura en el siglo XVII Francés: Los salones*. Tesis doctoral. Repositorio institucional de la universidad de Córdoba, p. 286. España. Universidad de Córdoba. Servicio de publicaciones.

[84] Traducción de este párrafo: *Es una marmota muy odiosa: toda la noche está gritando y todo el día está furioso, orgulloso, obstinado y travieso. Tan feroz como un un elfo. Si se enoja, no puede calmarse, no nos gusta cuando lo besamos, pellizca, rasca, muerde, y muerde incluso como muerde y gruñe incluso cuando duerme. Todavía hermosa criatura y de muy buena naturaleza, y quién lo ve realmente?, dijo que es el padre completamente.*

[85] *Op. cit.* 4. Resaltado nuestro.

[86] Véase en este capítulo el artículo "La potencia de la literalidad en psicoanálisis".

Es lo mismo que mucho tiempo atrás anuncié en cierto programa para un congreso sobre la sexualidad femenina. Únicamente, decía –para aquellos que saben leer, por supuesto–, únicamente la homosexual, que aquí debe escribirse en femenino, sostiene el discurso sexual con total confianza.

Por eso invoqué la liberación de las preciosas, que, ustedes saben, siguen siendo para mí un modelo. Las Preciosas, que, si cabe decirlo, definen tan admirablemente el exceso homo –permítanme detener aquí la expresión–, el *Ecce homo del amor*. Porque ellas no corren el riesgo de tomar el falo por un significante. ¡Quía (fi-*donc*!)¡ fi-pues! („-donc) signi-fi-ca pues! (signi -„- ca *done*). **Solo al romper el significante en su letra acabamos con él en última instancia.**[87]

Inscribimos esta breve referencia entre aquellos modos de escritura que crean la realidad y solo así, al crearla la nombran. Modos de decir/ escribir que rompen con el significante, no en el sentido de un más allá sin palabras sino circundando un agujero, una ausencia que presupone una presencia, presencia que es en potencia y que por ello puede faltar. Potencia de la literalidad lo hemos llamado en otro trabajo de este mismo capítulo.[88]

Le mot me manque (Me falta la palabra). Estos giros, que les parecen de lo más naturales, y que se han vuelto usuales, están registrados en el Saumaize, y también en la Retórica de Berry, que es de 1663, **como creados en el círculo de *Las preciosas*. Esto les muestra cómo no hay que hacerse ilusiones con la idea de que el lenguaje está moldeado por una aprehensión simple y directa de lo real.** Todos suponen una larga elaboración, implicaciones, reducciones de lo real, lo que podríamos llamar un progreso metafísico. Que las personas actúen de determinada manera con ciertos significantes, entraña todo tipo de presupuestos. **Me falta la palabra, por ejemplo, supone, primero, que la palabra tiene que estar.** [89]

---

[87] Lacan, J. (2012) *El Seminario. Libro 19*. Buenos Aires: Paidós, p. 17. Resaltado nuestro.
[88] Véase en este capítulo el artículo de **R. Villa Pusineri y J. Zaratiegui. "La Potencia de la literalidad en psicoanálisis"**.
[89] Lacan, J. (2007) *El Seminario. Libro 3*. Buenos Aires: Paidós, pp. 169-170. Resaltado nuestro.

Bibliografía

Bezian de Busquets, E (2005). "La Preciosidad como fenómeno social. Comportamientos y ética de las preciosas en el siglo XVII francés". X Jornadas Inter escuelas/Departamentos de Historia. Escuela de Historia de la Facultad de Humanidades y Artes, Universidad Nacional del Rosario. Departamento de Historia de la Facultad de Ciencias de la Educación, Universidad Nacional del Litoral, Rosario.

Craveri, B. (2007). *La cultura de la conversación.* Vincent Voiture, o el ame du rond. Buenos Aires: Ed. Ciruela.

Lacan, J. (2007). *El Seminario. Libro 3.* Buenos Aires: Paidós.

Lacan, J. (2012). *El Seminario. Libro 19.* Buenos Aires: Paidós.

Marín Martí, A. (2001). *Sociedad y literatura en el siglo XVII Francés: Los salones.* Tesis doctoral. Repositorio institucional de la universidad de Córdoba. Universidad de Córdoba, España. Servicio de publicaciones.

Capítulo 6

Propuesta de una dirección de la cura

Comentario acerca de las cuatro fórmulas de Lacan: otra lectura posible

María Inés Sarraillet

Las cuatro fórmulas como red del *affaire sexual*

Las cuatro fórmulas que Lacan elabora en la década del 70, conocidas como "fórmulas de la sexuación" (ya que así las llama Lacan en el *Seminario 21*),[1] han sido retomadas con frecuencia para trabajar lo que en el psicoanálisis lacaniano se plantea como **posición femenina** y **posición masculina**, independientemente del género de la persona o individuo del que se trate. Las fórmulas se expresan sobre la base de los cuantores de la lógica formal (de predicados). En ocasiones se extraen consecuencias acerca de la diversidad del goce o los goces de un lado u otro de las fórmulas, ya que el lado izquierdo –con sus dos fórmulas– se considera masculino y el derecho –con las dos restantes– femenino. Por lo tanto, se entiende que las fórmulas darían cuenta de las diferentes posiciones sexuadas de quienes se sitúen de cada lado.

$\exists x \; \overline{\Phi x}$	$\overline{\exists x} \; \overline{\Phi x}$
$\forall x \; \Phi x$	$\overline{\forall x} \; \Phi x$

Pero más allá de esta lectura es posible pensar que la lógica que inscribe este conjunto de escrituras tiene también otro alcance y habilita además otra lectura, ya que se trata de letras en el sentido formal del término. Plantearemos algunas hipótesis siguiendo principalmente los desarrollos de Lacan en las charlas de St. Anne del 3 de marzo de 1972 y del 1 de junio de 1972, y la clase del *Seminario 19* del 15 de diciembre de 1971.

---

[1] Lacan, J. *Seminario XXI*. Clase del 9/4/74. Inédito.

En la charla del 3 de marzo de 1972,[2] encontramos que Lacan asevera que con las cuatro fórmulas que muestra en el pizarrón él pretende en efecto sostener mediante una escritura la **trama del asunto sexual**. Y agrega:

> Sin embargo, esta escritura solo adquiere su autoridad, solo adquiere su forma sobre la base de una escritura muy específica, que permitió introducir en la lógica la irrupción de la topología matemática.[3]

Si cotejamos con la versión en francés de esta charla, encontramos que el término traducido por *asunto* es *affaire* y el vocablo *trama* traduce del francés al español el vocablo *réseau*, que también podría traducirse por *red*:

> Lo que acabo de mostrar una vez más en el pizarrón pretende en efecto sostener mediante una escritura la *trama (réseau)* del asunto sexual.[4]

Entre las acepciones del término *affaire* en la lengua francesa encontramos: "caso", "*asunto*", "cuestión", "causa", "cosa" ("la cosa en cuestión"), "negocio", "escándalo", "proceso judicial". Y el vocablo inglés *affair* significa también "*asunto*", "negocio", "cuestión", "caso", y se agrega el sentido de "*aventura*" (como aventura amorosa) y "*amorío*", entendidos como relación amorosa por fuera del matrimonio.

En español *affaire* se traduce como "negocio", "*asunto*" o "caso ilícito o escandaloso", y también como "aventura" o "relación amorosa ocasional".

Teniendo en cuenta estas aclaraciones y atendiendo a la articulación que establece entre la lógica y la topología matemática se podría pensar que Lacan también escribe el conjunto de las fórmulas al modo de un grafo. Podría pensarse como un grafo (red) que escribe la trama de lo

---

[2] Lacan, J. (2012). *El Seminario. Libro 19. Charla de St. Anne del 3/3/72*. Buenos Aires: Paidós, pp. 97-98.

[3] Lacan, J. *Ibid.*

[4] Cf. Lacan, J. Charla de St Anne del 3/3/72. "Si je repousse cette ancienne écriture au nom du discours analytique, vous pourriez m'objecter une objection bien plus valable : que je l'écris moi aussi, puisque aussi bien - c'est ce que je viens de remettre une fois de plus au tableau - c'est quelque chose qui prétend supporter d'une écriture - quoi ? - le *réseau de l'affaire sexuelle*". Disponible en http://staferla.free.fr/ pp. 71-72

que denomina el asunto (*affaire*) sexual, tal cual podría plantearse en el análisis de las neurosis.[5]

En la charla de St. Anne del 1 de junio de 1972, Lacan propone a las cuatro inscripciones como un conjunto:

> Sin ese conjunto es imposible orientarse correctamente en lo tocante a la práctica del análisis en la medida en que este se ocupa de algo que corrientemente se define como el hombre, por una parte, y por otra parte, ese correlato generalmente calificado de mujer, que lo deja solo.[6]

Un grafo o *red* en términos topológicos constituye justamente un conjunto de vértices y aristas– puntos y líneas–, donde cada arista tiene dos vértices como extremos. Si a cada arista se le asigna una orientación, el grafo es orientado y se dibuja con flechas que indican la dirección del recorrido.

Si consideramos que las cuatro fórmulas pueden leerse como un grafo –además de otras lecturas posibles–, este grafo o **red** podría dar la estructura del **asunto** (*affaire*) o **tema** (*sujet*) que se plantea en un análisis en la medida que se ocupa, como Lacan acentúa, "de lo que corrientemente se entiende por hombre y el correlato calificado por mujer". El análisis se ocupa de eso, y la red de las escrituras proporciona una orientación al respecto, podríamos decir para cada caso en análisis. Para cada texto o producción discursiva podríamos orientarnos, como analistas, siguiendo el recorrido de este grafo.[7]

La posibilidad de leer las fórmulas como un grafo podría sostenerse a partir de una de sus versiones: en la charla del 1 de junio de 1972 Lacan lo presenta de esta manera indicando la importancia de la dirección de las flechas:[8]

---

[5] El neologismo *Staferla* propuesto por Lacan alude a este asunto. Ver el artículo "El problema de la bipolaridad sexual en Freud y en Lacan" en el capítulo 3 de este volumen.

[6] Lacan, J. (2012). *El Seminario. Libro 19*. Charla de St. Anne del 1/6/ 72. Buenos Aires: Paidós, pp. 198-199.

[7] Seguimos aquí la idea de A. Eidelsztein, quien sugiere considerar que las fórmulas de la sexuación se aplican a materiales clínicos, no a personas: Podrían ser aplicables al material o a jirones del material, a una sesión o a una serie de sesiones. Se podría ver por ejemplo *una mujer* en un jirón o *recorte del material*. (Intervención en las Jornadas de Apertura 2018. Mesa 10.) Disponible en ww.youtube.com/watch?v=DyBPhVblmqk

[8] Lacan, J. (2012). *El Seminario, libro 19*. Charla de St. Anne del 1/6/72.

Fórmulas de la charla del 1° de junio
de 1972 (versión Staferla):[9]

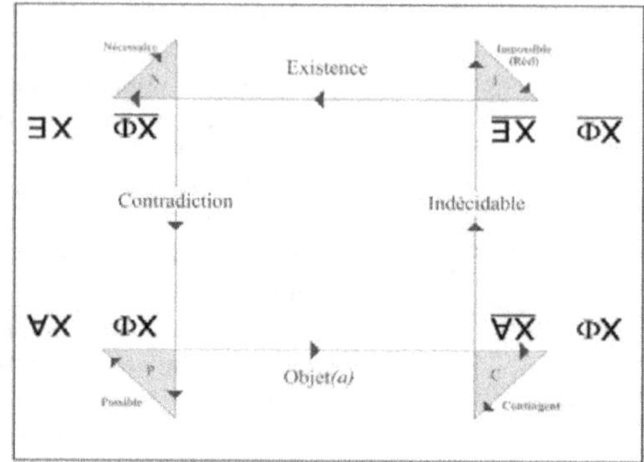

Fórmulas de la charla de 1 de junio de 1972 (versión del Seminario 19) (Ed. Paidós):[10]

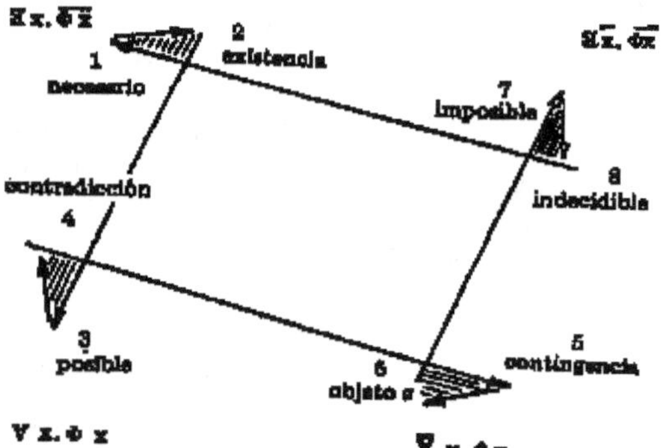

---

[9] http://staferla.free.fr/
[10] Lacan, J. (2012). *El Seminario. Libro 19.* Charla de St. Anne del 1/6/72.

Esta versión de las escrituras es distinta de las que aparecen en otros momentos de la obra de Lacan, y difiere en varios puntos de la del *Seminario 20 (Encore)*, la más difundida y trabajada;[11] pero permite pensar que las fórmulas tal vez no se refieren necesariamente a posiciones que sostienen los sujetos humanos en el sentido banal, es decir los individuos, sino a los materiales en análisis. Tal vez se refieran a la estructura discursiva o al recorrido de un análisis en tanto se plantean en el material clínico los problemas del amor, del goce, del deseo y del sexo, al menos entre cuatro modalidades lógicas:[12] lo necesario, lo posible, lo imposible y lo contingente.

Con esta hipótesis como punto de partida podríamos revisar brevemente el funcionamiento de las escrituras para pensar algunos aspectos lógicos de la cura analítica siguiendo ciertas indicaciones puntuales de Lacan respecto de lo que en este contexto se localiza con la letra Φ, sin pretender abarcar las múltiples interpretaciones y los variados problemas que se presentan en la lectura de las cuatro fórmulas, ya que constituyen una verdadera "monstruosidad" lógica.

[11]

$\exists x \, \overline{\Phi x}$ $\forall x \, \Phi x$	$\overline{\exists x} \, \overline{\Phi x}$ $\overline{\forall x} \, \Phi x$
$\mathcal{S}$ Φ	$S(\mathrm{\cancel{A}})$ a $L\acute{a}$

[12] Las proposiciones *modales*, planteadas inicialmente por Aristóteles, son aquellas en las cuales no solo se le atribuye el predicado al sujeto, sino que se indica el *modo* como el predicado se une al sujeto o como se determina la composición entre ambos, por ejemplo: "Es necesario que el hombre sea inteligente", "Es posible que el hombre sea inteligente", "Es imposible que el hombre sea inteligente", "Es contingente que el hombre sea inteligente". Lacan propone distribuirlas de este modo: Imposible: No cesa de no escribirse/ Necesario: No cesa de escribirse. Posible: Cesa de escribirse/Contingente: Cesa de no escribirse.

La función Φ en las fórmulas

Lacan designa al falo con la letra Φ, y plantea su funcionamiento en términos de función matemática, al menos desde el *Seminario 8*:

> En efecto, ¿qué representa Φ? La función del falo en su generalidad, para todos los sujetos que hablan y que por este hecho tienen un inconsciente, y se trata de percibir su estatus en el inconsciente, a partir del punto que nos es ofrecido en la sintomatología de la neurosis obsesiva, donde esta función emerge bajo unas formas que yo llamo degradadas. Ella emerge, obsérvenlo bien, a nivel de lo consciente. Es lo que la experiencia nos muestra muy manifiestamente en la estructura del obsesivo. La puesta en función fálica no está allí reprimida, es decir profundamente oculta, como en el histérico. El φ que está ahí en posición de puesta en función de todos los objetos, *como la f minúscula de una fórmula matemática*, es perceptible, confesado en el síntoma consciente, verdaderamente perfectamente visible.[13]

Esta idea se sostiene en distintos desarrollos.

En el despliegue de las cuatro fórmulas, con sus distintas presentaciones elaboradas a partir del año 1971, la función fálica o la función de la castración designada con la letra Φ expresa lo que en lógica formal recibe el nombre de función proposicional.

B. Russell define esta noción de la siguiente manera:

> Una función proposicional es una expresión que contiene uno o más constituyentes indeterminados, tales que, cuando asignamos valores a estos constituyentes, la expresión resulta una proposición.[14]

De este modo, en la frase $\Phi(x)$: **x es mayor de 25 años**, no se puede afirmar que Φ sea verdadera o falsa si no se le adjudica un **valor** a la **variable** x:

Φ (Roberto): Roberto es mayor de 25 años.

Generalmente, se define esta función como un "predicado sin sujeto", y la variable x como un **agujero** en el que se puede ubicar cualquier **valor**.

---

[13] Lacan, J. *El Seminario. Libro* 8. Clase 18: 26/4/1961. Versión R. Rodríguez Ponte. Disponible en https://www.lacanterafreudiana.com.ar

[14] Citado por Amster, P. (2010). *Apuntes matemáticos para leer a Lacan. Vol. II.* Buenos Aires: Letra Viva.

Mientras no se le asigna un valor, la fórmula se considera **abierta**.[15] Se **cierra** al poner un **sujeto**, o también por una operación de la lógica matemática que consiste en la **cuantificación**, a partir de fórmulas utilizadas en lógica de predicados, teoría de conjuntos y matemáticas en general:

-para todo x se cumple $\Phi(x)$: $\forall x: \Phi(x)$ que expresa la **esencia**, por abarcar el conjunto de todos los objetos del universo que satisfacen la función $\Phi(x)$, o sea que ese conjunto abarcaría el recorrido de los **valores** de la **variable**, delimitando un universo.

y

-existe x tal que se cumple $\Phi(x)$:　$\exists x: \Phi(x)$　que expresa la **existencia**

Lacan en la clase del 15 de diciembre de 1971 del *Seminario 19* especifica que, en su sistema, *x* no designa más que **un significante**:

Lo que produce esta relación del significante al goce es lo que expreso por la notación Φ x. Esto quiere decir que x, que no designa más que **un significante**, eso puede ser cada uno de ustedes, **cada uno de ustedes** precisamente en el nivel, en el nivel delgado en que **existen como sexuados**.[16]

Y más adelante agrega:

Es por eso que pongo esa x en el lugar del agujero que hago en el significante, es decir que pongo ahí esa x como variable aparente, lo que quiere decir que cada vez que tengo que vérmelas con Φ (x) ese significante sexual, es decir con eso que apunta al goce, voy a tener que vérmelas con Φ (x) y hay algunos, especificados entre esos x, que son tales que se puede escribir: para todo x, el que sea $\Phi(x)$ –es decir que funciona lo que en matemáticas se llama una función Φ es decir que eso, eso puede escribirse: $\forall x. \Phi(x)$.[17]

En este contexto queda claro que la letra x designa un significante, en tanto como sujetos y sexuados no somos más que eso, significantes, y no individuos. Y también se despeja que los valores de la letra x, como

---

[15] Cf. *Ibid.* Amster, p. 50.

[16] Lacan, J. *El Seminario. Libro 19.* Versión R Rodríguez Ponte. Clase del 15/12/71. Disponible en https://www.lacanterafreudiana.com.ar

[17] *Ibid.*, p. 18.

valores sexuales dependen de la función Φ en Φ (x) que se define como la castración en términos lógicos.

Con respecto a la **castración**, transcribimos otra cita de Lacan, quizás algo extensa pero no menos elocuente, en donde su punto de vista se diferencia y opone netamente al de la teoría freudiana:

> Como ustedes creen saber lo que es la castración, entonces pienso estarán contentos, ¡al menos por ahora! Sólo que, figúrense que yo, si he escrito todo eso en el pizarrón, y voy a continuar, ¡es porque no sé del todo lo que es la castración! Y que espero con ayuda de ese juego de letras llegar finalmente, justamente el día que amanezca a saber que se sepa que la castración, es necesario pasar por ahí y que no habrá discurso sano, a saber que no deje en la sombra la mitad de su estatuto y de su condicionamiento, en tanto no se lo sepa, y no se lo sabrá más que haciendo jugar a diferentes niveles de relaciones topológicas una cierta manera de cambiar las letras y ver cómo eso se reparte. Hasta ahí ustedes están reducidos a pequeñas historias, a saber que Papá ha dicho: "te lo vamos a cortar", en fin, como si no fuera la boludez tipo. Entonces, hay en alguna parte un lugar donde se puede decir que todo lo que se articula del significante cae bajo el golpe de Φ(x), de esta *función de castración*.[18]

La función Φ(x), que en este contexto es definida como la relación del significante con el goce en tanto **obstaculiza la relación-proporción sexual** (desde una perspectiva evidentemente crítica respecto de la noción freudiana de la castración), se especifica en el sistema conceptual que Lacan establece en este momento, con una definición que "imita" –según su expresión– el lenguaje matemático, como se desprende de las siguientes afirmaciones:

> Tiene una pequeña ventaja formular las cosas así. Puede venirles la idea justamente, que si hace un rato he tenido, no sin intención —soy mucho más astuto de lo que aparento— **los he llevado como observación sobre el tema del interdicto, a saber que todos los significantes no pueden estar ahí todos juntos jamás**, eso tiene quizás relación, no he dicho: el inconsciente = la **castración**, he dicho: eso tiene muchas relaciones.

> Evidentemente escribir así Φx es escribir una función de un alcance como diría Aristóteles, increíblemente general.[19]

---

18 *Ibid.*, p. 19.
19 *Ibid.*, p. 19.

Lo que quiero simplemente decirles es que lo que escribo Φx quiere decir, no digo inclusive esos dos significantes precisamente ahí, sino ellos y un cierto número de otros que se articulan con, entonces, **tienen por efecto que no se pueda más disponer del conjunto de los significantes** y que está tal vez allí una primera aproximación de lo que hay allí de la **castración** desde el punto de vista seguramente, de esta función matemática, que mi escrito imita. En un primer tiempo no les pido más que reconocer que es imitado. Eso no quiere decir que para mí que he ya reflexionado, esto no vaya mucho más lejos.[20] Finalmente, hay medio de escribir que para todo x, eso funciona.[21]

Según estas indicaciones de Lacan se infiere que la castración (Φx) funciona como una operación de **interdicción** sobre el campo del significante, de manera que no se pueda disponer del conjunto de todos los significantes. Es interesante destacar que ya implica de alguna manera una articulación lógica del no-todo, porque "**los significantes no pueden estar ahí todos juntos jamás**".

Unos párrafos antes en la misma clase referida encontramos la consideración siguiente:

No es porque es biológico que es más real: es el fruto de la ciencia que se llama biología. Lo Real es otra cosa: lo Real es lo que comanda toda la función de la significancia. Lo Real es lo que ustedes encuentran justamente por no poder, en matemática, escribir cualquier cosa. Lo Real es lo que interesa a esto en lo que es nuestra función más común: ustedes nadan en la significancia, y bien, no pueden atraparlos todos al mismo tiempo, los significantes, ¡eh! Está interdicto por su estructura misma: **cuando tienen algunos, un paquete, no tienen los otros, están reprimidos. Esto no quiere decir que ustedes no los digan de todos modos: justamente ustedes los**

---

[20] En el curso del Seminario 2, Lacan define el *principio de incertidumbre* de la física cuántica de una manera muy semejante: "Está claro que donde se produce algo extraño es del lado del lenguaje. A esto se reduce el principio de Heisenberg. Cuando se consigue determinar uno de los puntos del sistema, no se pueden formular los otros. Cuando se habla del lugar de los electrones, cuando se les ordena quedarse ahí, siempre en el mismo lugar, ya no se sabe en absoluto dónde acabó lo que ordinariamente llamamos su velocidad. A la inversa, si se les dice: Pues bien de acuerdo, ustedes se desplazan todo el tiempo de la misma manera, ya no se sabe en absoluto dónde están. No estoy diciendo que siempre hemos de quedarnos en esta posición eminentemente burlona, pero hasta nueva orden podemos decir que los elementos no responden allí donde se los interroga. **Para ser más exactos: si se los interroga en alguna parte, es imposible captarlos en conjunto**". Lacan, J. (1984). *El Seminario, libro 2*. Buenos Aires: Paidós.
[21] *Ibid.*, p. 19.

dicen "inter". Están prohibidos {interdictos} eso no les impide decirlos, pero los dicen censurados. O bien todo lo que es el psicoanálisis no tiene ningún sentido, hay que tirarlo a la basura; o bien lo que les he dicho debe ser vuestra verdad primera.[22]

Resulta evidente que lo real lacaniano no concierne al goce del cuerpo biológico masculino o femenino, sino a lo que en matemática se escribe sin que se pueda escribir cualquier cosa, es decir lo imposible-lógico matemático[23] que en este caso es formulado como **inter-dicción** en el campo analítico: si se establecen algunos de ellos se censuran (o reprimen) los otros, que sin embargo quedan dichos "entre", en el intervalo entre ellos.

Podría pensarse que esta lógica es la que opera en las neurosis, o sea la castración Φx, de allí que se pueda escribir que para todo x (significante) eso funciona: que no se pueda disponer del conjunto de los significantes:

$$\forall x: \Phi(x)$$

Esta hipótesis de lectura permite situar la fórmula $\forall x: \Phi(x)$ del lado izquierdo del conjunto de las cuatro escrituras como una manera de escribir –por ejemplo– el punto de partida de una análisis en una neurosis, teniendo en cuenta que la escritura se acompaña de la excepción $\exists x \sim \Phi(x)$, que en psicoanálisis lacaniano se interpreta habitualmente en términos de su mitología (Padre de la horda postulado por Freud) o de la mitología del neurótico (padre de la histeria, el Don Juan como mito femenino, La mujer que busca la histérica o cualquier figura divina, como por ejemplo La Dama Idealizada en algunas neurosis obsesivas –con el modelo del amor cortés–):[24] La escritura de la excepción respecto de la castración

---

[22] *Ibid.*, p. 16.

[23] Es decir, la imposibilidad de escribir, por ejemplo 2+2=5. Por eso Lacan lo define como *lo que no cesa de no escribirse*. No obstante, en matemáticas y física han surgido nuevos paradigmas a partir de escribir matemáticamente "lo imposible": por ejemplo con el establecimiento de los números irracionales, los números imaginarios, etc. En geometría surgió la geometría proyectiva con cuestionamiento del quinto postulado de Euclides, a partir del hecho de *decir* que las rectas paralelas se cortan proyectadas al infinito. En física también, al postularse la relatividad del tiempo y espacio antes considerados absolutos, lo que cambia la manera de concebir la realidad a partir del cuestionamiento respecto de algún "imposible". En los términos de este desarrollo de Lacan se podría decir que en el campo de la clínica puede ocurrir que lo imposible deje de estar interdicto y se produzca un cambio en la configuración de lo real en la cura de cada caso de neurosis.

[24] **Ver el artículo "Lacan y un paradigma del amor en Occidente" en el capítulo 1 de este volumen.**

representando cualquier figuración del A como garantía de verdad o incluso encarnadura del saber.

Sin embargo, Lacan aporta otra manera de interpretar la excepción a la castración: $\exists$ x : ~Φ(x). En su escrito *L'Etourdit* (*El atolondradicho*), seis meses después de esta clase, plantea el caso de la función 1/x (también comentada en el Seminario 11),[25] en la cual existe un valor de x, el valor cero (0), con el que la función no se cumple: 1/0 (no se puede escribir porque es imposible dividir por cero, se suele decir que el cociente se hace infinito), pero que opera como límite para los otros valores de la función: $\forall$x: Φ(x)

1/10=0,1

1/100=0,01

1/1000=0,001

Se trataría de otro modo de plantear la excepción como límite del conjunto: $\forall$x: Φ(x)

Teniendo en cuenta esta lógica Lacan enuncia:

Que yo enuncie la existencia de un sujeto postulándola en un decir que diga no a la función proposicional Φ(x), implica que se inscriba con un cuantor del cual esta función queda separada porque no tendría en ese punto ningún valor que pueda anotarse como de verdad, lo que quiere decir de error tampoco, y lo falso solo habrá de entenderse como de caído, en lo que ya he puesto el acento.[26]

Se podría inferir que el conjunto de los valores que sí cumplen con la función, en este caso la función Φ(x), cuentan como valores de verdad

---

[25] Cf. Lacan, J. (1987) *El Seminario*. Libro 11. Buenos Aires: Paidós: "Es bien sabido de todos que cuando el denominador es cero, el valor de la fracción pierde sentido, pero cobra, por convención, un valor que los matemáticos llaman infinito. En cierto modo, éste es uno de los tiempos de la constitución del sujeto. Por ser el significante primordial puro sin-sentido, entraña la infinitización del valor del sujeto, valor que no está abierto a todos los sentidos, pero que cancela todos los sentidos, lo cual es muy distinto[...] Justamente por esto resulta una falsedad decir que el significante en el inconsciente está abierto a todos los sentidos. Este significante constituye al sujeto en su libertad respecto de todos los sentidos, pero esto no quiere decir que no esté allá determinado. Porque en el numerador, en lugar del cero, han venido a inscribirse significaciones, significaciones dialectizadas en la relación con el deseo del Otro, que dan a la relación del sujeto con el inconsciente un valor determinado", pp. 259-260.

[26] Lacan, J. (2012). "El atolondradicho" en *Otros Escritos*. Buenos Aires: Paidós, p. 483.

(podríamos agregar también como valores sexuales), y se anotan en una serie **donde no se puede escribir cualquier valor**, solo los que satisfacen la función formando el conjunto que abarcaría el recorrido de los **valores de la variable**: $\forall x$: $\Phi(x)$. Queda claro que otros valores que no la cumplan quedan **interdictos**. (Salvo en el caso de la excepción: $\exists x : {\sim}\Phi(x)$)

Teniendo en cuenta estas consideraciones se podría pensar que el lado izquierdo de las cuatro fórmulas, conocido como el lado **masculino**, inscribiría la lógica de la neurosis: censura, represión, inter-dicción y sostenimiento de versiones idealizadas del punto de excepción a la regla. Podríamos agregar siguiendo la propuesta de lectura de las cuatro fórmulas "en red" que en este lado se inscribe lo que cuenta como **posible** para cada caso de neurosis en función de la encarnadura de un padre o un amo en el lugar de la excepción, encubriendo el límite estructural.

En cambio, en la columna derecha, habitualmente relacionada con la parte femenina del sujeto (como asunto o tema) se niega la existencia de un *x* que niegue la función fálica,[27]

$$\overline{\exists x} : \overline{\Phi(x)}$$

Lacan advierte que si se niega que exista *un* significante (x) que niegue la función fálica (míticamente podría ser el Padre o el Amo en el texto neurótico, que cuenta como Uno) en la posición atribuida al costado mujer se encuentra por ende la *ausencia*, que también denomina *de-sencia* jugando con el equívoco que sugiere la negación de la esencia. Esto tiene por efecto que con respecto a la función fálica solo haya *no-todo*:

$$\overline{\forall x} : \Phi(x)$$

Lacan insiste en aclarar que esta fórmula no implica que se niegue la función $\Phi(x)$, esta función se cumple pero **no para todo x**.

En *L'Etourdit (El atolondradicho)* se lee:

> Es: que por introducirse como mitad que decir de las mujeres, el sujeto se determina porque, *no existiendo suspensión de la función fálica, todo puede*

---

[27] Es sabido que Lacan altera el uso de los símbolos lógico-matemáticos, ya que en la utilización corriente no es factible negar la función ni el símbolo del "todo".

decirse de ella, aún lo proveniente de la sinrazón. Pero es un *todo fuera de universo,* que se lee de inmediato con el cuantor como *notodo.*[28]

Podría pensarse –siguiendo esta secuencia de citas– que en la columna derecha se ubica una modalidad de imposible que niega la existencia de un (1) valor de la función $\Phi(x)$ que hace de límite en el lado izquierdo, como dijimos, con valor cero (0): [29]

$$\overline{\exists}\, x \; : \; \overline{\Phi(x)}$$

Por lo tanto no se establece un todo con los distintos valores que cumplen la función, no todos la cumplen:

$$\overline{\forall}\, x \; : \; \Phi(x)$$

De esta manera, ¿no surgiría la posibilidad de pensar la inscripción de otros valores para x que en el lado izquierdo están interdictos? ¿Se trataría entonces de un *todo* fuera de universo en tanto implicaría el levantamiento de la inter-dicción y de la censura y a la vez la habilitación y creación de nuevos valores de verdad, también entendidos como valores sexuales? En este sentido, se podría encontrar en estas escrituras la lógica del acto analítico como **acto interpretativo** en la cura de las neurosis, en la medida en que al leerlas como una red se puede establecer un recorrido aprovechando el sentido de algunas flechas.

Si el lado femenino se puede interpretar en función de la lógica de la operación analítica, se podría entender por qué *La/* tachada, o **La mujer que no existe** para Lacan, en tanto es notada –según sus expresiones más

---

[28] Lacan, J. (2012). "El atolondradicho" en *Otros escritos.* Buenos Aires: Paidós, p. 490.

[29] Lacan tematiza de diversos modos esta fórmula, entre los cuales destacaremos la escritura de otro imposible matemático: el infinito no enumerable de Cantor: "Supongan que lo que está entre el 1 y el 0 sea numerable. El método llamado diagonal permite forjar siempre una nueva sucesión decimal de modo tal que no fue ciertamente inscrita en lo que fue numerado", afirma en la charla del 1/6/72. No entraremos en detalle en esta cuestión, la mencionamos solo para subrayar que Lacan ubica un punto en la estructura (como **infinito**) que radica en **la imposibilidad** de escribir todos los decimales entre cero y uno en correspondencia con los números enteros, o sea con lo numerable a partir del Uno. Esta modalidad de ausencia radica en la escritura imposible de una dimensión del **infinito** que se aloja en el intervalo entre 0 y 1, a diferencia de $\exists\, x : \sim\Phi(x)$, que implica que haya un (1) valor para el que la función no se cumple (0).

famosas– se sitúa como "el significante de que el Otro no está allí",[30] o sea el S (Ⱥ), "en el lugar donde se sitúa la palabra"[31], es decir el lugar de incompletud e inconsistencia del orden significante de donde procede toda enunciación, como un punto de arribo en el análisis de las neurosis. En otros términos, se ubicaría aquí tanto la falta de un significante que represente al sujeto como la inexistencia del Otro del Otro como garantía de verdad en el campo del saber. Desde este punto de vista, se niega aquí que La mujer sea el Otro.[32] Por otra parte, si la dirección de la cura se piensa orientada al establecimiento del **objeto a**, causa de deseo, resulta lógico que en el conjunto de las fórmulas esta notación se inscriba en el lado derecho.

Con estas coordenadas se puede interpretar la razón por la cual Lacan reserva el **decir lo que se piensa** para la **posición femenina** (lado derecho), a diferencia del **ser** o **la esencia**, que cuenta en la posición masculina (lado izquierdo).[33]

El acto de **decir** sería femenino, como lectura e interpretación de lo dicho entre-líneas, de lo inter-dicto que involucra el **olvido** de cómo cada cual está determinado como objeto *a*, causa de deseo.[34]

Siguiendo estos argumentos, también se podría entender por qué en otros momentos de su enseñanza Lacan pone en relación a la mujer o a las mujeres con la práctica analítica y con el saber inconsciente, como lo expresa por ejemplo en el *Seminario 22 (RSI)* cuando se refiere al momento histórico en el que surge el psicoanálisis, en el que las mujeres interrogan y cuestionan lo que llama las "categorías del hombre".[35] Pero

---

[30] Lacan, J. (2012). *El Seminario. Libro 19*. Charla de St. Anne del 1/6 /72.

[31] *Ibid.*, 1/6/72. Versión *Staferla*. http://staferla.free.fr/ : "Que la femme se pose pour ce fait signifiant, non seulement que le grand Autre n'est pas là - ce n'est pas elle - mais qu'il est tout à fait ailleurs : au lieu où il situe la parole".

[32] Utilizamos aquí la diferenciación entre el A y el Otro planteada por Eidelsztein, A. en su libro (2001) *Las estructuras Clínicas a partir de Lacan. Vol. I*. Buenos Aires: Letra Viva, pp. 143 y sigs. Para el problema de la mujer como Otro y como diferente del Otro, **ver el artículo "La Perspectiva de Lacan respecto de la mujer como figura del Otro en la cultura" en el capítulo 1 de este volumen.**

[33] *Ibid.*, 1/6/72: Dice Lacan: *Ustedes saben, aquí digo lo que pienso. Es una posición femenina.*

[34] Cf. Lacan, J. (1992) *El seminario. Libro 17*. Buenos Aires: Paidós, pp. 171-172.

[35] Cf. Lacan, J. *Seminario XXII*. Inédito. Clase del 11/2/75: "¿Por qué misterioso encuentro Freud ha surgido ahí tras esta espectacular puesta en ejercicio de lo que las mujeres tienen de poder?

Yo no sé, por otra parte, si es un poder. Uno está muy fascinado con categorías como el poder, el saber. Pero son simplezas, simplezas que dejan todo el lugar a las mujeres, que no se inquietan por ello, pero cuyo poder supera sin medida todas esas categorías del hombre. ¿Las mujeres pueden, deben intentar una especie de interrogación de las categorías del

es mucho más interesante cuando Lacan va más allá de esta articulación entre el inconsciente y "las mujeres" en el sentido corriente del término y se refiere al **efecto feminizante** o de **feminización** de la **letra** en uno de sus comentarios sobre *La Carta Robada* de E. A. Poe:

> Se trata expresamente de estudiar la carta/letra (*lettre*) como tal, en la medida en que, como señalé, esta tiene un efecto feminizante. Con esto inicio mis *Escritos*.[36]

O cuando le atribuye un **efecto feminizante** al objeto *a* causa del deseo en el curso del *Seminario, libro 17*:

> Para expresarme con esos grandes términos aproximativos, tomemos el **principio macho**, por ejemplo, ¿cuál es el efecto que tiene sobre él la incidencia del discurso? Es que como ser que habla, se le requiere para que de cuenta de su **esencia** -ironía entre comillas. Es precisamente, y solamente, por el afecto que experimenta por ese efecto de discurso –a saber, en la medida en que sufre el **efecto feminizante** que es el *a* minúscula– como reconoce lo que lo forma, a saber, la causa de su deseo.......[37]

No nos detendremos en el comentario de estos párrafos, solo alcanza con señalar que lo que denomina **efecto feminizante** es un efecto de discurso que no es de nadie (ni hombre, ni mujer, ni otro género). Lo mismo ocurre cuando en *L'Etourdit* (*El atolondradicho*) localiza la "mitad del sujeto" como *dichomujer* en la columna derecha de las fórmulas (lo mismo para la izquierda: *dichohombre*).

Para finalizar, mencionaremos a algunos autores y autoras que, desde el psicoanálisis y por fuera de él, han advertido esta relación entre el lado

---

hombre? Lo que yo digo no va completamente en ese sentido. Ellas saben de ello tanto más por el solo hecho de ser *una* mujer. No es tanto que ellas sepan tratar mejor el inconsciente -no estoy muy seguro de ello- pero su categoría con respecto al inconsciente es sin duda de una fuerza más grande. Ellas están en ello menos trabadas. Ellas tratan eso con un salvajismo, con una soltura de cuerpo completamente sorprendente, piensen por ejemplo en Melanie Klein.

Dejo esto para la meditación de cada uno. Las psicoanalistas mujeres están ciertamente más a gusto respecto del inconsciente. Pero una mujer no se ocupa de ello sin que eso sea a sus expensas, ella pierde allí algo de su suerte, la que, nada más que por ser una entre las mujeres, es de alguna manera sin medida".

[36] Lacan, J. (2009). *El Seminario. Libro 18*. Buenos Aires: Paidós, p. 120.
[37] Lacan, J. (1992). *El seminario. Libro 17*. Buenos Aires: Paidós, p. 172.

derecho de las fórmulas y la cuestión del saber y la lógica discursiva, lo que abona nuestra hipótesis de lectura:

- Françoise Collin plantea que el "algo más" femenino no concierne solo al goce sino que da lugar a otra relación con el mundo, a otro **saber** extraño a la totalización que Lacan coloca del lado de la mística pero que se extiende a la práctica del saber en general. Para esta autora, Lacan produce un desencasillamiento de las categorías de masculinidad y femineidad de la "realidad de los hombres y las mujeres".[38]

- Gárate y Marinas consideran que la "parte mujer" introduce una relación distinta "con **las cosas del saber** en el lenguaje", que implica la destitución de la función fálica para que advenga la **oquedad**.[39]

Por último:

- Bárbara Cassin, quien propone seguir a Lacan en la sustitución de la tesis freudiana de la diferencia anatómica de los sexos por la de los efectos de la **diferencia de discursos**. No ya la **anatomía como destino** sino **dime cómo hablas**: La lógica de la falta no distingue entre hombre y mujer, "pero el *tropo* de la falta sí".[40]

Nuestro punto de vista coincide con estas posiciones en tanto sostenemos que el lado derecho de las fórmulas de la sexuación, que Lacan denomina *dichomujer,* o *mitad del sujeto: parte mujer,* se refiere a una posición discursiva que puede establecerse en la operatoria de la cura analítica. De este modo, partiendo del lado izquierdo (*dichohombre* como lógica de la neurosis: interdicción, idealización, totalización, esencialización, amarre en el ser, etc.), la dirección de la cura podría orientarse hacia el lado derecho, que implicaría el levantamiento de la inter-dicción y la creación de nuevos valores de verdad, el recorte del objeto a causa de deseo (efecto feminizante) y una nueva inscripción del imposible para cada caso.

---

[38] Collin, F. (1993) "Diferencia y diferendo: La cuestión de las mujeres en la filosofía". En Duby y Perrot *Historia de las mujeres en Occidente,* Cap. 5. Madrid: Taurus.
[39] Cf. Gárate I, y Marinas, J. M. (2003). *Lacan en español.* Madrid: Biblioteca nueva.
[40] Cassin, B. (2012). *Jacques el sofista.* Buenos Aires: Manantial, p. 170.

Bibliografía

Amster, P. (2010). *Apuntes matemáticos para leer a Lacan. Vol II*. Buenos Aires: Letra Viva.

Cassin, B. (2012). *Jacques el sofista*. Buenos Aires: Manantial.

Collin, F. (1993). *Historia de las mujeres en Occidente*, Madrid: Taurus.

Eidelsztein, A. (2001). *Las estructuras Clínicas a partir de Lacan. Vol. I*. Buenos Aires: Letra Viva.

Gárate, I. y Marinas, J. M. (2003). *Lacan en español*. Madrid: Biblioteca nueva.

Lacan, J. (1983). *El Seminario. Libro 2*. Buenos Aires: Paidós.

Lacan, J. *El Seminario. Libro 8*. Versión R. Rodríguez Ponte Disponible en https://www.lacanterafreudiana.com.ar

Lacan, J. (1987). *El Seminario. Libro 11*. Buenos Aires: Paidós

Lacan, J. (1992). *El seminario. Libro 17*. Buenos Aires: Paidós.

Lacan, J. (2009). *El Seminario. Libro 18*. Buenos Aires: Paidós.

Lacan, J. *Seminario 19*, versión R. Rodríguez Ponte. Disponible en

https://www.lacanterafreudiana.com.ar

Lacan, J. (2012). *El Seminario. Libro 19. Charlas de St. Anne*. Buenos Aires: Paidós.

Lacan, J. *Seminario XXI*. Inédito.

Lacan, J. *Seminario XXII*. Inédito.

Lacan, J. (2012) "El atolondradicho" en *Otros Escritos*. Buenos Aires: Paidós.

María Paula Castelli: mpaulacastelli@yahoo.com.ar
Gabriela Mascheroni : g_mmasch@yahoo.com.ar
María Inés Sarraillet : marisarra1@hotmail.com
Rosella Villa Pusineri : rosellavp@yahoo.com
Juliana Zaratiegui: jzaratiegui@gmail.com